1942：轰炸东京

王国林 著

生活·讀書·新知 三联书店

图书在版编目（CIP）数据

1942：轰炸东京／王国林著．—北京：生活 · 读书 · 新知三联书店，2016.10
ISBN 978－7－108－05308－4

Ⅰ．① 1…　Ⅱ．①王…　Ⅲ．①第二次世界大战－空战－史料
Ⅳ．① E195.2

中国版本图书馆 CIP 数据核字（2016）第 029082 号

责任编辑　曹明明
装帧设计　康　健
责任校对　张　睿
责任印制　徐　方
出版发行　生活 · 讀書 · 新知　三联书店
（北京市东城区美术馆东街 22 号　100010）
网　　址　www.sdxjpc.com
经　　销　新华书店
印　　刷　北京铭传印刷有限公司
制　　作　北京金舵手世纪图文设计有限公司
版　　次　2016 年 10 月北京第 1 版
2016 年 10 月北京第 1 次印刷
开　　本　635 毫米 × 965 毫米　1/16　印张 25.25
字　　数　325 千字　图 56 幅
印　　数　0,001－8,000 册
定　　价　49.00 元
（印装查询：01064002715；邮购查询：01084010542）

目　录

第四章　轰炸余音

第五章　中美情结

附　录

序

珍珠港事件后，日军占领关岛，太阳旗高高飘扬在太平洋上，美国、英国、荷兰、法国黯然失色。美机突袭轰炸东京，提振盟国士气，粉碎日本本土安全论，继而为击败中途岛挑战，彻底扭转太平洋战局建立了信心。

陆基飞机从航母起飞开创一个新纪元，但降落点必选陆地。苏联拒绝，中国张开双臂迎接。机队失事后，语言不通的平民百姓全面施救，抱定有去无回的飞行员却神奇般地生还。日军疯狂报复中国，发动浙赣战役，兼用惨无人道的细菌战，毁灭了 25 万人的生命。

本书的内容在美国已有一些书籍述及，主要以专题内容为主，全面而详尽的少见。这些书出版较早，正值战争年代，以后中美两国处于敌对状态，无法吸收中国的档案资料。1980 年以后出的书，仍忽略中国的地位。国内的相关文字，仅停留在当事人的零星回忆这一层面，在学术界没有提升到应有的高度。

美国在 1943 年出版了《东京上空三十秒》一书，该书记录中国民众的帮助最为详细，但只反映作者所在的一个机组。之后又有一些书出现。《杜立特东京袭击者》的内容较为全面，尤其提到中国为美机轰炸东京而付出的沉重代价，但没有展开叙述，也没有涉及赶修机场接应美机的重要环节。而其他书更是都把中国的配合放在一边，各叙一个方面。

我国在20世纪80年代末，小荷才露尖尖角，有关记录在文史平台上登场，如《第二次国共合作在浙江》再现了临安当地救助美国飞行员的一幕；浙江鄞州、象山、遂昌、淳安，江西广丰的文史资料也遥相辉映。这些文章及时留住了一段历史，但是仍然短板明显，没有收入美国的书籍报刊资料，只记录一人的经历、一地的情况，缺少内情，不够系统化，没有展现事件的始末。

轰炸东京，涉及美国、日本、苏联和中国四个国家，覆盖中国浙江、江西、安徽、福建、湖南、广西、重庆、上海、江苏和北京十个省、直辖市，波及甚广。作者收集美国、日本的原版书籍和报纸，了解苏联“伯力审判”的内容，亲临各个机组跳伞的县份，查阅档案、文史资料、县志，并进行田野调查，利用他人的访谈。所收集的资料有中文的也有外文的，有公开的也有馆藏的，有书面的也有口头的。

中美联手抗击法西斯成为《轰炸东京》的基石，撑起一个大的构架。轰炸前后环环扣紧，各个机组的降落点轮廓明晰，坐标体系呼之欲出。本书继2002年出书后，2015年修订再版，补缀新叶，增添“七十周年的盛会”一节，将三次十周年纪念活动贯通融合，又植入遂安县当年的镜头，与文字互为表里，信实的历史跃然纸上。

许立新（原临安市政协秘书长）

2015年元旦

概　述

1941年年底，日军袭击美国的珍珠港，迅速控制太平洋和印度洋。罗斯福总统坚决主张对日本进行一次打击，用以振奋人心。美军推出奇计，首次以陆军的中型轰炸机在航空母舰上起飞，轰炸日本后在亚洲大陆降落。确定降落地却成为一个难以解决的问题。起初与苏联协商，苏联担心日本从东面进攻，不敢接受。中国明知会遭受日军的疯狂报复，仍然配合行动，赶修机场，迎接盟机。美国舰队被日军发现，飞机提前一天半起飞，加上天气恶劣，飞机全部失事。中国军民以各种方式救护美国飞行员。美军除三人身亡，八人被捕外，全部获救。日军恼羞成怒，发动中途岛海战，美军以弱胜强，成为太平洋战争的转折点。日军又发动浙赣战役，摧毁衢州等机场，摧毁轰炸日本的基地，屠杀沿线民众达25万之众。八位被俘的飞行员，一位被折磨至死，三位被处死，日军企图以恐怖来制止危及日本的行动。中美两国结下患难之交，1992年，美国邀请浙江的五位老人访美，报答救命之恩。

轰炸东京，是美国在极其艰难的时刻做出的决定，属于重大事件。俄亥俄州州长詹姆斯·A. 罗兹称它“改变第二次世界大战的进程”。在美国政界，罗斯福总统亲自过问，事后出面向外界说明起飞地点，为飞行员佩挂英雄勋章；得知日本处决被俘的飞行员，申明要惩罚凶手；获悉日军在浙赣战役中使用毒气对付营救过飞行员的中国军民，宣告要以牙还牙。美国新闻界当时以头版头条连续报道轰炸东京的事件；四位被俘的飞行员被释放后，又进行过轰动性的报道。在艺术界，1944 年就有专题片上映，以后又演绎成多部影片，2001 年的大片《珍珠港》，以近 15 分钟的篇幅反映轰炸东京的内容。在学术界，2002 年 3 月，美国历史学家和医学专家组团来华调查日军的细菌战，在浙江“义乌市侵华日军细菌战受害者名单”前潸然泪下。这批一千多名的受害者，是日军报复轰炸东京而发动浙赣战役的后果，美国专家了解内情后为之动容。

轰炸东京的行动，在美国家喻户晓，行动者被尊为英雄，救助这些英雄的中国百姓被称为恩人。1945 年，杜鲁门总统接见到美国就读的陈慎言，陈慎言当时全力医治过受伤的飞行员。1984 年，里根总统在复旦大学演讲，郑重提到中国人民营救飞行员一事。1992 年，美国邀请浙江的五位老人访美，报答他们的救命恩德，布什总统写信祝贺，新闻界又进行一次持续性的轰动报道。1994 年，雷德温市与衢州结为姐妹城市。美国方面继 1992 年组团到象山探寻当年的 15 号机后，直至今天仍想找到这架飞机。美国人珍视这段历史、这番友情，我们更应该了解这段经历，延续这番友情。

第一章 | 准备轰炸

要教训日军

灰暗的形势

1941年12月7日，美国珍珠港遭到日本偷袭。第二天，罗斯福总统在儿子詹姆斯的搀扶下，走向众议院讲台，满腔愤怒地宣称前一天为国耻日，强烈谴责日本：

> 昨天，日本政府还对马来亚发动了袭击。
> 昨天晚上，日军袭击了香港。
> 昨天晚上，日军袭击了关岛。
> 昨天晚上，日军袭击了菲律宾群岛。
> 昨天晚上，日本人袭击了威克岛。
> 今天早晨，日本人袭击了中途岛。[1]

日本迫不及待地要与德意法西斯瓜分世界，实现大日本帝国的美梦，势必要把魔爪越伸越长，与美国在太平洋争霸，展开一系列攻击战。

[1] [美] 内森·米勒著，祥里等译：《罗斯福正传》，新华出版社1985年版，第623页。

12月10日，日军攻陷马里亚纳群岛中最大的关岛，麦克米林上校成为俘虏。美国原想在此建立潜艇基地的计划化为泡影。

马里亚纳群岛与夏威夷之间的威克岛，是美军西去菲律宾的中转站，控制这个岛屿，美军的道路就被拦腰斩断。日军攻势凌厉，在1941年12月22日踏上威克岛，美军继关岛之后再次蒙羞。那天，威克岛的“水塔上升起了用白床单做的旗子，早上7时刚过，一名中士手擎一个拖把柄，上面拴了一块白布，德弗罗少校在这名中士的陪同下前去投降，这时岛上还在响的美军扩音器大声播出军乐。有些外围岛屿上的美军，保持海军陆战队的优良传统，拒绝向敌人投降，直到他们的指挥官亲自来到岛上。因此，一直到下午，身着洁白海军军服的梶冈少将，方才能够登上岛屿举行正式的受降仪式。他在仪式上以裕仁天皇的名义给威克岛改名为‘鸟岛’。1500名美国军人和文职人员当了俘虏”[1]。

事隔11天，在1942年的1月2日，日军攻陷马尼拉，充当菲律宾保护人的美军退守巴丹。巴丹难保，远东美军司令官麦克阿瑟于3月11日逃往澳大利亚。4月9日，巴丹失守，阵地上挂起白旗，金少将乘车去日军司令部，把手枪放在桌子上，7.5万官兵投降，这在美军历史上是没有先例的。“这7.5万名饥寒交加的俘虏兵，被日军驱赶着在丛林中长途跋涉100多公里前往圣费尔南多战俘营。一路上他们很难得到食物，坚持不住的，不是被弃在路边就是被刺刀挑死。这次可怕的‘巴丹死亡行军’夺去7000多名战俘的生命。”[2]美国总统在2月下令“不许投降”，两个月后这个命令就被钉在了耻辱柱上。

澳大利亚岌岌可危。日军以新不列颠为基地，继续向西南和东南前进。他们在新几内亚的莱城和萨拉茅阿建立据点，入侵布干维尔

[1] [英]约翰·科斯特洛著，王伟译：《太平洋战争》，东方出版社1985年版，第203页。

[2] 温致强：《麦克阿瑟》，辽海出版社1998年版，第64页。

岛，直接威胁澳大利亚的前哨基地莫尔斯比港。所罗门群岛失守后，从夏威夷到澳大利亚的海上通道和补给线都成了问题。

这段时间，美军在中太平洋焦头烂额。日军咄咄逼人，“从马绍尔群岛侵入英属吉尔伯特群岛，并继续向南推进，似乎准备通过埃利斯群岛进逼萨摩亚群岛。这种攻势立即使美国忧心忡忡，因为日军的飞机、潜艇和航空母舰将有可能从萨摩亚切断美国与澳大利亚之间的海上运输线，从而使盟军不能将澳大利亚作为发动反攻的重要基地。此外，日本潜艇也在中途岛一带活动，日军有可能通过中途岛再一次发动攻击”[1]。

日军要称霸世界，必然与盟国较量，气势汹汹。

继 1941 年 7 月攻占法属印度支那以后，日军在 12 月 8 日登上英国属地马来西亚，10 日击沉皇家海军的巨舰“威尔士亲王”号和“却敌”号。英国首相丘吉尔叹息：“在印度洋或太平洋中，除了正在急速返回加利福尼亚的美国在珍珠港残存的主力外，没有英国或美国的主力舰了。在这广漠的一大片海洋上，日本独霸，而我们则到处都是脆弱和没有防御的。”[2]这种灾难并未结束，日军在圣诞节进军香港，后来又占领和控制泰国。1942 年 2 月 14 日，日本攻陷新加坡。而一个月前丘吉尔告诉美国人，这座岛屿的堡垒可以经受六个月的包围。实际上围困两周就拱手交出，受辱的程度不亚于威克岛，这种耻辱落在马来亚总司令珀西瓦尔中将身上。

2 月 15 日 18 点 40 分，珀西瓦尔等四人斜扛着白旗和英国国旗，来到日军司令部前，日本记者一哄而上，抢拍这一镜头。日军司令官山下奉文中将递过文件，强调只接受无条件投降。稍后，山下突然提

[1] 王帆：《海上骑士尼米兹》，世界知识出版社 1995 年版，第 99 页。

[2] [英] 温斯顿·丘吉尔著，王凡译：《第二次世界大战回忆录》第三卷《伟大的同盟》，时代文艺出版社 2000 年版，第 680 页。

高嗓门，用军刀敲击地板，厉声提问是否接受所有条件。珀西瓦尔想推迟回答，山下威胁，不马上答复就立即攻城。这时日军的重炮向英军阵地轰击，震耳欲聋。珀西瓦尔脸色发青，要求与伦敦联系一下。山下声音变粗，反问他是不是远东军的指挥官，珀西瓦尔只好答应当天23时停火。日方出言，要英军指挥官和总督留下，作为人质，确保停火的实施，珀西瓦尔脸色突变，面部不断抽搐。山下又作色问道，全面投降行还是不行。话音刚落，军刀再次“咚咚”敲击地板，伴以大炮隆隆，炮弹在会场上空呼啸而过。珀西瓦尔一笔一笔签完字，日军宣传班的尾高中佐高叫起来：“驻马来亚日军宣布：马来亚日军于2月15日下午7点50分迫使敌人无条件投降。”

日军长驱直入，在婆罗洲、苏门答腊、帝汶岛横冲直撞，荷兰军队两眼发愣，9.8万人投降。3月8日，爪哇沦陷，同时英军退出仰光，日军的铁蹄大步踏入。4月上旬，日本海军大举西犯，闯入印度洋。驻扎马来西亚的海军进攻孟加拉湾后，11日返航。南云忠一指挥五艘航空母舰与四艘快速战列舰，还有一批巡洋舰、驱逐舰以及油轮，于5日轰炸斯里兰卡的科伦坡，6日攻击亭可马里，粉碎早有准备的英军，击沉航空母舰、巡洋舰和驱逐舰多艘。日军达到预期目标，于13日通过马六甲海峡，返回各自的军港。印度洋上的海战，英国损失舰船11.6万吨，连招架的能力都没有，以避其锋芒为上策。

太阳旗到处飘扬，太平洋正在变成日本湖，印度洋在它的淫威下发抖。

跳出奇计

盟国在受辱，美国人担忧局势会每况愈下，心底如铅灌注，沉重难堪。盟国领导层决心回击日军的挑战，遏制不可一世的嚣张气焰，挽回败局，振奋民心，争取反法西斯战争的主动权。

罗斯福总统指示军方要轰炸日本本土，把战争引向侵略者本身。他一再垂询进展情况，见方案没有很快出台，内心总是焦虑不安。1942年1月10日，他重申打击日本的主张。1月26日，他询问用重型轰炸机从蒙古轰炸的可行性。28日，他再次过问这件事，敦促尽快实施。

经过珍珠港的打击后，美国海军力量严重削弱，跨过太平洋轰炸日本不是件轻而易举的事。什么方法最恰当，一直萦绕在军方决策者的心头。

就在1月10日，海军上将欧内斯特·J. 金从总统办公室出来。他吃过晚饭钻进办公室，听到敲门声，见潜艇助手弗兰西斯·洛上校走进来。金与总统相见后，总是将备忘录交给助手，一起策划轰炸日本的大计。

“有什么事？”金抬头问。

“我到诺克福港去检查‘大黄蜂’号上的工作，看见机场上画出航空母舰的甲板，让飞行员在短距离内练习起飞。”

“噢，那是习飞的常事。”金有点纳闷，想必洛不会说无聊话。

“假如陆军的飞机能在那样短的距离内起飞，”洛继续往下说，“为什么不能把陆基飞机搬上航空母舰，去轰炸日本？”

金在椅子上向后一靠，没有作声，洛感到不安，等待三言两语的否定。金抬头往上看看。

“洛，”他深沉地说，“是个好主意，你去跟邓肯讨论一下，告诉他必须向我汇报。”

唐纳德·邓肯上校是金的飞行助手，有着多年海军飞行和舰队指挥的经历。洛立即打电话给他，要求第二天上午在办公室见面。第二天是星期日，通常金会让他的参谋人员休息，邓肯猜必定有要事商量。

第二天，两人在海军办公大楼相会。

“你想以航空母舰为基地打击东京吗？”洛开口发问。

邓肯眨眨眼："当然，那是件容易的事。舰载飞机具有 960 公里的航程……"

"我不是说海军的飞机，"洛打断他的话，"我要讲的是陆军的飞机，可以远航，携带更有威力的炸弹。"

"好主意。"邓肯脱口而出。[1]

邓肯问动用什么航空母舰，洛耸耸肩，称自己是航空母舰的外行，舰上可能适应中型轰炸机，需要 3200 多公里的航程，不知舰上能够安置多少飞机，深入到日本多近，特遣队的规模应该多大。邓肯告诉他，陆基飞机如果能够在航空母舰上起飞，却无法降落，但返航时可以在航空母舰旁坠落，救起机组人员。这一方案具有相当大的风险，航空母舰送走轰炸机后，在原地等待返航，处于日本陆基飞机的航程内。轰炸机到达日本，日本会侦获特遣队的位置，派出大批陆基飞机轰炸，后果不堪设想。策划人几经推敲，决定轰炸机队直向大陆，不再回头，保全特遣队。

洛对邓肯强调，如果他的设想可行，将把计划报告金上将。

邓肯找到一间空房，把自己关在里面，向陆军询问中型轰炸机的大小、着陆速度、航程、装载能力，查阅海军资料，了解航空母舰的类型、进入日本的最佳天气。

在一系列飞机中，马丁 B-26 需要的起飞距离太长，道格拉斯 B-23 机翼太宽，北美 B-25 是唯一选择。

这种飞机，由加利福尼亚州的北美航空公司于 1938 年设计，时速和装载量都不能满足航空部队的需要。次年重新设计，命名为 B-25 米切尔，表示对早期倡议者的敬重。新的机种有明显的改进，机身长 16 米，两翼端间 21 米，载重 1088 公斤，最高时速达 518 公

---

[1] [美] 昆汀·雷诺斯：《令人惊叹的杜立特先生》，纽约：阿普尔顿世纪田园公司 1953 年版，第 172、173 页。

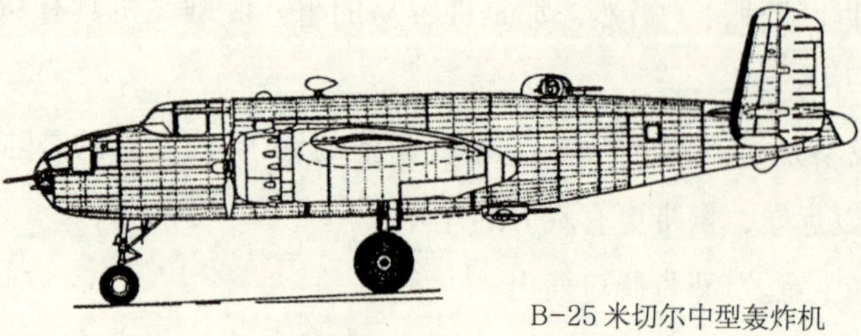

B-25 米切尔中型轰炸机

里，1940 年 8 月 19 日进行首航。战时共生产 980 架，部分供盟国使用，苏联人十分喜爱，曾要求定购。

B-25 飞机载货起飞需 420 米长的跑道，减轻重量，加上航空母舰的速度以及风力的推动，跑道可以缩短三分之一；3200 多公里的航程，附加油箱后也能够达到。

航空母舰选中“大黄蜂”号。它的排水量为 25000 吨，长 247 米，宽 25 米，吃水 6.7 米，容纳舰载飞机 100 架，水手 2200 名。1940 年下水，次年编队服役，运送杜立特轰炸队后，参加了中途岛海战和所罗门群岛战役。1942 年 10 月，被日本鱼雷机击中，又遭受敌机的自杀性撞击，27 日，另两艘日本驱逐舰将它击沉。[1]

“大黄蜂”号上面可安排 16 架 B-25 飞机，时速 25 节，配备巡洋舰、驱逐舰和油轮，驶近日本 500 公里处返航。飞机完成轰炸后到中国或苏联降落。轰炸机的航程有限，需要舰队大胆深入，但越深入，舰队越危险；飞机带上更多的油，重量相应增加，就要减少炸弹，势必影响轰炸效果，这组矛盾有待解决。

经过五天的研究，邓肯理出思路，写满 30 页纸，全部一手抄写，没让打字员帮忙，生怕秘密泄露。他邀上洛一起去见金。金读完手稿，沉思一番，要他们去见陆军航空部队司令亨利 · H. 阿诺德将军，

［1］［美］斯坦 · 科亨：《目标东京》，蒙大拿：图解历史出版公司 1992 年版，第 19 页。

“大黄蜂”号航空母舰

如果他赞同就请他与金联系。

1月17日，两人向阿诺德呈上自己的作品。阿诺德表现出相当大的兴趣，立即与金磋商，决定各自负责一方面的工作。邓肯操办海军的有关事宜。陆军应有人主持改装飞机和训练人员的事务，这个人必须具备丰富的飞行经验，深谙飞机构造，这只有杜立特能够胜任。

杜立特是世界上最优秀的飞行员之一，在军队长期服役后进入壳牌石油公司工作，第二次世界大战爆发后返回部队。1941年12月底，阿诺德将他作为参谋人员安置在身边。确定打击日本的方案以后，他叫来杜立特，问他哪种飞机可以在152米内起飞，带上907公斤炸弹，飞行3200多公里。

杜立特要求用一两天时间思考，然后汇报。他的分析与邓肯差不多，提出B-23和B-25两种机型，但都必须改装。阿诺德进一步说明，供起飞的空间宽度不超过20米，杜立特马上选定B-25。阿诺德将陆军方面的有关事务交给他，吩咐他与邓肯通力合作，共同完成准备工作。

1月中旬，三架B-25飞机前往诺福克港，在附属机场进行了30次训练，其间一架飞机损坏。2月2日清晨，在邓肯的关照下，两架B-25飞机被吊上“大黄蜂”号航空母舰，装上炸弹等物，每架重14058公斤，准备在152米以内的甲板上起飞。下午，劲风横扫甲板，时速80公里，约翰·E. 菲兹吉拉德以每小时37公里的速度冲刺，升向空中。起飞前他担心右翼会碰上舰桥，很幸运，勉强掠过。詹姆斯·F. 麦克锡也呼啸上天，追赶前面的飞机。他俩都不知起飞的实质，以后也没有加入训练队。

为收集气象资料，邓肯指派中途岛的一艘潜艇深入日本海域，观测气温、压力、风向、风速、天穹和可见度。从掌握的情况分析，时间越早越有利，4月末以后，天气不断转坏，影响轰炸。最后确定4月19日舰上时间16时第一架起飞[1]，两小时后第二架离舰，天黑以前所有飞机出发。以第一架飞机轰炸引起的大火为标志，在晚间实施轰炸，20日天亮后抵达衢州降落。加油后立即飞往重庆，组入美国的第10航空队，帮助中国人民抗战。

中国战场的配合

赶修机场

在确定以航空母舰为载体轰炸日本的前后，美国军方还考虑过利用中国基地轰炸日本的方案。中国方面审时度势，在浙江的衢州和丽

[1]［美］卡洛尔·V. 格林：《杜立特东京袭击者》，普林斯顿：D. 范诺斯特兰德公司1964年版，第100页。《东京上空三十秒》第46、195、196页，《四人归国》第16页、《目标东京》第38页都称19日为原定起飞时间，但《令人惊叹的杜立特先生》第199页、《德谢泽：一位转为传教士的杜立特袭击者》第37页作18日。

水、江西的玉山和吉安、福建的建瓯修建机场，让盟机从东南地区起飞，实施对日本的打击。

衢州机场位于城市的东南，1933年开始修建，第二年扩建。淞沪战役爆发，衢州机场的地位突现出来。跑道加筑，掘地1.7米，底层垫巨石，中层夹卵石，上层铺碎石，表面盖沙土。以后又有扩建，每遇敌情紧张，就急征民工破坏。

1941年，奉航空委员会的命令，编为全国第13总站。12月，太平洋战争爆发，美国加入抗日的行列，将派空军到中国来作战，浙江的地理位置十分有利于轰炸日本。第三战区司令长官顾祝同、副司令长官兼浙江省政府主席黄绍竑来到衢州，召集一次专员县长会议，宣布要扩建衢州飞机场，必须能容纳50架重型轰炸机的起飞降落。还要“以机场为中心，四周设防甚密，内外布置，建筑壕堑，征工征木”，“自沿江及江外五里、十五里、二十五里，为四环，配置兵丁器械甚厚，并张两翼于南北山中”[1]。为防止日军从东面进攻，摧毁机场，还必须加强外线工事，延伸到金华、兰溪、义乌、诸暨。工程浩大，所需20厘米直径的大木360万根、毛竹90万根，时间定在六个月内完成，违限要以贻误军事论处。各专员县长一听，都觉得有些为难，唯恐不能如期如数办到，大家面面相觑，不敢答应。黄绍竑也感到为难，含泪对他们说：“我们负地方责任，固然有我们的困难，但军队方面的困难，比我们还要厉害，上官的命令要怎么办，流血牺牲，就是他们最后的责任，我们及人民不过是劳些心，劳些力，流些汗，贡献一部分的时间与一部分的材料而已。我知道这事的困难，但我们只得照这样办。”[2]一省之长已经表态，专员县长不得不立下军令状，全力以赴。

---

[1] 徐映：《衢州飞机场记》，《衢州文史资料》第3辑，第40页。

[2]《黄绍竑回忆录》，广西人民出版社1991年版，第401页。

用料的要求高，数量多，不是邻近几个县所能解决的，务必远近全部发动。北到遂安、淳安、建德、桐庐，东到武义、永康、缙云，南到遂昌、松阳。远的路程数百公里，水道用船运，山地靠人扛。开化县人口 10 万，分配到的木料 10 万株，人均一株，都要运到衢州。

当时大雪封山，正要准备过旧历年。“各县动员了全县丁壮，开山伐木，随伐随运，几十万人冒风顶雪，踏着坚冰形成人流，向衢州涌来。有的县长、县党部书记在大雪纷飞、泥泞载道的环境中与老百姓一起背木头。寿昌县县长林希岳，背木头跌倒受伤，久治不愈。民工之冻伤、跌伤、淹死者，日有所闻。”[1]江山县雪滑跌死三人，受伤数十人。

淳安县县长在回忆文章中写道：“淳安民众的爱国热情很高。无数的农民爬上大雪覆盖的山上砍下大木头，有的用船载，沿新安江转入婺江向衢州去；有的只好肩抬步行，翻山越岭，由遂安方向直送衢州。农民们自带玉米馃番薯作干粮，领队的插上标明乡镇的小旗子，一路上高唱山歌和《大刀向鬼子们的头上砍去！》等抗日歌曲。我与一个毕业于伦敦大学的英国军官，在威坪附近山脚，看到挂着‘唐村乡’小旗的运木队向南走去，他们要走四五百里路才能到达衢州。那个英国军官竖起大拇指，用不准确的中国话对我讲：‘中国不会亡！’我觉得他被我国民众的爱国热忱感动了，当即问他：‘你这个结论怎么得来的？’他用英语说：‘你们中国人用这种原始的方式，长途运送巨木，是多么坚强啊！胜利一定属于你们！’”[2]

运到衢州的材料还要经过军队的验收，尺寸不到又得重新换过，或是两根算一根，因此实际数目不止 360 万根。当时的乡下百姓，哪

[1] 汪振国：《衢州飞机场的抢修与破坏》，《第二次国共合作在浙江》，浙江人民出版社 1987 年版，第 114 页。

[2] 沈松林：《抗战后期的淳安》，《淳安文史资料》第 2 辑，第 19 页。

里有国际公用的米尺，只知道“鲁班尺”之类的旧尺，20 厘米究竟多长，他们心里没底，不知要枉费多少气力。政府付给他们的报酬只不过 200 多万元，而地方人民的损失，恐怕要在这 20 倍以上。

黄绍竑感慨万千：“450 万根木竹，数目是何等惊人？衢州城的人口，不过 4 万多，然堆在城区附近的竹木，就比它的人口数多出 10 倍以上。我到那里去巡视，只见竹木，少见人头，真不胜其沉痛与悲感哩！”[1]

在建筑工地上，民工自备炊具，抬石头，平整场地，日夜赶修。人工经常在 2 万以上，最紧张时达到 4 万。敌机经常轰炸，民工躲到水沟树下，飞机一去马上钻出施工。有时警报终日不解除，只好晚上点起大光灯或火炬，通宵加班。敌机加紧轰炸，晚上也来投弹，干扰施工。有一次，50 多个民工躲在一个壕沟里，被炸死 40 余人。工地住宿卫生条件差，民工疲劳加疾病，时有死亡。施工受到极大影响，进展缓慢。

城东南的峥嵘山上，天主教堂建有钟楼，高耸醒目，数里外也能看清。原设有红绿信号灯，作为空军升降的标志，敌机来袭，反而成为轰炸目标，不得不拆除。附近房屋的白墙，一律涂成黑色；行人往来，禁穿红白衣裳。军人必须穿土黄色、绿色，民众着深蓝色、浅灰色，大量服装需要改色，染料价格飞涨。

衢州机场和周边工事，在不到半年的时间里按时完成，黄绍竑称为“伟大的人力”。

机场“可供重型轰炸机降落之用，跑道 1600 米，两端各有消除区长 100 米，起落地带宽 150 米，道面宽 60 米，厚 80 厘米，基层压实密度 CBR90%。道面分三层施工，切块石灌黄泥浆，铺碎石压实，再用碎石级配黄泥土，用铁板制成圆形压路机，内浇灌熔

[1]《黄绍竑回忆录》，广西人民出版社 1991 年版，第 401、402 页。

铅，使重达160吨，由120名工人反复拖控压实。另有穿越树林60米宽隐蔽线，可将飞机落地后立刻驰入隐蔽线，可在机堡内作维护之需”[1]。

衢州机场以南的丽水机场，初建于1934年9月，几度复建的情形与衢州机场相近，跑道规模同是七八百米长。

衢州机场以西的江西省玉山机场，编为空军第28站，隶属衢州总站。它位于县城东北三公里的五里洋。1939年动工，“面积约300亩，民国二十六至二十七年下半年扩建至1944亩。场中有碎石跑道、土保险道、飞机隐蔽线、油库、营房等设施”[2]。美国对日宣战后，“玉山机场为了适应盟国空军使用的要求，又进行了一次修建，跑道延长到1500公尺（米）；系碎石结构，强度可胜任盟国空军普通作战飞机起落。并在直线跑道两端构筑了两条土保险道，东北端长100公尺（米），西南端长220公尺（米）。机场东北有油库1座，西南侧边为营区，面积有49.7市亩，建有营房10幢”[3]。县城南面的塔山上配备高射炮，但火力有限。

玉山机场西面数百公里的吉安机场，位于城区西北郊，1930年初建，次年3月完工。1933年在南郊另辟机场，实际面积1278亩。“1936年11月，在机场西面再征地58.5亩，建成一座容量为126立方米的油库。1938年3月，又扩建石砾跑道1200米。”[4]杜立特机队行动以前，机场又一次整修拓展。

建瓯机场筑在县城西门外的大洲上，1933年完工，“纵长约1000

---

[1] 钱南欣：《美国空军B-25轰炸东京后回航迫降衢州机场纪实》，《北美蒲阳通讯》第43期，第8页。

[2]《玉山县志》，江西人民出版社1985年版，第200页。

[3] 胡光虹：《玉山飞机场》，《玉山文史资料》第3辑，第20页。

[4]《吉安市志》，珠海出版社1997年版，第656页。

公尺（米），横宽300多公尺（米），约占地400亩”[1]。小型机场难有作为，1942年加紧充实，增强太平洋战争的攻势。

中国方面尽最大努力，发动民众，在短期内赶筑机场，等待盟机的使用，满足盟国的需要。

应急措施

中国的东南地区离日本较远，不如苏联的符拉迪沃斯托克近。“在计划的初期，杜立特希望能与苏联协商，接受以租赁形式移交的部分B-25飞机。如果国务院能够使莫斯科确信这是个好主意，杜立特就会在轰炸以后将他的飞机交送符拉迪沃斯托克。因为飞行距离缩短，不需要涉及中国或不得不安排无线电设备，所以问题会大大简化。但是苏联不会同意，在日本人的眼中，接受轰炸日本后的飞机，就是参与战争行动。他们在西线为生存而浴血奋战，不愿在东线与歇斯底里的日军冒交战的危险。”[2]

降落地只能选取中国，中国方面必须做好迎接美机的准备。

美国派遣克莱顿·比塞尔上校到重庆，担任史迪威的空军助手，负责接受飞机降落和加油设备的专门事务。1942年1月31日，他派出老式的C-39运输机，去检查各机场，不幸飞机坠毁，任务没有完成。2月12日，他让两位美国飞行员驾驶中国的柯蒂斯鹰式战斗机，以免引起敌人的注意，两架飞机却在恶劣的天气中失事，飞行员死亡，无线电设备损毁。

---

[1] 张从典：《我所知道的修建建瓯机场和蒋介石来建瓯的情况》，《建瓯文史资料》第2辑，第60页。

[2] ［美］卡洛尔·V. 格林：《四人归国》，蒙大拿：图解历史出版公司1995年版，第15页。苏联于1937年8月与中国签订的《中苏互不侵犯条约》，规定不得给侵略者间接或直接的支持和援助，而1941年4月出台的《苏日中立条约》却间接支持日军侵华。

3月16日，阿诺德要求史迪威将军报告五个机场炸弹和燃油的准备情况，两天后又拍发加急电报。史迪威回答在印度加尔各答有120号燃油5000加仑，用5加仑的铁罐储存，还有100辛烷油2.1万加仑，正在请有关方面运往中国。

3月29日，史迪威电告阿诺德，时间紧迫，秘密难保，建议使用中国的燃油，代替从印度运送的油料。他提醒阿诺德，按照中国人的说法，只有桂林和衢州机场能适应重型轰炸机。蒋介石不同意使用玉山和丽水机场，除非经过美国军官的检查。阿诺德在回电中告知，飞机将在4月20日到达，改时一定会另行通知。[1]

阿诺德在2月2日要求重庆准备好无线电设施，频率定在200～1600千赫。到4月5日为止，“据报，除玉山外，其他四个机场都准备好充分的无线电设施，供归航使用。4月6日，阿诺德命令‘57’用作辨认数码”[2]。18日，杜立特飞临衢州机场上空前数小时，“重庆发出电报，通知准备接受友好的美国机群，但是电码混淆，难以译出，中国机场没有一位指挥官知晓杜立特和他的袭击者正在途中”[3]。“杜立特后来了解到，中国机场已经收到他的请求给予‘定位’的电波，电波急得发疯似的，但是他们以为来自日本飞机，命令熄灭灯火”[4]，以免遭受轰炸。当时的中国第86军连长李天祥驻守衢州，准备在浙赣战役中阻击日军，他在《回忆一九四二年浙赣战役》文中

[1] 飞机提前起飞的决定是在没有准备的情况下突然做出的，当时舰队和机队都处于默音状态，不能使用无线电，无法通知中国方面。

[2] [美]卡洛尔·V. 格林：《杜立特东京袭击者》，第87、88页。

[3] [美]昆汀·雷诺斯：《令人惊叹的杜立特先生》，第208页。

[4] 同上。《杜立特东京袭击者》记录有出入，该书第123页注释16称：运送杜立特机队的海军“16特遣队”，保持严密的无线电默音，杜立特“无法获悉中国机场的困难，不能告诉重庆他的机队将提早一整天到达。但是他确实与哈尔西谈定，他的飞机起飞后，通过珍珠港和华盛顿，将情况通知重庆。令人遗憾，这份情报没有送出”。护送2号机组人员的刘同声了解到的情况也是这样。

提到，美机经过上空，机场“放出空袭紧急警报，实行灯火管制”[1]。

为防备情况发生变化，飞机有可能在夜间降落，机场配备了大灯，显示方位，四周装上小灯，指示界线，便于识别。

中国方面考虑到美国飞行员语言不通，从重庆派出一些大学毕业的年轻空军军官，到衢州机场担任翻译。

这次行动具有极度的机密性，只有少数人明了内幕，海军的金、尼米兹、邓肯和洛，陆军的马歇尔、阿诺德和杜立特进行策划和准备，才真正掌握内情。秘密局限在很小的范围内，甚至总统罗斯福也不知底细[2]，阿诺德在1月28日给总统的答词中，解释蒙古不可利用，甘肃倒是非常有效的“航空母舰”，中国愿意提供东亚基地，却没有涉及杜立特轰炸队。

美方决定不告诉重庆的任何人，包括史迪威在内。他在离开美国前，只知模糊的方案，根本不了解细节，连飞机从哪里到中国都是未知数。

蒋介石没有获得具体的行动方案，感到美方对自己不信任，又考虑到难以抵挡日军大规模的疯狂报复，到3月28日仍不愿意提供基地。4月11日，他要求比塞尔通知马歇尔，希望把行动推迟到5月底，以便有更多的时间做好准备，阻止日军对衢州的进攻。第二天马歇尔告知无法撤回成命，申明机队将永远置于史迪威的控制之下。13日，阿诺德电告重庆，行动不能中止。16日，阿诺德重申计划不能改变。18日，马歇尔给重庆拍发最后一份电报，指出神秘的天气将会影响特殊行动。

---

[1] 衢州市政协编：《衢州抗日战争史料专辑》，第20页。另一位当事人魏子云写道：“6点多钟，警报器却又吼了起来，而且，一开始就是紧急警报。听到那急迫的吼声，似乎在说明情况的不同寻常。”参见王梓良：《忆旧与伤逝》，第90页。

[2] 此据《杜立特东京袭击者》第37页内容，而《令人惊叹的杜立特先生》第175页称，阿诺德和金决定让总统知道机密，总统很赞赏，表示祝贺。

特殊行动的策划者同样没有向陈纳德透露内情，他一无所知。获悉杜立特机队失事后，他十分痛惜，不免牢骚满腹，责怪“比塞尔做事总是显得很神秘，以致我无法推测到他下一步要干什么。他不同中国空军负责人及我商量，结果当杜立特轰炸机群被迫改变计划，在夜晚恶劣气候条件下飞抵中国上空的时候，中国东部庞大的预警网居然没办法同他们取得联系，也无法为不熟悉地形的飞行员导航。如果让我事先得到通知，便只需将一个志愿队的地面无线电指挥站与中国东部的预警网联结起来，就可指挥大部分飞行员顺利降落在友军的机场。然而他们却全部在黑暗中撞毁或跳伞逃生”[1]。

特殊行动策划书决定，在飞机接近中国时通知中方情报机构，严守时点，避免情报落入日军手中，过早通知会对行动产生致命影响。

杜立特在 6 月 5 日向陆军航空部队司令汇报称，我们需要在起飞时立即告知中方，但航母保持默音，不让日军获取无线电信息。重庆知道我们有行动，却没有得到美国官方的通知，衢州机场听到我们的机声，拉响空袭警报，关闭着陆灯，加上恶劣的天气，没有可能在目标地降落。[2]

地方史专家庄月江从台湾移居衢州的戴铭允处获悉，第 13 航空总站站长陈又超与戴很熟，交谈时陈曾说，机场听到不同于日军的飞机声，但没有接到命令不能擅自开放机场。第二天受令布置接应，听到飞机声，迎来的却是日机的轰炸。[3]

---

[1] [美] 陈纳德著，王湄等译：《飞虎将军陈纳德回忆录》，浙江文艺出版社 1998 年版，第 237 页。

[2] 杜立特轰炸者官网，《汇报与会见》栏目。

[3] 浙江电视台记者王维 2012 年 4 月采访庄月江。

人机两忙

东部出场

编队训练

用B-25飞机轰炸日本，需要熟悉这种飞机的人，调集人员的范围受到制约。B-25飞机到1941年3月才配给位于华盛顿州的麦克巧德机场，起初只有七架，编入第17轰炸队。飞行员进行大量的操练，测试速度、火力、油耗、着陆能力和轰炸能力，在西海岸巡逻，伺机轰炸日本潜艇。经历过机毁人亡的挫折，飞行员具有一定的实战基础。

打击日本的方案确定以后，决策者十分清楚，真正使用过B-25的单位，“只不过是17轰炸队的三个中队，即第34、第37和第8中队，此外还有第89侦察中队，他们都部署在俄勒冈州的彭德尔顿”[1]。第17轰炸队途经明尼苏达州的中大陆航空公司，在这里停留一段时间。颇有特长的工程师克莱尔·班奇，受杜立特邀请，进行飞机的改造，每架装上60加仑的油箱。在西海岸参加过防敌潜艇巡逻的飞行员，曾因油料有限，返航时险些失事。添置油箱到大西洋巡逻，可以增加航行能力，有效阻止德国潜艇击沉许多美国油轮的势

[1]［美］卡洛尔·V. 格林:《四人归国》，第13页。

头。他们一个个都更有信心。接着，在炸弹舱里又装上油箱，飞行员开始纳闷起来，“不知道特殊油箱对轰炸潜艇有什么作用”[1]。

大家都急于到海上巡逻，这时，戴维·琼斯从俄亥俄州的代顿来，24 位军官凑上去。琼斯说将要投入一项危险的、重要的和有趣的行动，参加者都必须是志愿人员。有人要进一步了解细节，琼斯回答他只知道这点，不过可能要离开美国两三个月。又有人问去哪儿，琼斯无从告知，申明如果不愿意参加也纯属个人权利，无可非议，但人人都表示愿意参加。

2 月 3 日，大约 15 个机组前往哥伦比亚机场，另一部分人从艾奥瓦州的达文波特转道而来，四个机组全部到齐。通过谈话得知大家都是志愿者，对冒险的事一无所知。杜立特出现在大家面前，谈话的内容与琼斯一样，人们又想了解底细，他笑笑，只能点到为止。他继续说下去：“我不得不强调一件事——秘密。如果你们中的任何人猜测到我们将做些什么，或者从训练中揣度出打击的目标，要把它藏在心底。不要与你们的妻子讨论，不要跟其他人谈论，许多生命——不仅仅是我们——将依靠我们的高度秘密，明白吗？”他说，万一外界有人探秘，把那人的名字告诉他，联邦调查局会查究。他继续说下去：“第一件事，我要你们做的是设法弄清周围每个附属机场的位置。然后，在一段时间里进行快速起飞的练习。”[2] 他要求大家用一周的时间学会在 152 米内起飞。

2 月 27 日到 3 月 4 日，四个中队 140 人转移到佛罗里达州的埃格林机场。机场离墨西哥湾很近，周边人口稀少，主要用于战斗机的射击训练，也是检测飞机、装备和战术的中心。

杜立特奔走于机场和华盛顿之间，唯恐电话电报泄露军事秘密，因

[1] [美] 泰德·W. 罗森：《东京上空三十秒》，纽约：兰登书屋 1943 年版，第 18 页。

[2] [美] 昆汀·雷诺斯：《令人惊叹的杜立特先生》，第 181 页。《杜立特东京袭击者》第 45 页、《东京上空三十秒》第 22 页，都记载了杜立特的讲话。

为一旦如此，一万多人的生命将难逃劫运，美国海军在太平洋上仅有的一点有生力量会丧失殆尽。他根据第17轰炸队负责人威廉姆·C.米尔上校的提议，选定第89侦察中队长约翰·A.希尔格少校为副手，负责全部事务，约翰逊和约克为行动计划官，琼斯为领航和情报官，C.洛斯·格里宁为射击和投弹官，鲍尔为工程官，胡服为供应官。

希尔格建议聘请海军教官来指导，便于快速掌握在短距离内起飞的技术。亨利·L.米勒上尉从附近的彭萨科拉海军航空站匆匆赶来，以海军特有的舰上起飞技巧进行辅导，他坐在副驾驶员的位置上，让琼斯掌舵，约克和格里宁在旁观看，飞机以97公里的时速腾空而起，原来的怀疑念头渐渐消失。机场的跑道上画有限制性的白线，每60米、91米、122米处插上旗帜，他们拉下着陆风门，开足油门，起飞的距离和时间比预想的还要好。大家的进步很快，杜立特、格雷和琼斯表现突出。米勒发现，陆军的驾驶员容易滑到老式的起飞方式里去，必须反复训练，加以巩固。

3月15日这天，米勒与乔伊斯同机，带上假炸弹，油箱装满油，包括后面的油箱。乔伊斯驾机离开地面，拉升过于匆忙，飞机摇摆着，掉回跑道，失控地滑行，发出可怕的尖叫声，螺旋桨摔成碎片。旁观者以为飞机定会起火，幸好没有发生。这场事故等于给大家上了一堂课。不久，所有飞机都满载重物，全开风门，以87～97公里的时速起飞。

经过一段时间强化操练，轻装起飞可以在91米跑道内实现，唐纳德·G.史密斯以最大负荷量，在87米内升空。一天，杜立特派约克和格里宁到彭萨科拉去请民航专家来检查汽化器。专家坐上飞机，飞行员习惯性地猛拉油门，飞机在152米以内咆哮着陡然升空，这位民航专家吓得面如土色。

特殊训练随后展开，无线电关闭，地面上不设标志物，晚间摸黑出征，在墨西哥湾洋面飞行，一系列演习用来培养领航员的辨别能力。

“秘密行动需要低飞投弹，在这紧张的训练期间，花费许多时间让飞机飞得很低。德谢泽的驾驶员威廉姆·法罗尉官和机组的其他人员，几乎用竞技的方式练飞。有时，他们横过田野，飞得如此低，以至不得不拉起机头，才能避过篱笆。另一些时间里，沿着沟涧低飞，沟沿高过飞机本身。经历丰富多彩，危险层出不穷，事故经常出现。”[1]

起初晚上常常飞行，炸弹对准火堆投掷，飞行员推测特殊行动将会在夜间施行。炸弹包括虚实两种，都必须低投。罗森机组第一次投弹，从152米处掷下44公斤的炸弹。高度太低，地面上产生强大的冲击波，将罗森弹到机舱的顶部，头上立即磕出大包。

大多数射击手以前没有使用过50毫米的机枪，改装工作又一再拖延他们的练习，所以他们很少有机会用机关枪对着地上和空中的目标扫射，活靶子更是从来没有打过。50毫米子弹，在航空部里断档已数月之久，阿诺德十分苦恼，情况好转后，仍然没有足够的弹药用作训练和试枪。托马斯·R.怀特，一位第89轰炸队的医生，坚决要求参战。希尔格求之不得，安排他当射击手。他勤学苦练，成绩排在第二位，业余时间查阅各人疫情记录，为他们注射肺炎、斑疹、伤寒、破伤风、腺鼠疫和黄热病疫苗。

飞行的最后阶段，主要检测了省油的最佳速度。B-25飞机上1700马力的怀特发动机，不是为100辛烷油而设计的，挥发太大，油耗是个至关紧要的问题。离开埃格林前的一次飞行，被视为总检验，起飞迅速，震耳欲聋。飞到不远的麦尔斯港，以低速贴海的方式跨过墨西哥湾，到达得克萨斯州的奥斯丁，然后返回驻地。

原计划每个机组试飞50小时，受飞机改装的影响，实际上只飞行了一半时间。

---

[1] [美]查尔斯·霍伊特·沃特森：《德谢泽：一位转为传教士的杜立特袭击者》，印第安纳：光和生命出版公司1952年版，第29页。

改装飞机

起飞限制在一定的重量以内，势必卸下一部分物件。机身腹部下的旋转枪架有时不能缩回，用起来十分棘手，学会它与学会手风琴差不多，时间不允许他们这样做，干脆拆除，重量减轻272公斤，时速加快24公里。特殊的行动需要保持绝对的默音，后部报务员舱内的无线电设备有104公斤，不恰当地使用内部电话，会无意识地导致广播作响，卸下来更好。线圈从发报机中移出，收藏在一边，等到进入目的地上空时再使用。

超常距离的航行，需要带上更多的燃油，设置各种各样的油箱。炸弹舱里的265加仑铁制油箱渗漏严重，改成225加仑的油箱；下部的旋转枪架移走，腾出的空间安放60加仑的油箱，外面罩上防弹护衣；报务员舱内放入10只5加仑的油罐；过道上安排160加仑的油箱；机翼上的固定油箱容量为646加仑。共携带燃油1141加仑，皮囊内的油无法彻底倒出，最终可用量约在1100加仑。

160加仑的油箱实际上是只皮囊，由马丁航空公司特制而成。1942年1月，马丁的工程师奉命制作质软自封闭式油箱，完成的时间限定在数星期内。油箱安放在飞机的过道中，灌满油时阻塞通道，用空时可以卷起收藏。新增的160加仑燃油，延长飞行路程800多公里，为袭击日本发挥了不小的作用，直到1945年军方才公布马丁人的贡献。[1] 60加仑的油箱也是皮囊，安放时不受形状的限制。

飞机的鼻部装配30毫米的机枪，机身的上下部各配置两管50毫米的机枪，后两部机枪运作都有一定难度，底部的枪架运走，机尾没有武器保护，格里宁灵机一动，装上两管木制50毫米的假枪，长度超出普通枪，漆成黑色，用假象欺骗敌人。

---

[1] [美] 斯坦·科亨:《目标东京》, 第11页。

“马克·吐温”投弹瞄准器

“诺登”瞄准器被取下，它价值1000美元，属于绝对保密的仪器，不能落入敌手。另一方面，它在1200米以下使用时失去效能。这次进袭，投弹的高度在460米。格里宁根据密西西比河里船上的探深仪原理，发明了“马克·吐温”投弹瞄准器，它用铝质材料制成，重不到1公斤，成本只需20美分。投弹手计算出角度，将视槽拨到相应斜面，与目标一致时，让炸弹滑下。

除冰设施安装在翼端和尾部，防冰设施附在螺旋桨上，因为飞机在埃格林期间美方仍与苏联接触，力图抄近路到符拉迪沃斯托克降落。民航专家前来安装，每架飞机要花费两周时间。杜立特听到汇报，人像爆炸似的：“我给你两周时间，装完所有24架飞机，这项工作到时非完成不可。”

两枚着陆照明弹配置在每位驾驶员的后面，一旦需要，由射击手从后门投放。

一些飞机装上小小的电子照相机，首枚炸弹落下时会自动开拍，每半分钟拍摄60张照片。其他飞机带上16毫米照相机，作用大致相同。

每个重要部件必须经过再三检查，一丝不苟，使飞机像人的身体一样完美。杜立特请来民航专家检查汽化器，汇报时说设备相当好，不需要经常检查。杜立特火冒三丈，责令他细查，务必在接下去的24小时内将所有汽化器通查一遍。一次，杜立特走向一架刚停稳的飞机，问驾驶员飞机的状况怎样，驾驶员带着满意的口气说相当好。杜立特说让他试试，一头钻进机舱，冲向天空。一个小时后他返回，用铅笔列出12个小毛病，语重心长地告诫在场的人："飞行员，相当好不等于最好，因为这项工作要求每架飞机都必须达到最佳状态。"

3月中旬，杜立特去华盛顿汇报工作，而阿诺德从来没有暗示过让杜立特亲自领导袭击任务，杜立特挑明话题，说没有人比他更了解这项计划、更熟悉这批人员，请求带领队伍出征。阿诺德收起笑容，一本正经地说，他需要杜立特留下来，许多工作必须他来协助。杜立特再三请求，阿诺德难以直接拒绝，想用"借刀杀人"法使他就范。他耸耸肩，告诉杜立特："好，如果米夫·哈门通得过，我也开绿灯。"

哈门是阿诺德的得力参谋，他的办公室就在阿诺德司令部的山下，杜立特一口气跑下去，冲进他的门，凑巧只有他一人在里面。杜立特汇报完工作，将阿诺德的话重复一遍，哈门没有好好揣摩，就表示同意。杜立特喜出望外，竭力抑制内心的激动，身体倒向办公桌，紧握哈门的手，口里跳出两个词："谢谢，将军！"

杜立特转身离开，听到电话声响起，传来阿诺德的声音，哈门回答："但是，哈普，吉米说你已许诺，因此我就同意他领导袭击。我现在已经不能收回成命。"[1]

杜立特浑水摸鱼，达到预定目的，不免喜形于色，直奔埃格林驻地。经常载运他的那架飞机，本由弗农·L. 斯丁齐驾驶，但弗农染病不能上机，杜立特取而代之，用比别人少得多的时间达到同样的训

[1]［美］昆汀·雷诺斯：《令人惊叹的杜立特先生》，第185页。

练效果，准备起飞时一马当先，给全队以勇气和鼓舞。他眼光敏锐，发现螺旋桨都有不同程度的损伤，若能换上新的，时速将增加数公里，便立即向阿诺德汇报，阿诺德答应到加利福尼亚州的萨克拉门托更换。

飞行员从 7 点开始，常常忙到 22 点，大部分工作接近尾声。

这段时间，邓肯在珍珠港安排海军的合作事务，使各军舰的出动和会合显得十分自然，不易侦察。工作到位后，他拍电报给华盛顿的洛："告诉吉米，请他上马。"杜立特明白电报的内涵，声东击西的前半部分任务已告结束，西行的时刻正在降临。他向大家宣布，到达西海岸后，不能与任何人打电话或会面。

西部收场

3 月 24 日 3 时，飞行员被唤醒，准备 11 时起飞，前往加利福尼亚州萨克拉门托附近的麦克莱伦机场，24 架飞机除两架外全部出发。罗森告别妻子艾伦，不能肯定在外待多久，艾伦在一封无法寄出的信中写下她的推测，丈夫将轰炸菲律宾。罗森又打电话给母亲，母亲问他去哪儿，他只回答执行任务。

从东到西算是跨大陆飞行，大部分行程都飞得很低，目的在于为实战练兵，测定低飞时的油耗。德谢泽回忆道："我们路过得克萨斯州和新墨西哥州时，看到牛在田野里，我们的驾驶员总是低飞，想要惊动牲口。看到它们的尾巴翘到天上，使出吃奶的力气奔跑，简直是项得意的运动。"[1]飞机往往在电线下穿行，有时侧身通过低低的吊桥。

一到麦克莱伦，琼斯将一只板箱锁在地下室里，它重 544 公斤，

---

[1] ［美］查尔斯·霍伊特·沃特森：《德谢泽：一位转为传教士的杜立特袭击者》，第 30 页。

箱中藏着地图、海图、目标模型和目标资料，防止敌探的窥视。杜立特编造出一套谎话，用来应付各人的家庭。家里人问起就说，根据租借协定，要运送一批飞机给盟国，途中可能要扔些“鸡蛋”给敌国尝尝。这则谎言，也可以搪塞光顾机场的高层官员。

杜立特召集全体人员，再次提醒大家要确保飞机达到完美状态，指导修理人员的工作，哪怕是微小的部件。

埃格林机场没有了结的事情必须全部完成，一些部件亟待改装。保护炸弹舱的油箱盖子太小，引起皱折，容易漏油，必须重装；枪架上的水力阀门要配上；背式降落伞要改成椅式的；新的导航窗要取代原有机玻璃材质的。这一切材料都不能马上到位，杜立特急得团团转。

第一天改换螺旋桨，全部涂上光亮的油漆，三片叶瓣价值1500美元。飞行员站在旁边观看，一位工程师启动引擎，速度过快，叶片卷起尘土，导致尖端斑斑点点的。罗森喊住另一人除去缺陷，他拿来一些油擦在斑点处。在带盐的空气里，螺旋桨的尖端很容易擦伤。修理人员每次转动引擎，就使飞行员提心吊胆，唯恐伤害飞机，却不能告诉他们为什么如此小心翼翼。

机修工无法理解机队的紧迫感，闲散地检查飞机。杜立特静观两天，难免又要发作，他打电话给阿诺德，抱怨进度太慢。阿诺德重申已交给他手令，要他发挥作用。阿诺德在航空部队中具有绝对的权威，凭他的手令，杜立特可以指挥飞机、人员，调用设备。阿诺德做出反应，杜立特行使该用的权力，进程开始加快。

一天下午，杜立特正与希尔格交谈，听到引擎声，看到黑烟喷薄而出。他奔过去，大叫关闭引擎，不料报以更浓的烟火。他一把拉开前门，跃入机头，将机修工从驾驶员的座位上扯开。机修工向杜立特解释，汽化器调整后，他奉命开动引擎。杜立特大吃一惊，吼道：“什么，未经我的许可，竟有人瞎弄这些汽化器！”

杜立特命令飞行员对机修工处理过的每个部件通查一遍，发现问题及时报告。他把各种情况集中起来，向领班和基地指挥官反映，也向阿诺德汇报，阿诺德责令俄亥俄州怀特机场的航空服务指挥官做出解释。

3月30日，华盛顿来电，要杜立特去旧金山，与威廉·哈尔西上将会面。杜立特撒了个谎，告诉希尔格，他的妻子来到旧金山，要去见见面。

暮色降临，两人来到一家饭店，邓肯以及哈尔西的助手在座。哈尔西指出，一旦遭到日本飞机或军舰的攻击，航空母舰发送飞机，会成为极易打击的目标。杜立特以为，可以将轰炸机推在一边。哈尔西说，如在到达日本海域前被拦截，时间允许的话，轰炸机可迅速离舰，飞往中途岛。假如攻击突如其来，叫人措手不及，可按杜立特的提法做。如果离开日本2400公里左右，可以推在一边，也可以起飞，直向目标，然后采取权宜之计。

杜立特若有所思地说："那样会造成我们偏航800公里。无谓地弃掷飞机，倒不如抓住机会，找到目标，然后坠入中国海域。我们的全部飞机上都带有橡皮救生筏，可能会被自己的潜水艇中的某一艘救起，或者会抵达中国海岸。"[1]

哈尔西表示赞同，他又提到正常的情形，如果没有遭受攻击，希望能够进入日本海岸外640公里处。

第二天，22架飞机改飞旧金山的阿拉米达海军航空站。萨克拉门托机场的执行官，递过一份长长的表格要杜立特填写，表中的内容包括机修的各项工作，要求给予一个总的评价。杜立特扫视一下，叫道他没有时间通读。执行官重申，这是他们工作的一环，必须有个结语。杜立特抓过纸头，用铅笔在上面书写"啰唆"两字。执行官表示抗议，仍然要求具体的评判。杜立特转过身，大步走向他的飞机，启动引擎，径直飞

[1]［美］昆汀·雷诺斯：《令人惊叹的杜立特先生》，第187页。

走。恼羞成怒的执行官对身旁的希尔格生气地说：“我要告诉你一件事情，你们的那位中校正向荆棘丛生的麻烦堆里走去。”

陆上的最后一天，飞行员继续进行全面检查，从事测试性的飞行，尽量寻找漏洞。

邓肯在饭店与杜立特分手后，赶往圣迭戈与马克·米兹切上校见面。米兹切指挥“大黄蜂”号航空母舰穿过巴拿马运河，前来接受任务。邓肯告诉他到阿拉米达接应杜立特机队，把舰载飞机收入甲板下面的机舱里，甲板腾空后安放 B-25 轰炸机。米兹切终于明白，邓肯几个月前踏上航空母舰的意图。

4 月 1 日，水手将 15 架 B-25 轰炸机的燃油抽空，启动巨型吊车，将飞机拎上甲板。杜立特见甲板上仍有空间，可以再挤入一架，他与米兹切协商，要求添加一架，等到军舰行驶至 160 公里时送回这架飞机。[1] 它由米勒担当副驾驶员，以示范性的起飞，鼓舞大家的信心。米兹切表示赞同，要米勒打点行李奉陪。

16 架飞机以外的机组人员全部上舰，以防秘密走漏。落选的飞行员神情沮丧，安慰不起作用，被告知有机会充当替补的角色时，才重新拾回感觉。陆军涌来，水手们想从米勒的口中了解他们的去向，米勒守口如瓶。他们知道米勒来自阿拉斯加，陆军的行动想必在阿留申岛一带。

15 时，航空母舰起航。海军本打算在入夜后行动，因港口繁忙，波涛汹涌，不利于庞然大物的转动，不得不在光天化日之下运行。黄昏时分，“大黄蜂”号驶入旧金山湾，杜立特召拢各位强调保密后，允许大家上岸，欣赏城市晚景，与大陆再拥抱一下。

---

[1] 此据《杜立特东京袭击者》第 73 页的陈述，而《令人惊叹的杜立特先生》第 197 页作 800 公里。

行驶在海上

特遣队出征

1942年4月2日，“大黄蜂”号驶离旧金山。5分钟后一艘快艇追上来，要杜立特上岸接听华盛顿的急电。杜立特顿时紧张起来，以为阿诺德变卦，要把他劫回。他忐忑不安地拿起听筒，传来对方的问语：“杜立特？”原来是马歇尔熟悉的声音：“没有说声祝你好运的贺词，我怎么能让你走。”杜立特如释重负，连声道谢。

出海后，相继出现巡洋舰“纳什维尔”号和“维斯尼”号，驱逐舰“格温”号、“梅雷迪斯”号、“蒙森”号和“格雷森”号，油轮“西马伦”号，七艘舰艇一起为“大黄蜂”号护航，形成第16.2特遣队。[1]

离开旧金山后不久，一架海军飞艇送来两箱杜立特定购的领航窗，带走需要发送给大陆的情报。

驶出160公里外，最后添加的这架飞机，送回的时刻已经到来。中午，杜立特征得米兹切的同意，决定留下它，参加袭击队

[1] “大黄蜂”号与“企业”号航母各有8艘舰艇，合成16艘（Task Force 16）。“企业”号是第一组合，称为16.1特遣队（Task Group 16.1）；“大黄蜂”号是第二组合，称为16.2特遣队（Task Group 16.2）。

伍。米兹切唤来正在吃中饭的米勒，问他在航空母舰上风速无法达到40节的情况下，B-25飞机能不能起飞。米勒充满信心，说甲板上留有150米的空间，完全可以施展本领。米兹切转到正题，飞机不再送回，要他取下飞机上的个人物品，与舰队同行。米勒担心擅自在外，不能按时返回部队，他的军衔会一撸到底。米兹切笑笑，提出相反的看法，陆基飞机在航空母舰上顺利起飞，袭击成功后，教练的军衔肯定不降反升。正如米兹切所料，后来米勒获少将军衔，肩上闪烁两颗金星。

3日，舰队远离海岸，杜立特把飞行员召到一间空房里，开始公布秘密[1]，以坚定有力的声音告诉大家，不出意外的话，19日下午很迟的时候起飞，直取日本，事成后到重庆去聚会，喝庆功酒。他提到去符拉迪沃斯托克的计划，刚刚遭到苏联当局的拒绝，这条线路不能不被排除掉。[2]他提醒避开皇宫轰炸，飞行员问为什么，他解释轰炸皇宫会遭到非议，打击的价值不如炼油厂、飞机制造厂等战争建筑。他强调不能轰炸居民区，也不能对准公共设施，如学校、医院之类。他见飞行员不再提问，强调继续检查飞机，达到完美状态。飞行员在西海岸时已经猜到要飞袭日本，谜底终于揭开，一个个跃跃欲试，都想在冒险中过把瘾。

海军的人员配备齐全，航空母舰上的两位“日本通”给飞行员上课，让他们了解日本的情形。斯蒂芬·贾利克少校从1939年起担任驻日大使馆海军武官，1941年离任回国。当时，美国没有日本的轰炸图，贾利克要设法获取。苏联海军武官掌握日本的工业情报，贾利

[1] 此据《杜立特东京袭击者》第82页、《令人惊叹的杜立特先生》第196页、《东京上空三十秒》第35页内容，《德谢泽：一位转为传教士的杜立特袭击者》第30页记载，离海岸16公里后，舰上通过公开传令系统宣布轰炸日本的使命，而不是飞行员单独宣讲的。

[2] [美]昆汀·雷诺斯：《令人惊叹的杜立特先生》，第196页。

克把他灌醉，分享了他的果实。他乘船从横滨到神户，拍下码头的照片，两年中积累了不少日本工业的资料。他为杜立特机队讲解日本的历史、风俗和政治理念；分析东方与西方的心理差距、中国与日本的生理区别；描述形形色色的便服与军服；指出进入日本的最佳途径，要进出工业区，避开高射炮群；点明东京闹市区的三座电波发射塔是标志性的建筑物。阿波罗·索塞克中校指导航空母舰的运行。他俩教飞行员反复讲“Lushu hoo megwa fugi”[1]，落在中国后能让百姓听懂“我是美国人”。

自动请缨的怀特医生发挥自己的特长，为大家讲解卫生知识，提醒要特别注意任何割伤。中国人习惯于把“夜尿”当成肥料用，人体极易受潜在的可怕的病菌感染，再小的擦伤也会在数小时内突发成病。中国人有免疫能力，儿童夭折的仍为数不少。

航空母舰上有2000名海军官兵，他们对新来的飞机和人员特别关注，不断地做出各种猜测，打听受阻后，对陆军的过分保密有点不满。米兹切决定公布秘密，通过扬声器向水手宣布：特遣队方向，东京。对其他舰只，他告诉信号官，用旗语通知。[2]水手们欢呼起来，他们明白轰炸日本会阻止日军肆无忌惮的侵略，都为自己能参加一项大的冒险行动而兴奋。有些舰上唱起快乐的《白雪》歌：“嗨，噢，我们对准东京，神速轰炸，快速凯旋。”

海军对陆军表现出极大的热情，带他们观看甲板下的俯冲轰炸机、鱼雷机和战斗机。它们的机翼折合，像关在笼子里的鸟一样，与B-25飞机的庞大架势截然不同。军舰上鸡肉不断，飞行员开始发胖。

航空母舰的领航员弗兰克·阿克斯中校，“每天为飞行员上课，

[1] 实际上是粤语，浙赣皖地域无法知晓。后文“离山回国”中，希尔格与杜立特的对话将提到。

[2]《德谢泽：一位转为传教士的杜立特袭击者》第36页作17日。

教给飞行员领航技术。阿克斯从舰艇的甲板或飞机的领航窗观察星象，进行天体定位的实践”[1]。帮助他们在浩瀚的大海上，在无穷的天穹中识别航向。

杜立特赋予各个机组选择的权利，让他们申报想要轰炸的日本城市和降落的中国机场。轮到罗森发言时，他说他的伙伴要想一睹东京为快，机场选定衢州或丽水。杜立特强调，投弹必须研究落点，爆破弹要达到最大摧毁程度；燃烧弹选中易燃处，一旦引起几堆大火，就休想扑灭，要避开石头、水泥和钢铁建筑，对它们燃烧弹的作用微乎其微。琼斯取出地图，每人必须熟记海岸边的城市、地形特点。罗森机组选中三个目标，它们都在一条直线上，互相靠在一起，便于轰炸。他们将随身携带数幅地图，上面不标特遣队的行军路线，生怕被日军捕获后，会指引他们追击美国海军。

5日，复活节降临在舰艇上，庆祝活动照样进行，在与世隔绝的大海上大家兴致不减，氛围仍然热烈。

节日的余热未散，紧张的气氛又盖过来，水手们提着桶，用白漆在甲板上画出与左舷平行的粗宽线条。飞机的左轮必须压在白线上，左翼伸出舷外，右翼的端点离舰桥仅1.83米。稍有差错，右翼撞上舰桥，一切都完蛋。

米兹切把指挥部让给杜立特，每天晚上，希尔格、琼斯、约翰逊、约克和格里宁在一起用餐，共同讨论袭击的技术问题。海军有自己的规律，每天早晚，扬声器里传来鼻音很重的命令：“紧急战备状态，随时准备战斗！”命令如山倒，人人放下手头的工作，爬上梯子，冲过通道，进入自己的岗位。晚上，飞行员轮流值班。有时，风筝放到天上，射击手练习打活靶子。杜立特告诉大家，一旦遭到敌机的攻击，就要紧急起飞。每个人心中有这样一个悬念，时时注意目前

[1] [美] 斯坦·科亨:《目标东京》，第18页。

所处的位置、方向和到达友邦的最近路程。

杜立特反复申述，这是一次自杀性的行动，胜算率充其量只有50%。希尔格问杜立特，在日本遇险时怎么应对。他笑着说："请告诉伙伴们，可以采取任何手段，保全自己的首级。他们都年富力强，一旦被俘或在中国海域迫降，仍有机会。"他称自己46岁，行将进入老年，如果在某个日本牢狱中度过余生，那真该死。同样是死，不如驾驶重伤的飞机，以极速去冲撞最有价值的目标。

为防止日本窃听，个人收音机和电子剃须刀禁止使用。

一天，一则消息突然在舰上传播，东京遭到四引擎的美国陆基飞机的轰炸，人人目瞪口呆，莫名其妙。后来得到证实，是轰炸菲律宾，大家心头的石头才落到地上。消息来自英国的新闻媒介，日本的英语广播节目声称荒诞无稽，日本的防空牢不可破。

一路上，风声呼呼，浊浪滔天，豪雨凄厉，海天之际一片迷茫，可视度极低。系在甲板上的飞机，颠簸不止，想要挣脱捆绑，迫使人们不断加固。

9日，米兹切传令"西马伦"号给航空母舰加油。海上加油本来就不易，惊涛骇浪中更难，西马伦的船头突然垂入铺天的卷浪中，挣扎着出来时，一位水手滑入海中。幸好他穿着救生衣，甲板上的人又投下救生筏，他奋力抓住它，爬上去坐稳，向航空母舰招招手。航空母舰向护卫舰下令营救落水人员，一艘驱逐舰把他救起，竟没受一点伤。直到12日，加油才算勉强完成。

13日，航行至北纬38°、东经180°时，哈尔西率领第16.1特遣队前来会合，比原计划迟到一天，与16.2特遣队统称第16特遣队，由哈尔西统一指挥。

哈尔西在旧金山遇到麻烦，强劲的西风阻止飞机前往珍珠港，每天与机场联系的情况都一样。4月5日，他不得不通知米兹切，"企业"号航空母舰无法在原定的7日起程，会合的日期势必推迟一天。

6日，风平静下来，飞机开始西向航行。祸不单行，他患上感冒，鼻涕涟涟。

哈尔西回到珍珠港，与尼米兹上将商讨后，安排两艘潜水艇从15日开始，在东经142° 30′～144° 30′巡行。“鲑鱼”号的活动范围在北纬31°～31° 30′，“长尾鲨”号稍北，指定在北纬34° 30′～34° 50′，它们随时向尼米兹汇报可能危及第16特遣队的敌情。哈尔西向海军发出通告，4月间，任何舰艇出现在会合点以西，都将视为敌对行为；美国潜艇不得在北纬0° 30′以上区域进出。

8日，“企业”号离开珍珠港，向西北进发，随行有巡洋舰“诺桑普顿”号和“盐城”号，驱逐舰“鲍尔奇”号、“贝纳姆”号、“埃莱特”号和“范宁”号，油轮“萨宾”号。

会合后，飞行员的检查工作仍在进行，发现有问题，就在甲板下的修理车间维修更换。

“大黄蜂”号上的飞机收入甲板下，空中保护的使命全部落在“企业”号上。天气允许时，舰载飞机在白天巡航空际，搜寻敌踪，飞行范围320公里。

油耗一直让人不安，罗森的飞机开足油门时，耗油比巡航状态增加一倍。他去找杜立特，问他能否带上25只5加仑的油罐，而不是规定的10只。他解释说，每加仑约为6磅，肯定能起飞。杜立特表示反对，他认为后部添加204公斤，尾大不掉，造成飞机打转，况且没有那么多空间容纳油箱。眼前的头等大事是从甲板上起飞，如果不能实现，一切等于零，还白白浪费时间和财力。罗森说添加特殊重量，会更稳定，更利于起飞，杜立特仍不同意。

杜立特告诫大家，不能将用空的5加仑油罐扔在海里。“如果你这样做，会把完整的线索留给日本人，追踪航空母舰。当然，首先要用空油罐，还要保存好，堆放在一起。海军对我们的贡献颇大，让我们尽力而为，表达我们的感激之情。另外，倘若你们中任何人处事鲁莽，会将敌人引向海军。”[1]他再三提醒大家，空罐上凿孔，投到海里会下沉，不可草率，注意在迫降和被俘时，千万别让敌人有机可乘。

越向前，越有可能遭到敌人的拦截，警戒越显得重要。16日，派出6架战斗机、13架侦察轰炸机，在320公里范围内搜索目标。下午，派出8架鱼雷机巡行，在方圆240公里内监视。

唐纳德遇到麻烦，他的右引擎声音不正常。海军的木工做一个平台垫在下面，机修工立即将引擎拆下，运到下面的车间里去修理，完成后又匆忙装上。

杜立特召集飞行员，给他们最后一次退出机会，仍没有人知难而退。约克问驾驶员是否想更换自己的机组人员，有人表示愿意，他从10名替补人员中挑出一个，取代原来的那位。

17日5点半后，发送了18架侦察轰炸机，执行三四小时的搜索任务。在“大黄蜂”号的甲板上，开始为飞机装上炸弹，每架携带三枚普通炸弹、一枚燃烧弹，各重227公斤；燃烧弹为集束型，里面含有128枚小弹。[2]

行至距离日本海岸1600公里处，哈尔西下令两艘油轮将航空油和燃油输给各自的航空母舰，又给巡洋舰和驱逐舰加足油。14点45分，驱逐舰“蒙森”号和两艘油轮留下，稍后其他驱逐舰离开队伍，等待航空母舰和巡洋舰的返航。

挺进危险区

撤下油轮后，两艘航空母舰和四艘巡洋舰速度加快，从每小时14

[1] [美]泰德·W.罗森:《东京上空三十秒》，第46页。

[2] 贺扬灵:《杜立特降落天目记》，中国文化服务社1947年版，第7页。

节提高到 20 ～ 24 节。每艘舰艇上，无论是舰桥、观察台，还是机组、营房，人们的心头都萦绕着一个大问题：怎样接近东京，又不被发觉。杜立特面对变坏的天气，担心能否在剧烈震荡、湿漉光滑的甲板上起飞。

米兹切给飞行员注入兴奋剂，他取出“企业”号送交的海军部长那维·弗兰克·诺克斯的邮包，里面有日本勋章。1908 年，三位海军人员访问日本，被授予勋章以示纪念。他们中的两人在布鲁克林区海军大院工作，1 月 26 日写信给诺克斯，要求将勋章系在炸弹上，送回日本，一起去撼动“天皇”的宝座。诺克斯告诉尼米兹，在适当的时候满足几位海军老兵的要求，轰炸东京正当其时，米兹切要举行一定的仪式。一枚炸弹被庄重地运上甲板，全体飞行员环绕着它，贾利克闻讯，把他 1940 年在日本获得的一枚也添上。在这样的场合，人们的情绪激动起来，在炸弹上书写口号：“我并不想置世界于战火中，唯有东京！”“你们将从这里得到报应！”

将日本授予的勋章系于炸弹上送回

杜立特、米兹切与飞行员等待起飞

起飞的时间逼近，飞行员将烟灰缸还给海军，上面镌有“黄蜂”字样，其他地方都不见舰号。杜立特忙个不停，通查所有的飞机，走到罗森那架，同意将座椅后移，便于飞行员操作。他爬上飞机，发现有人将内部电话的耳机挂在罗盘旁，叮嘱罗盘要尽可能远离其他磁性物体。他以实例加以说明，将热水瓶放在罗盘上面，罗盘的指针会旋转 30°。他告诉大家自动仪不能靠近罗盘。

每位飞行员被发给海军防毒面具、45 式手枪、枪套、子弹夹、猎刀、手电筒、水壶、罗盘、救生衣、应急干粮、急救包、吗啡、消过毒的绷带，另有一卷吊带，用来固定这些物品。各种备用物品都放入 B-4 包内，根据情况临时取用。听说中国物资紧缺，在重庆，一盒香烟售价 7.5 美元，而且常常有价无货。宁可断饭不可断烟的人，不得不囤积一点，罗森在航空母舰上买来八盒香烟，又买下两盒巧克力，安放在飞机的后舱。乔伊斯的副驾驶员霍拉斯·E. 克劳奇，获悉东方人的卫生不佳，连卫生纸也塞入包内。

怀特医生在4月1日利用上岸的机会，买来160品脱烈性威士忌，原想平均分给每位参加袭击的飞行员。中途与海军医生交换了数品脱的药物，便于放入B-4包中，一旦跳伞就塞入航空衣里。

下午，杜立特告诉全体人员："我们原计划在19日起飞，但是看起来要改为明天。这是对你们最后的简明告白，随时准备出发。如果遭到拦截，应该有一定的警告。如果说一切正常，我起飞后在黄昏时到达东京，你们迟二三小时起飞，可以利用我引起的大火作归航的导向。"杜立特的飞机原打算16时起飞，第二天拂晓后到达中国，便于寻找机场。

天气一直不佳，甲板滑得要命，杜立特担心起飞能否顺利进行。他对大家说："我有三点补充内容要告诉你们，光滑的甲板带来麻烦，我们必须找出解决的办法。留心我的起飞方法，切实按我的去做。如果我们起飞时，正值舰首翘过甲板，意味着起飞如爬山，没有足够的能量离舰。起飞时舰首钻入水中，我们会喝水了结。我们该怎么处理？当舰首经过向下的过程，正要上翘时，飞机赶快冲刺，你可抓住两秒钟向下滑行的机会。这时，你跑到飞行甲板的尽头，舰首恰好要摆平，你的起飞会很容易。用这种方法，我们能够征服船的光滑性。"

罗森的后部旋转枪架发生故障，修到晚上仍没有结果。

B-25飞机的油料在天黑以前加完。

夜晚，天空阴云密布，雨声淅沥，海浪汹涌，水不断飞进航空母舰的甲板。监视室里的人员不时看看墙上的地图，不敢轻易聊天，更不敢说笑取乐。他们躺下一会儿，大多数人和衣而睡。

18日，特遣队驶入日本以东1290公里处，时间离每日清晨的"戒备状态"还有45分钟。"大黄蜂"号上的监视人员难以与睡意相敌，喝点咖啡提神。"企业"号传来消息，发现两艘敌舰。在"企业"号航空母舰上，一位入伍不久的监视人员开始第三次打盹，眼神离开双目镜。身旁的老兵抓住他的领子，一把将他拖起，迫使他坚守岗位。他们的视线向左扫过“大黄蜂”号的舰首，发现异物，显然不是特遣队的成员，就立即向领航台报告。“企业”号以短波高频无线电命令所有舰艇转向，避开敌舰的侦察。一小时后，敌舰从雷达的屏幕上消失，飞行员返回宿舍再睡。

5点，八架格鲁曼战斗机和三架道格拉斯侦察轰炸机升天，搜索320公里范围内的敌情。另三架侦察轰炸机在舰队上空巡航。

6点光景，道格拉斯侦察轰炸机驾驶员威斯曼发现一只小型巡逻船，估计敌人也看到他了。他立即回到“企业”号上空，降低高度，将情报投下。哈尔西命令特遣队向左快转，躲避敌人的耳目。7点半，“大黄蜂”号发现一艘小吨位的巡逻船，相距22公里。无线电监视人员截获附近发出的日本电波，可以断定，巡逻船已向本土报告军情。不久，又发现敌船，距离只有13公里。

8点，哈尔西传令米兹切：发送飞机。这时杜立特恰好在舰桥上与米兹切交谈，要求提供一项方便，在飞机起飞后，航空母舰向前的方位继续保持数分钟，让最后一架飞机断定方向，米兹切爽快地点点头。杜立特接到命令，与米兹切匆匆握过手，跳下梯子，冲向宿舍，高声叫喊：“伙计们，我们走！”舰上的扬声器也大声传达命令：“陆军驾驶员，各就各位！”

大家忙于整理B-4包，罗森塞入雨衣、剃须刀、鞋子、衬衫、短裤、上衣、裤子、手帕和其他物品。在一片紧张声中，飞行员急急地往上爬。来到甲板，海军正在忙碌，用大吊车将飞机安放到起飞的位置。不少人还没有填进早餐，也没有记起把咖啡、水和三明治带在身边。罗森真想派克莱弗去取食物，又怕时间不够，只好作罢。

海军在拼命加油，补上挥发掉的那部分，油标指向全满时，他们仍摇动飞机，希望能赶走翼箱里的泡沫，再添加一点。罗森机组又接到5只另外的五加仑油罐，排在杜立特允许的10罐旁。天气转晴，大海仍十分可怕，“大黄蜂”号劈开房屋般高耸的巨浪，上下颠簸着，不时有浪头掀入甲板。飞行员担心起飞时被大浪击中，在甲板上毁于一旦。270公里，飞机能够到达海岸已是奇迹。一旦遇上逆风，难以摆脱葬身鱼腹的噩运。法克特问德谢泽是否掌握划船的技巧，大家心里明白，生的希望只有千分之一。紧张的气氛笼罩在甲板上，时间刻不容缓，已没有考虑安危的余地，唯有起飞要紧。不过，有一点倒使人放心，原来担忧晚上进入日本会碰上阻塞气球，现在提前起飞，变成大白天闯入，就不必有这种顾虑。

“大黄蜂”号以每小时46公里的速度猛进，海风的速度相等，飞机迎来92公里的风速，十分有利。[1]甲板留给杜立特的跑道只有142米，在机队中距离最短，大家的目光紧紧盯住他。8点15分，杜立特冲到离甲板尽头还有一米处时，成功拉起机头，咆哮着跃上天空。第二架、第三架在杜立特的鼓舞下都离开甲板，去追随前面的飞机。9点20分[2]，第16架飞机升空，陆基飞机在航空母舰上全部成功起飞，在海军史上创下新纪录。

特遣队返航

哈尔西下达起飞令前，“纳什维尔”号对准敌人的巡逻船开火，轰炸机掷下炸弹，敌船拼命还击，冲向“纳什维尔”号。“纳什维尔”号以25节的速度迎战，以猛烈的炮火射击，敌船起火，数分钟后沉没。“纳什维尔”号发现一个敌兵在海中挣扎，前去营救，没有成功。

---

[1] 在美国杜立特轰炸东京70周年纪念会上，浙江电视台记者王维采访“大黄蜂”号机械师埃尔默·沃贾恩得知。

[2] 此为舰上时间，与各地时差很大，《杜立特降落天目记》第22页称杜立特5点20分起飞，晚上6点20分跳伞，《杜立特东京袭击者》第127页记录为8点30分起飞，第130页为9点30分离机，舰上时间大致比中国时间迟3小时。

第16架B-25轰炸机升空后一分钟，特遣队“改变航向，转弯90°，立即以每小时25海里的速度撤出该海区”[1]。“大黄蜂”号将下面的舰载飞机翻上甲板，这些飞机翱翔天空，执行侦察任务。敌船在这一带连续出现，对特遣队构成威胁，有必要严肃对待。

11点50分巡航的轰炸机发现一艘敌船，长41米，漆成黑色，甲板上装有无线电天线。两架飞机轰炸扫射都未奏效。另一架飞机在别处打击一艘38米长的敌船，这艘敌船拖着一只小船，小船被击沉，大船重创，飞机也有三处微伤。

“纳什维尔”号向613米处的一艘敌船开火，日军挂起白旗，“纳什维尔”号停止攻击，敌船渐渐下沉，五个幸存者全部救起，只有一人颊部受伤。俘虏后来说，他们发现可疑的飞机，向船长报告。船长以为是来自日本的晨间巡逻机，仍待在船舱里不肯出来。稍后，水手又去报告，两艘堂皇的日本航空母舰迎面而来。他一听脸色煞白，冲上甲板，慌乱地用望远镜观看，舰艇确实堂皇，却不是日本的。真相大白后他对准头部开枪自杀，其他人将情报发送本土。

特遣队一路收听日本的广播，14时广播中断，半小时后重新开播，声称中午前敌方轰炸机滥炸学校和医院，日本人义愤填膺。

经过一周的急速航行，特遣队抵达珍珠港，途中损失飞机三架。哈尔西派出的“鲑鱼”号和“长尾鲨”号潜水艇也回到珍珠港，前者击沉一艘3000吨的运输船，后者重创一艘1.5万吨的运输船，击翻和击沉一艘油轮和一艘运输船，击沉一艘7000吨的运输船和一艘1000吨的巡逻船。

特遣队精心策划，果断发送飞机，进退神速，冒险而又保全自己。

---

[1] [英]约翰·科斯特洛著，王伟译：《太平洋战争》，第283页。

日本的反应

日本袭击珍珠港后，时时提防美国的报复，判断攻击会来自苏联基地或航空母舰，前者因苏联的艰难处境可能性不大，后者必须竭尽全力去对付。日本太平洋正南有5600公里长的海岸线，雷达系统却不很发达，无法满足侦察的需要，只好在犬吠岬[1]以东1300公里处，“南鸟岛北方至千岛之线，配置一列渔船，以为哨戒线，并由海军巡逻机每日向远隔600海里之洋上巡逻，借以及早获悉敌舰之接近”[2]，这些飞机来自木更津基地，此外，以南鸟岛为基地的航空部队，派出一部警戒。如发现敌人，就以第26航空队为主体的基地航空部队及横须贺镇守府航空部队进行空中打击。按照当时的海军状况，单引擎的舰载飞机必须深入到离目标480公里处才能安全返回航空母舰，从1300公里处航行到480公里处这段时间，日本有充足的时间派出陆基飞机轰炸，置敌于死地。

远处巡逻的船只体形不大，它的功能没有引起美国潜水艇的注意，特遣队没有得到情报，陷进去后才突然发现敌人的这些耳目，只得仓促起飞，打乱了原计划。日本耗资巨大的警戒线，也算是海军的小聪明，让特遣队惊动不小。

对特遣队的行动日本海军已有察觉。“4月9日，根据在珍珠港方面出现巡逻机多架，另外，巡逻舰四艘也正在该方面行动中，‘企业’号有出港的迹象。”[3]10日6点30分，联合舰队情报机构截获哈尔西

---

[1] 犬吠岬在千叶县铫子市铫子半岛海角，处于航海要道，设有灯塔、浓雾警报所。亦作犬吠崎、犬吠埼。

[2] [日]服部卓四郎：《大东亚战争全史》，台湾军事译粹社1978年版，第102页。

[3] 天津市政协编译委员会译校：《日本军国主义侵华资料长编》（中），四川人民出版社1987年版，第204页。

与米兹切之间的无线电通话，推断有二至三艘航空母舰出海，位于北纬28°，东经164°。他们估计特遣队穿过小船组成的警戒线，以最快的速度前进，到达发送处需15～16小时，轰炸东京的时间可能在14日。当特遣队逼近970公里时，以山县正乡中将为首的第26航空队派机轰炸，如果不能全歼，第二天清早继续轰炸，把美国在太平洋的海军主力一网打尽。美国特遣队自13日会合后一直保持默音状态，日本无线电监视人员不再能够截获电波，14日也没有发现美国舰艇，他们怀疑电波的准确性，或者美国舰艇驶往他处。

“18日6时30分，海上警戒线的监视艇第23号‘日东丸’（90吨渔船）发来报告：‘发现敌飞船三艘，航向西南；又发现敌机二架。’6时50分又发来重要报告称：‘发现敌航空母舰三艘。’”[1]位于犬吠岬以东1200公里处。另一架执行早间巡逻任务的飞机，在6点30分，发现970公里处一架双引擎飞机，司令部难以置信，“推测他发现自己中队的一架，或者误认为是美国双引擎飞机。总之，美国舰队不会在航空母舰上有双引擎飞机，这是世界性的常识”[2]。

“第26航空队下令攻击机队立即准备起飞，先令作为接触机的陆上攻击机3架，于午前11时30分起飞前往。”联合舰队司令部参谋长宇垣缠中将十分紧张，立即下令对付美国舰队。此时，第25航空队的35架陆基飞机，刚从菲律宾返回，随到的还有63架舰载飞机。日本海军拥有可以投入拦截的舰载战斗机90架、轰炸机36架、中型轰炸机80架、飞船2艘。情报明确，就要对美国特遣队实施打击。近藤中将的第二舰队结束印度洋的战事，正返回日本。他一接到命令，就率领10艘驱逐舰、6艘重型巡洋舰，离开横须贺追击。位于“大黄蜂”号以西320公里的第三潜水战队奉命出击，16日自濑户内

[1] 天津市政协编译委员会译校：《日本军国主义侵华资料长编》，第104页。

[2] ［美］卡洛尔·V. 格林：《四人归国》，第25页。

海出发，驶向澳大利亚东岸的6艘潜水艇改变方向，进击美舰。它们返回时报告找不到美舰的踪影。其他舰队追击1130公里，也不知美舰的去向。

南云忠一中将的第一航空舰队，拥有4艘航空母舰，“结束对科隆坡、亭可马里港的空袭，在返回本国的途中，驶过巴士海峡之后，得知出现在东方很远海面上的美国特遣队空袭了东京的消息。同时，接到‘全速前进，去追击美国舰队’的命令。但相距太远，已无法赶上。哈尔西特遣队，完成对东京空袭的任务之后，早已返航，向东方撤去。无奈南云舰队解除了战斗状态，各舰分别返回了预定的母港”[1]。“山本大将由于自己的战舰未能阻止美国轰炸机侵犯皇宫的神圣领空而感到极度痛苦，他退到旗舰上自己的舱室里，让他的参谋长指挥这场徒劳的搜索。”[2]

守卫本土的大凑警备府，考虑着陆点在苏联领土，可能从远距离出发进行空袭，于7点30分下令发出空袭警报。一个小时后，防卫部司令官命令东部军司令官发出警戒警报。他与军令部一样，都认为空袭将在19日晨发生。

山县中将头脑相对清醒，等到11点30分还没有获得其他确凿的情报，即派出三架第二梯队的巡逻轰炸机。50分钟后，又派遣24架战斗机、25架鱼雷机。海上一片迷雾，可视度极低，飞机无功而返。杜立特机队飞临日本时却云开雾散，晴空万里，令山县中将伤透脑筋。

日本本土的防卫比起海上的力量相对薄弱，但大约有300门口径75毫米的高射炮、100架97式战斗机，对付16架火力不强的B-25中型轰炸机绰绰有余。

东京的每个街区配备一名空袭民防队员，防空演习经常举行，影

---

[1] [日]阿川弘之著，朱金等译：《山本五十六》，解放军出版社1987年版，第506页。

[2] [英]约翰·科斯特洛著，王伟译：《太平洋战争》，第285、286页。

响正常的工作也在所不惜。18日的防空演习属模拟性的，没有拉响警报，消防车在街上往来奔驰，民防队员各就各位，到11点演习结束。借演习的机会，庆贺天皇的诞辰，进行第25次靖国神社亡灵的祭奠。陆军的97式战斗机在空中显威，东京湾的阻塞气球降下来，让路给演习飞机。12点12分过后，水户以北10公里防空监视哨报告发现一架大型敌机，东部军司令部囿于敌机将在19日晨来袭的原判断，对最新情报没有引起足够的重视，忽略立即发出空袭警报。直到美机的炸弹开花时，空袭警报才急促响起，百姓以为演习重新开始，高射炮震耳欲聋，更添一份实战的感觉，万万没想到假戏变成真戏。军方从莫名其妙中醒过来，“起飞迎击的战斗机在向上升高的瞬间，超低空飞行的美军飞机从容地攻击了目标”。

第二章 实施轰炸

轰炸东京

1 号机轰炸兵工厂

8 点 20 分[1]，站在舰首左侧的海军军官手握指挥旗，越旋越快，杜立特将油门越开越大，他向副驾驶员科尔递去询问的眼神，科尔回答一切正常。他又用内部电话问后面的射击手伦纳德，回答与科尔一样。指挥旗向下一挥，杜立特松开刹车，14058 公斤重的飞机在甲板上咆哮起来[2]。风门全开，油门加足，“大黄蜂”号一摆平，飞机离开甲板，在航空母舰上方旋转一个小圆圈，对准方向，朝东京挺进，距水面不到 61 米。

半小时后，胡服驾驶的 2 号机追上来。一小时后，遇到一艘大约 6000 吨的经过伪装的日本船，一定是艘巡洋舰；两小时过后，看见 3 公里处一架多引擎的陆基飞机，正向美国特遣舰队前进，高度 915 米；又经过日本的各种民用和海军船只。一路都是逆风，强度不小，耗去不少燃油。

经历五个小时，看到日本海岸。杜立特以为，飞机的位置不是在东京北面 80 公里，就是南面 80 公里，转过头问领航员波特，波特平和地肯

[1] 此为船上时间，当地时间为 6 点 20 分，据《杜立特降落天目记》，第 22 页。

[2] 飞机编号为 40-2344。

一架 B-25 轰炸机起飞

定在北面 50 公里。科尔向外望去，看见左侧一架 B-25 飞机摇摆一下翅膀，友好地打个招呼，那是胡服，他也准时到达，他们可以一起进攻。

东京西面的火力非常猛烈，所以应该从北面突入。左侧有一个大湖，查检地图，恰好在东京以北 50 公里。看见许多机场，空中布满敌机，大部分都是小型双翼训练机。杜立特向南转，贴着树梢飞行，突然正前方冒出五架战斗机，高度 305 米。杜立特无法推断敌机是否发现美机，他转向左侧，五架敌机也跟着转，很明显敌机已盯住美机。

“他向前直冲，再次对准东京，五架战斗机紧随其后。他看见左面有两座山，或许可以隐藏一下，看看这些日本战斗机的表现。他又一次向左急转弯，在山间的低地里掠过，日本飞机也转弯，但追不上。他飞过低地，向右急转弯，回到直向东京的线路上。山头把他遮蔽数秒钟，那就足够了。显然他们以为他会继续保持与低地平行的航向，朝东扑去”[1]，被杜立特甩开。

船上时间 13 点半，杜立特把飞机升到 457 米的高度，告诉投弹

[1] [美] 昆汀 · 雷诺斯：《令人惊叹的杜立特先生》，第 205 页。

手布雷默目标在即，布雷默回答说已经准备好。杜立特俯冲下去，看见指示灯一闪，知道第一枚集束燃烧弹投向兵工厂，指示灯亮过三次，杜立特关上炸弹门。高射炮火十分猛烈，只有一发接近美机。东京一下子热闹起来，胡服的第一弹击中目标，杜立特突然叫布雷默暂停投弹，那时胡服的飞机正在下方30米处横过[1]。杜立特把飞机降到屋顶的高度，滑向西郊，钻进低低的烟雾中，询问伦纳德情况怎样，传来一切正常的答语。这时一个炮弹在左侧爆炸，弹片四射，气流冲击飞机。杜立特猛地加足马力，飞机射出百把米。

继而向海边南转，飞临一个小飞机厂，看见12架或更多的新出厂的飞机排成一线，杜立特却没有留下炸弹喂它们。布雷默在后面叫起来："为什么不把那些日本飞机扫掉一些？"杜立特竭力控制自己，抵住诱惑，不去惊动它们，免得给它们一个机会，去抵挡后到的美国飞机。

飞机全速前进，来到海岸边，经过一条水泥公路。布雷默又叫起来："前面不是坦克就是装甲车，不能让我扫射一阵？"杜立特说，放过它们，它们可能会误认美机为友机，让它们去猜测吧。摧毁一辆坦克，不会赢得一场战争。

跨过海岸，到达海域，高度极低，胡服的飞机又来加盟，伴随着飞向中国。天气不错，又有40公里时速的尾风送行。越过日本的西端前，看见三艘大型的军舰，其中一艘扁平些，可能是改装过的船只。飞机掠过数目繁多的渔船和巡逻小船。

到达中国的东海，天气变坏，乌云密布，不久下起大雨。风向逆转。计算路程和燃油，难以抵达中国海岸，杜立特告诉同伴准备应付坠落。他要布雷默备好救生筏，伦纳德负责应急食物。风云难测，风静下来，雨不再洒落。杜立特又一次检查燃油，似乎可以进入中国海岸。尾风再次出现，希望之星在心头崛起，人人的眼睛盯住前方，迫

[1]《李纳德轰炸东京杂记》,《杜立特降落天目记》，第24页。

切要见到大陆。

“那不是吗！”伦纳德眼尖，抢先发现小岛，约180米高，云雾缭绕，离海岸不远。他开始与衢州机场联系，4495千赫的电波发过去，没有回电。天色越来越暗，飞机必须拉升到1830米，再保险一点，拉到2400米。跨过海岸线，可见度相当低，必须凭借自动仪操作。

地面上的灯火透过厚实的云层，隐隐约约地闪现在飞机的右侧。波特估计已位于衢州的上空，杜立特表示相同的看法，他打算在这一带盘旋，如果出现云层的断裂处，就让飞机降低高度，看看情况怎样，万一不行，只好弃机跳伞。15分钟后，漫漫阴云中没有出现一点漏洞，反而越来越浓。油标开始告急，杜立特在内部电话里通知准备跳伞，先是伦纳德，然后是布雷默、波特、科尔。他特别指示伦纳德确保照相机里的胶卷不可丢失。

飞机环绕两周，还剩下半小时可飞的燃油，但右引擎发出咳嗽声。船上时间21点30分，行程已到3600公里，杜立特下令依次跳出。轮到科尔时，杜立特向他告别：“几分钟后再见！”科尔笑笑，从座位上站起，伞带却纠缠在座椅背上。杜立特帮助解开，拍拍他的肩膀，目送他从安全口出去。在离开飞机以前，杜立特关闭风门和油门，降低着陆速度，缩短滑行距离，减少冲击力。

在飞机坠毁地点附近的西天目山，人们对它最后一刻的印象颇深。浙西行署[1]主任贺扬灵回忆道：“这时我正在一盏昏暗的煤油灯下处理一件不关紧要的公务，偶尔听到一阵低沉的引擎声，起初，我还以为是风刮树林的呼啸。过后，这声音不绝的在山四周回荡，时远时近。我确信这是一种重轰炸机发出来的吼声，立刻打电话给防空哨和驻扎在附近的部队机关、寺院和居民，提高警惕，施行灯火管制和

[1] 浙西行署为浙江省政府的前敌机构，成立于1939年1月，以西天目山为办公地点，领导浙西23县市的对敌斗争。

派出必要的警戒。机声一直在左近盘旋，约莫有二十分钟，忽然一声巨响，落在不远的山外，消失了。”[1]

贺扬灵公馆以东一公里的朱陀岭上，浙江省地方行政干部训练团第一、二、十行政督察区联训班人员，正在大会堂举行文娱晚会。突然警报响起，大家匆忙“从窗上拉下黑幕，灯泡套上黑纱。未几警报解除了，会场恢复光明，文艺节目照常进行。稍许，警报又鸣，大家又放下黑幕，遮住电灯。跟着响起紧急警报，微闻机声，全场熄灯，灭火，闭气静坐，等待突变。这样反复几次后，突然轰然一声”[2]，大家以为敌机又在捣乱。

飞机横过临安和於潜上空，巨大的声响惊动了远近的民众，时刻准备“逃日本飞机”的人，有一种非常的感觉。《扫荡简报》社长张煦本写道：“18 日晚上，与几位朋友共用晚餐之际，突然警报大作，大家纷纷走避野外。待机声远去，要回城时，紧急警报又大鸣，接着在一个小时以内，连续发了五次紧急警报。这是我到浙西以后所没有的特殊状况，一时人心惶惶，不知将发生什么。但到第二天早晨读报，才知昨晚美国飞机首次空袭日本。”[3]

2 号机进行一次“演习”

1 号机在大家的提心吊胆中起飞，2 号机开始紧张起来[4]。胡服让

---

[1] 贺扬灵：《杜立特降落天目记》，第 2 页。

[2] 陈鹤亭：《东京上空三十秒》，《第二次国共合作在浙江》，第 306 页。作者当时担任浙西行署干训班干事。

[3] 张煦本：《记者生涯四十年》，自立文库 1982 年版，第 69 页。作者于 1940 年 5 月到达浙西，从事新闻工作。

[4] 飞机编号为 40-2292。

左轮压在白线上，领航员魏尔德纳问后面的机械师兼射击手雷德尼是否准备好，回答是肯定的。他又看看机头的投弹手米勒，也没问题。胡服用怀疑的眼光回头看魏尔德纳，魏尔德纳送给他一个准备好的信号，他点点头。

“按照原计划，胡服的飞机在杜立特离舰后三小时起飞，情况突变，必须立即进入起飞状态。胡服把飞机定在向上的状态过久，像钉住似的。起飞后突然下栽，机轮接近水面时，才勉强拉起。”[1]魏尔德纳已做好坠毁的准备，肯定飞机会坠入肮脏的海水中，想不到竟会腾空而起。

飞机不是拖泥带水地升空，而是呼啸而上，机鼻上翘又上翘，大家肚里有一点失速感，渐渐地这种紧张消失掉，飞行进入训练时的状态。领航员除本职工作外，还要将辅助油箱的油倒入主要油箱，每20分钟进行一次。

杜立特的飞机出现在前方，两架飞机都轰炸东京，后面的可以按前面的轨迹走。起飞后10分钟，位于前方5公里的杜立特飞机，突然左转，胡服也跟着转。一架运输机从雾霭中出现，主机经过后，看见几小片喷烟。想必是小口径炮开过火，实际上并没有这样。

经过一段平静的飞行后，日本海岸出现在前面。一些小船在海中摇动，它们可能会开火，但是没有。按原定航向应该看到一座标志性的灯塔，却怎么也发现不了，展现在前面的只是一片白色沙滩。在魏尔德纳的生平中，从来没有过这样的无能为力，这次航行是证明自身价值的机会，他却感到承受沉重的压力，正副驾驶员好像在怀疑他的能力。在广阔的水域里，如果没有无线电和天体的定位，就无法肯定所处的位置。看到陆地，领航员就有责任确定所处在哪儿，怎样飞向目标。

飞机在海岸上猛然上升，越过松林和小屋，飞向内地，继续跟在

---

[1] [美] 昆汀·雷诺斯:《令人惊叹的杜立特先生》，第204页。

杜立特后面。胡服问怎么走，魏尔德纳不得不承认不知道，只好紧随杜立特，他忙于将地面上的实物与地图对照。在60米高度，根本看不远，想必杜立特的领航员波特也是这样。飞过稻田、溪流和一些庙宇，却无法在地图上辨认。构成这幅地图的信息十分贫乏，总感到它反映的是另一个世界，无可参照。

进入内地20分钟后，胡服犹豫起来，又接近一些低山，他仍然无法在地图上找到。杜立特向南转，胡服也跟着转。满心希望有敌人的战斗机杀出，却什么也没有，只看到一些训练机在翻跟斗，打滚。向南飞时，看见地面上的人在无忧无虑地干他们的事。飞过一个军营，一群士兵围成一圈，在谈论什么，他们的刺刀在阳光下闪光。不久看见屋顶和电线，杜立特的飞机作“之”字形飞行，魏尔德纳明白波特已认定处于东京的北面。陆地上的标志物不断增加，显然波特没错。飞机正从北部靠近东京，魏尔德纳很快发现主要标志物，一条河和运河。经过河流的第二个弯处，领航员告诉胡服明确的航向，要他拉升高度。胡服在270米高处平飞，领航员测出只需两分钟就要到达目标物，他刚拿起电话筒，要告诉投弹手米勒轰炸的时间[1]，强烈的震动像要把飞机托高似的，一定是米勒提前投放炸弹了。

本想轰炸兵工厂和军火库，米勒看到三根烟柱，就认为是目标，把炸弹投下了。不过也好，即使在460米的高度，兵工厂也难以在爆炸的冲击波中幸免。

投下第四枚炸弹，胡服驾机急速左转，前面的人看不到炸弹击中了哪儿，问射击手雷德尼能否看到。他回答四枚炸弹挨得很紧，到处是浓烟，他们干得不错。

“好，伙计，戴牢你的帽子，”胡服说，“我们要往下降。”领航员估计胡服要减速，节约汽油，他却开足马力，想尽快脱离东京。他猛推油

---

［1］ 米勒后来服务于北非战场，1943年1月22日负伤而死。

东京上空浓烟滚滚

门，一切都好像要上浮，包括胃在内。看看速度指针，已接近红线。计算时间，从发现屋顶到东京湾耗去20分钟。胡服把飞机压到浪尖上，好像要钻进去似的。全体往外观察，料想码头边会有许多军舰开火，却完全出人意料，没有打响一炮。看见城市的西面有一架大型双引擎轰炸机，高度760米。美机飞到东京湾口，发现一架单引擎的水上飞机，离开水面进入美机的航线，刹那间看到美机，在胡服转弯躲避前，它来个急转弯开溜，机翼简直要插入水中。就在这时，有人呼喊旋转机枪压住了。如果遭遇攻击，只能依靠机首可怜的30毫米口径的机枪。

到达海上之前，看见杜立特的飞机位于前方，胡服轻松地跟在后面。副驾驶员菲茨休检查油量，领航员推测，根据离舰前的风力状况，还有剩油50加仑，能够进入中国海岸。如果稍出问题，就难以到达。飞行前段时间的油耗略多于正常情况，可能是引擎利用混合油方面不如其他飞机。

与日本南海岸平行飞行时，大家开始吃中饭，放松放松。回顾在东京的经历叫人难以置信，这不像是一次实战，酷似演习。

最后一个岛屿是火山，正冒着烟。起初云层很高，跨越中国海岸时，云层增厚变黑，天穹越来越低，飞机偶尔与飑相遇，下面的海水变得更加浑浊。无法到达中国海岸的念头悄悄地爬进飞行员的脑海。魏尔德纳站在正副驾驶员之间，眼睁睁地看着油量指针稳步走向空乏点，一筹莫展。胡服身子靠前，用手指比画着，大家把目光移向前方，看见一个岛屿，魏尔德纳根据形状，对照地图，判断为扬子江，在日本的占领区内，他要求胡服向西南转航。胡服努力爬高，右引擎咳嗽着停下来，菲茨休打开汽油升压泵，大家明白待在空中的时间只剩下几分钟。引擎暂时好转，胡服再次把飞机拉到阴云的上方，大家可以看到很远的地方。天幕沉到地面，胡服面临三种选择：拉高，跳伞，坠毁，他选择向上拉高。

爬上云层后，右引擎老病复发，胡服猛推机头，想使它平复。他寻找一个地方降落，下面是水边的一片平坦的稻田，飞机在上面两次轰轰作响，竭力降落在海湾的泥田中。

天下着细雨，四周越来越暗。胡服拿定主意，向地面靠近。其他人抓起垫子，放在脸前，防止撞击。大家把全部希望寄托在胡服的技术上，胡服仍让机轮收起，放平机身，慢慢下降，机肚接触地面，滑行一段路停下来。飞机降落在蔡小成、蔡阿四等户的棉花田里，犁出的沟槽有一米多深，长度二三十米，螺旋桨和副翼折断。[1]

3号机没有险情

“陆军，上机！”扬声器响起时，副驾驶员曼奇正在吃早饭。他

[1] 王重光：《不应忘却的一幕》，《宁波文史资料》第16辑，第244页。

立即冲向宿舍，匆忙准备B-4包，除衣服、剃须刀外，塞入四盒罗伯特伯恩香烟，两盒巴比鲁思柄糖。那些他自己的照片和日记，也许会引起在中国的美国人的兴趣，他也要带在身边。个人日记放入一个饼干听里，他奔向7号机，驾驶员罗森听到他在喊：

"'嗨，克莱弗，'他对我们的投弹手说，'你能为朋友做件大好事，将我的照片档案放到你的座椅下吗？我在自己的飞机里带上电唱机，我们将在重庆会面，一起欣赏旧时的伤感爵士乐。'他做成这笔实惠的买卖后，离开我们，走过骚动的甲板。克莱弗耸耸肩，把这罐火热的照片置于他的座位下。"[1]

格雷驾机进入起跑点[2]，顺利起飞，摆平机身向前。大家监视着敌人的飞机和军舰，生怕特遣队已被敌人发觉。起飞后大约15分钟，发现一艘敌舰，它并没有开火，美机径直向前飞行。

飞机进入正常状态后，格雷转过头向着曼奇，笑笑问道："你在修整什么？"他告诉格雷正准备打开罐头。机头里充满气味，它来自炸弹舱内用皮囊装的汽油。他们抽出罗伯特伯恩香烟，在去日本的全程中不断吸吮。

3号机看见日本海岸，用无线电罗盘寻找日本商业电台。大家推测，琼斯投下炸弹后，电台会关闭，无线电指针将不再停留在那里。实际上投弹一小时后，他们在向中国途中继续跟踪这个电台，它并没有停播。飞行员揣度，他们的第三架飞机进入，与前面相距五六分钟，敌人的战斗机一定高度警觉，高射炮会等着击落他们。

3号机的目标在东京的东面，河流的岸边。从270米的高处投弹，三枚炸弹落在工业区，一枚集束燃烧弹落在船坞。高射炮火力并不密集，高度适中，但速度不够。美机投弹时的速度相当慢，为的是

---

[1] [美] 泰德·W. 罗森：《东京上空三十秒》，第52页。

[2] 飞机编号为40-2270。

3号机组成员（左起：奥祖克、格雷、琼斯、曼奇、法克特）

节约汽油。

接近目标前，格雷问大家，如果飞机被敌方的炮火严重击伤，应该怎么办。他的同伴表示，如果有机会，还是应该跳伞。格雷却说如果有机会，他乐意让他们出去，自己选择东京的一座大建筑，驱机撞击它的腰部。

3号机掷下第四枚炸弹后，遭到一群日本战斗机的攻击。就在此前，旋转机枪失灵，换上替代动力，使它恢复运作。格雷开足马力超过这些战斗机。投弹手琼斯用30毫米口径的鼻部机枪扫射，射击手法克特用旋转机枪猛打。美机毫无损失，把敌机甩在后面。

越过东京湾，看见其他飞机轰炸引起的大火，东京上空的阻塞气球也出现在视野中。经过皇宫，如果稍动念头，投弹轰炸不在话下。位于码头的驱逐舰和巡洋舰向美机开炮，似乎有打提前量的意图，他们用无线电通知前面的部队，欲将美机在前进的路上击毁。美机选择飞往正南的航向，造成前往菲律宾的错觉，飞行15分钟后，飞机折回，又朝中国前进。

老天伸出手来帮忙。离开东京后尾风阵阵送行，到中国的全程都这样，一改原来15节的头风。如果没有这种天助，飞机在距中国海岸320公里处汽油耗尽，就会葬身大海。

天黑前一小时，才发现一架友机，与它的航向相差45°。曼奇转头问领航员奥祖克，两个领航员谁错，奥祖克有把握地说，自己没错，再偏离它2°更好。曼奇认为跟着另一架飞机走，合起来更有力量，分开走真有点于心不忍。后来搞清这架飞机就是6号机，不幸落入敌手。天气开始变坏，飞机只好借助仪器航行。在这样的情况下，不可能有敌机拦截，他们决定扔掉无所谓的东西，减轻飞机的负荷。一半弹药倒出去，没有拴死的东西也甩出去了。

天黑后，看见渔船或岛上的人用灯光照飞机，好像要从飞机上得到确切的信号。格雷好几次将着陆灯开开关关，希望传给敌人恰当的信号。他在阴云上看见一个很大的城市，到处灯火通明，却不能确定它的位置。原定有飞机场接应，联系的频率为4495千赫，连续发电已一个小时，一直没有回音。自从见到中国海岸后，投下两次着陆照明弹，想找个平坦的地方降落，却不能如愿。

22点光景，仍在薄薄的阴云上飞行，两只油箱已经用空，跳伞的时刻来临。格雷下达离机的命令，把飞机转向正南方，拉下阻力板，时速降到225公里，便于大家跳出。投弹手琼斯拉开前面的安全门出去，领航员奥祖克随后，第三个是机械师兼射击手法克特。他位于机身的后面，座位旁有个安全门。“当鲍勃通过电话令他出跳时，法克特回话：‘我听不清你的话，你在说什么？’格雷回答说：‘从你那里出去。’此后，格雷担心电话出错，派人爬到射击手的位置”[1]，看个究竟。曼奇打开后面的灯，看看法克特是否出去，不见人影，再唤他名字，也没有回音。曼奇回来向格雷报告，法克特的伞包不见，安全

[1] [美]泰德·W.罗森：《东京上空三十秒》，第164页。鲍勃，即格雷。

门也打开了。

曼奇抓起一盒罗伯特伯恩香烟和一些巴比鲁思柄糖，其他能够带走的东西，都尽力塞进A-2套袋里。那些武器也舍不得丢下，有些还是弗吉尼亚老乡送的，感情更深。他带上一支44-40温切斯特步枪、一支德造枪、两支45式手枪、一支22式手枪和一把斧头、一把鲍伊刀。跳出前告诉格雷，着陆后将向西走，以后在重庆见，祝格雷好运。

4号机果断行事

4号机驾驶员霍尔斯特伦[1]，曾与日本侵略者交过手。1941年12月24日，霍尔斯特伦驻守在俄勒冈州，一艘日本潜水艇侵入哥伦比亚河口，他驾机一举将它击沉，创下“二战”中在美国水域击毁日本潜艇的纪录，他的机组全体获得空军勋章。受这次战斗的鼓舞，4号机组对空袭日本更加充满信心。

4月17日，飞机的电子和水力出问题，导致上部旋转机枪无法正常使用，射击手乔丹和其他军械员投入紧张的抢修工作，仍然没有结果。起飞令下达后，右引擎启动又发生困难，8点30分才升空，比前一架迟15分钟。米勒总结前几架飞机的教训，在黑板上写“风门居中”几个大字，提醒大家。驾驶员霍尔斯特伦将风门完全打开，10°的固定角不变，飞离甲板没出问题。飞机在航空母舰上方环绕一圈，对照一下罗盘，拨准航向。接近水面飞行，避免被敌方侦破。根据油耗情况，以巡航速度飞行。射击手乔丹通过电话报告一些事情，霍尔斯特伦却听不清。大约在9点，看见右侧有一架大型运输机，它急转弯避开美机，大家推测，它可能还没有看清美机的徽标。

---

[1] 飞机编号为40-2282。

过道上的油箱用空后，乔丹走向前，说出一则令人不快的事情，后旋转机枪不能工作，40毫米口径机关枪闲置没用。祸不单行，左翼上的油箱发生渗漏。从那时起，输送油时就不把它灌满，顶部的漏油不再发生。但是看漏出的情况，已经损失很大。不幸的事一件接一件，磁性罗盘的指针像吸住铁一样，一动不动。

大约12点半，越过小群岛，接近东京湾，高度仍在23米左右，这时的云层高610米。副驾驶员杨布卢德将炸弹舱最后一点油输入翼箱中。美机被一些小岛上的敌人发现，四架零式战斗机迎面出击。乔丹用电话喊，他无法使用旋转机枪，只有鼻部30毫米的机枪可用。一架敌机向美机开火，曳光弹在驾驶室上方飞过。霍尔斯特伦呼喊杨布卢德，要他赶快回到自己的岗位。杨布卢德指出另有两架驱逐机横过，高度在460米，想发动攻击。正副驾驶员紧急磋商，要从必死中冲出，不能走前面飞机的老路。城市里已有炸弹起爆，那是前面的美机投掷的。估计前三架飞机是从东京的东面杀进，敌机在那里拦截，火力猛烈，应该避开它们。霍尔斯特伦让领航员麦克库尔选定东京以南闯入。

霍尔斯特伦要领航员麦克库尔告诉位于机鼻的投弹手斯蒂芬，使用鼻部机枪。他曾向斯蒂芬作过指示，一旦遇到险情，无法冲到目标，就另选目标轰炸，他从23米的高度投下炸弹[1]。霍尔斯特伦把飞机加速到每小时440公里，向南急转，沉到敌机下方，敌机也相应转向，显然要死盯美机。乔丹说，敌机待在上方，按原航向飞行。霍尔斯特伦后来明白，这些敌机受到指挥机的控制，四架飞机满以为会击落美机，却追不上美机。敌机没有可缩性着陆装置，可能是97式的，飞行员没有经过严密的训练，技术的火候欠缺。敌机被脱开，它们从

[1] 此据《杜立特东京袭击者》第164页，而《东京上空三十秒》第208页写道：“霍尔斯特伦与一群零式战斗机角逐，机枪发生故障，不得不将他的四枚炸弹扔到海里。”

远处开火。霍尔斯特伦又发现上方有 8 ~ 10 架零式战斗机，从东京湾向外窜。

领航员麦克库尔回到他的机舱，说看到一些驱逐机，很像英国的喷火式战斗机，回头通过领航员一侧的窗口，看到右侧一架敌机完成一次射击的程序，它有一台内线引擎、可缩性齿轮、逐渐变小的双翼，一定是零式战斗机。急冲 10 分钟后，不见敌机，美机转向，沿日本海岸飞行。

离日本南端一个半小时后，在两架日本巡逻机下飞过，它们北去，高度 910 米。飞行 15 分钟后分开，相距 64 公里。显然日机没有发现美机，它们的航向没有改变。

越过日本南端后，引擎难以胜任，开始咳嗽。霍尔斯特伦每隔 20 分钟增加转速，用来解决这个问题，但时间一长这样做便不再生效。离中国海岸 240 公里时，天气渐渐恶化；相距 160 公里时，大雨倾盆，乌云压到水面。飞机近水面飞行已不容易，但仍然低飞，直到看见中国海岸边的小岛，再改用仪器导航，爬升到云端。时间接近晚上 9 点 50 分，飞机升到 1800 米，维持 20 分钟，霍尔斯特伦意识到无法降落，燃料即将耗尽，他要伙伴们准备跳伞。10 点 30 分，跳伞有序地进行，先射击手，然后轮到投弹手、领航员、副驾驶员，最后驾驶员。

5 号机改投目标

5 号机与 4 号机一样，机组人员中有人有过与日本交战的经历，还获过奖，他是副驾驶员魏尔德，当时作为霍尔斯特伦的副手，一起击沉日本潜艇。这次进袭日本，又成为琼斯的副手。机上各成员心里感到更踏实，以百倍的勇气去挑战敌人。

4 月 17 日开始加油时，发现炸弹舱油箱渗漏，把它翻过来，准备修补。油箱空着度过一个晚上，尽量晾干。

18 日早晨加完炸弹舱的油，开始装上炸弹，起飞的命令下达，5 号机走道和两翼的油箱还没有加油。在这手忙脚乱的时刻，机械师兼射击手曼斯克在海军人员的帮助下，加满位于走道上的油箱。他又爬到右翼，一名海军人员到左翼，两人赶快加油。

这些工作完成后，机组人员全部登上飞机。驾驶员琼斯检查油量，注意到左后方的油箱少 30 加仑，他呼喊曼斯克。曼斯克回到机翼上去解决这个油箱，有人递给他一根软管，但放不出油。此时此刻，飞机马上就要起飞，大约有 12 个人呼叫着要求下令，琼斯就让曼斯克回到飞机里，他启动了引擎。

起飞没有什么困难，只是在甲板上保持笔直滑行有一定的难度。飞机离开甲板[1]，琼斯就把油门拉回到需要的位置，在航空母舰上盘旋一周，这时正好是 8 点 45 分。琼斯拨正航向，慢慢爬升到大约 580 米高，接近云层的底部。45 分钟后，经过一艘大船，它漆成暗灰色，可能是油轮。不久，一架双引擎陆基飞机从前方的云层里露面，在美机的右翼掠过，日本标志依稀可见。美机继续按原航向飞行，而敌机闪到一边，很快消失在后面的云层里。

天空一片晴朗，飞机保持 460 米的高度，直到看见日本海岸为止。接近海岸时，飞机下降到水面，以 15 米的高度越过海岸线。海岸边停泊着许多小船，有些是机动船。琼斯把时速提升到 320 公里，没有遇到阻击，又降到 290 公里。飞行 10 分钟，确定不了方位，琼斯认为过于偏北，拨向南面。15 分钟后仍没有找到东京，琼斯想要向第一个适当的目标投弹，就在那时飞临一个海湾，领航员麦克格

---

[1] 飞机编号为 40-2283。

尔发现它是东京湾口[1]。飞机北转，从南面逼近东京。飞机没有加足油，寻找目标又多费时间，让人干着急。眼前出现众多目标，琼斯决定轰炸海湾沿线、东京西南的地方，不再东转飞越城市，到达东京商业区北面的原定目标。投弹手特鲁洛弗用电话告诉琼斯方位[2]，船上时间接近13点50分，第一枚炸弹落下，直接打击储油库。又投下第二枚，飞机急速左转，向着更有利的地方前进。俯瞰城区，看到一座建筑物，喷出浓烟，一定是发电厂。前面是一到二层的建筑，容易击中，集束燃烧弹投在屋顶。敌人的高射炮火十分密集，飞机加速飞行，第四枚炸弹对准一座大型建筑物，击中一边，可能只摧毁一个角。在这紧张的逃离时刻，飞机降到尽量低的高度，向南撤出[3]。

一到海面，飞机减速，向南飞行，直到越过一个小岛，取道本州岛的南端，高度在300米，沿途看见一些小船。离开屋久岛，发现三艘日本驱逐舰正向东北行驶，飞机绕开它们。

越过日本的南端，离估计到达目的地的时间还差50分钟，飞机拨到北纬29°，航线正好与中国海岸平行。进入中国海域，天气渐渐变坏，琼斯不断用眼观察。离预定到达目的地的时间还有半个小时，看见两个小岛，决定向南，远离日本占领区。飞机很低，直到看见海岸为止。目测无法发挥作用，上升到云层中，每分钟爬升150米，引擎旋转1600次。漫行于1680米高的云层之间，天际一团漆黑，大雨如注。

事实越来越清楚，平安降落的可能性非常小，琼斯告诉机组人员当前的处境，决定继续航行，尽可能接近衢州，在那里跳伞。超过估

[1] 麦克格尔结束此次使命后，在中国、缅甸和印度一线作战。1942年6月3日轰炸缅甸敌区，坠机死亡。

[2] 特鲁洛弗后来转战北非，在意大利执行任务时牺牲。

[3] [美]卡洛尔·V. 格林：《杜立特东京袭击者》，第173页。

计到达衢州的时间15分钟，琼斯想要发现断云处，没有结果。他调转180°，向回飞行，直到在云层中看到一个小小空洞，投下着陆照明弹，感到着陆完全不可能，准备放弃飞机。曼斯克、特鲁洛弗几乎同时跳出，麦克格尔紧随其后，魏尔德走向领航员的机舱，系上枪带。飞机进入自动驾驶状态，琼斯爬回领航员的舱位，与魏尔德在一起。他系上枪带，左臂缠上小行囊的背带。魏尔德顺利通过安全门跳出去，琼斯转过身，走回机头，压低油门。他一个人留在机上，感到相当孤单，脚一滑，没有出事，纵身跳出。

6号机轰炸钢铁厂

“大黄蜂”号全速前进，甲板上的人难以立住脚，领航员尼尔森滑倒，用手和膝盖撑起身体。一些水手见状，跑过来帮他。大家忙于把设备装上飞机[1]，检查炸弹、机枪，放好油箱，告别甲板上的水手。驾驶员霍尔马克吩咐每个人做好各自的工作，他提醒大家，还有最后五分钟，想退出的可以退出，甲板上有许多后备人员准备替补。大家朝霍尔马克笑笑，竖起拇指，表示当仁不让。

所有的设备检查完毕，两个引擎开始启动，没有一点问题，飞机已做好起飞的准备。大家盯住第一架飞机，它不出事，6号机也会顺利。霍尔马克按照指挥旗行事，旗帜向下一挥，他松开刹车，起飞比平时训练还要完美。

飞机一直保持离水面30米的高度，飞行42分钟，经过一架日本巡逻机。进入日本上空，看见六架日机，高度在3000米左右，美机高约450米，没有被日机发现，地面上炮火倒异常猛烈。

---

[1] 飞机编号为40-2298。

6 号机组成员（左起：尼尔森、霍尔马克、菲茨莫里斯、梅德尔、迪特尔）

6 号机与 5 号机、7 号机编为一个队组，5 号机领队，7 号机居中，6 号机殿后。几架飞机互相靠紧，准备轰炸位于东京北面的钢铁厂，厂区宽 180 米，长 600 米。这个队组在起飞前就做好了安排，看 5 号机琼斯的信号，交替投弹。6 号机投下三枚炸弹，脱出高射炮火圈，见炮火集中到 5 号机，就进行第二次俯冲投弹。

霍尔马克驾机离开险区，进入中国海域。天下着雨，云层低垂，可见度非常有限，“飞机置于云层下方，高出海面 30 米，所有油箱都已见底，蔡斯 · 尼尔森位于领航员的位置，估计在他们前方的海岸还有 10 分钟可飞”[1]。

霍尔马克在电话里宣布，保持向前态势，直到引擎停止，才让飞机直接坠落。他要尼尔森计算时间，以便推断坠机后还要游多远，并

[1]［美］卡洛尔 · V. 格林：《四人归国》，第 31 页。

让每个人捆好东西，穿上救生衣，准备从飞机里出去。尼尔森计算到岸还要飞四分钟时，左引擎因油用尽而咳嗽，右引擎跟着咳嗽。左引擎首先猛冲水面，在接近机身处折断。机身将水劈开，向下沉去。

7 号机关键 30 秒

7 号机得到转动引擎的信号[1]，驾驶员罗森的心沉重起来：马达会不会停下来甚至起火，火会不会延烧开来，右翼会不会擦到舰桥，左轮会不会出轨……令人揪心的 30 秒钟后，指挥员对引擎的声音感到满意，飞机的刹车打开，被大风揪住机翼，滑向边缘，罗森及时关上制闸，让左轮回到白线上。“大黄蜂”号甲板剧烈摇摆起来，浪花飞溅到机身后，白线上也尽是水。罗森忘掉风门，错误地把它拉回到向上的状态而不是居中，幸好没有出事，飞机平稳起飞，在航空母舰上盘旋一周后向西前进。发动机旋动加热和起飞，耗去 8 罐五加仑装的油，飞行员深感可惜。

航行中，罗森尽力思索衢州、丽水和其他中国机场的模样，它们都接近日本占领区，随时可能被日军攻取，如果这样，中国能否以简单而有效的方式告示“不能降落”？他想，一切正常的话，他们将比杜立特迟半个小时到达东京，日本战机和高射炮已准备好对付他们和更后的友机。这使他想到旋转机枪，通过内部电话告诉射手撒切尔再检查一番，撒切尔试后回答仍然无效。罗森接上紧急电流，情况依旧。他要撒切尔试试后部机枪，拉起飞机头，让枪管朝下，撒切尔向水中急射一阵。

正飞行中，突然一个闪亮的旋转物掠过罗森飞机的左翼，是前面

[1] 飞机编号为 40-2261。

的飞机抛掷的五加仑油罐，辨明之后令人大吃一惊，如果击中螺旋桨，就会造成飞机坠毁。

飞行一个半小时后，看见一艘大型日本商船，领航员麦克鲁说，他敢打赌，商船一定会向东京报告美机的行踪。毫无疑问，整个日本海岸都明确美机在进袭中。

罗森再次试验旋转机枪，它竟可以使用，防卫力量不成问题。起飞前24伏特的电机失灵，驾驶室里的紧急开关合上后就能运行，证明旋转机枪可以直接依靠干电池来使用。

两三个小时后，罗森感到疲倦，他用电话呼叫投弹手克莱弗，要他启用自动驾驶仪器，但罗森的手离开操纵器时，飞机危险地滑向左侧，自动驾驶仪出现了故障。罗森和达文波特轮流驾驶，当罗森坐在驾驶位上时正好是14点，日本海岸出现在眼前。

飞临日本海滩，那里有许多小船，近看令人难以置信，它们都是机动船和外观美丽的捕鱼汽艇，而不是原来猜想中的舢板；一艘商船在左侧驶去。飞机尽量降低，避开探测器，保持在日本可能拥有的侦察仪器的适用范围以外。接近滩边小船的桅杆时，飞行员高度警惕，准备应付机关枪的突射。飞临船顶，没有吃到子弹，却看到十多个男女在小船上招手。海滩与绿野相接，耕种的农民招手致意，飞机在他们的头顶掠过，街道上骑车的走路的也招手。美国飞机上图案的格式依旧，蓝圈包围白星，白星中央嵌个红球，或许他们把两国徽标混淆了，或许日本人从来没有见过这样低的飞机。

一座满墙红漆的寺庙赫然出现，颜色鲜明，罗森将机头略微拉高，避过寺庙，又降得很低。

超过一片平地后，看到一幢大而平的建筑物，伸出一根柱子，上面飘动一面日本旗帜，操场上冲出一群孩子，又向飞机招招手。

罗森用电话呼叫："张开双眼，撒切尔。"

"我在留神。"撒切尔回答道。

罗森觉得一块低地大概通向东京，就把机身降到比山还低。麦克鲁检查路线，发现明显偏北，罗森拉起机头，高出山顶，方向拨到左侧，进入另一块低地，航向与海岸线平行。

六架日本零式战斗机同时出现，体形活像美国比赛用的飞机，配备空气冷却的引擎和树桩般的短翼。它们排成两个紧密的“V”字形，高度超过美机1400米，方向与美机相反，美机贴近树梢飞行。日机的第一梯队扫过美机透明的头部，消失在金属顶的上方。第二梯队的行动与前队如出一辙，但在头顶的飞机消失以前，左侧的飞机开始追赶。

敌机在后面用炮和机关枪射击，罗森在心里勾勒零式战斗机的轮廓。他呼叫撒切尔，没有回音，怀疑内部电话出了问题，撒切尔想必在拼命叫喊，正需要使用旋转机枪。他发现捕捉到射击机会，接通电源，这时撒切尔打电话回来，说不知道发生什么，敌机不见踪影，推测是归队去了。

飞过一些小村庄后，罗森开始担忧起来，按理来说，陆地上飞行20分钟就会到达东京，可是时间耗去近30分钟，还没有见到城市的痕迹，如果事情变糟，发现不了东京，必须回飞，难免要冒险。越过一座山，拂过另一个庙宇，出现镜子般平静的东京湾。飞机降到5米的高度，保持低速，节省油耗，但一想到被时速640公里的零式战斗机追赶，不免内心紧张。

向右望去，东京湾停泊着一艘硕大的航空母舰，舰上不见一人，相距只有三公里，实在吊胃口，飞行员真想不改航向，扔枚炸弹下去。但他们有自己的目标，四枚炸弹各有用场。东京已经很近，飞机继续前进。

远方，东京与横滨之间浮着阻塞气球，它们在飞机的左侧，无妨航程。

在罗森的意念中，800万人口的东京一定很拥挤，密集程度像旧金山一样，实际上正好相反，它四处散开，倒像洛杉矶。罗森又钻出一个可怕的念头：可能会找不到目标。他不得不降低高度，视线受阻，只能看到前面和两侧很近的距离。他不能拉升提高可见度，那样会招致高射炮火。他想，前面的飞机已从450米的高空投下炸弹，敌炮的射击会很准确。建筑物越来越高，街上行人无法看到。

飞机载着四枚炸弹礼物，上面系有日本颁发的勋章，很快就要回报原主。

第一目标物是个大工厂，位于滨水区，罗森使足油门，副驾驶员达文波特调整螺旋桨齿距，达到最佳飞行状态，飞机以最快的速度升到450米。这一操作技能曾经练习过一个月，讨论过三个星期。飞机平飞，准备打开炸弹底舱，这时敌人的高射炮火在飞机的两侧开花。罗森进行一次冲刺，让第一枚炸弹飞出，仪器板上的红灯一闪，表示首次投弹结束。

飞速在加快，红灯再次闪亮，克莱弗投下第二弹。一股黑烟扩展到90多米，以极快的速度冲击，两团黑烟跑在飞机的前面，浮向两侧。

进入东京南部易燃区，仪表上的红灯作第三次闪烁。罗森变动航向，便于冲刺，带出燃烧弹。第四次红灯闪光的一刹那，罗森将机头向下猛刺，时速达到560公里。燃烧弹从舱门落下，它一遇上风就会起火，还会迸出12颗小燃烧弹。罗森在俯冲时回头观望，只见燃烧弹击中钢铁厂，火舌窜出墙壁，厂房坍陷，吞没在浓烟烈火中。

投第四弹时，高射炮火相当猛烈，有一发就在右翼旁开花。排炮飞向右翼边，罗森扎下向左飞行，以500公里时速离开东京。罗森对击中钢铁厂感到满意，希望其他炸弹也有同样效果，尽管没法说明，但东京深受打击，惊恐万状是确定无疑的。

罗森在一年后回忆当时的情形写道："我们的实际轰炸行动，从首枚炸弹离舱到俯冲脱出，耗时不会多于30秒钟。"[1]

---

[1] [美] 泰德·W. 罗森：《东京上空三十秒》，第67页。

飞机超低空弯曲前进，时时提防零式战斗机群。罗森用电话问炸弹是否确实卸尽，克莱弗的回答十分肯定。麦克鲁把航向拨到正南方。撒切尔注视后方，兴奋地说浓烟开始上腾，罗森要他观察日本飞机，需要动用旋转机枪时及时告知。

在东京郊区，飞机向一条铁路低飞，经过一列火车，近得能看清机械师惊慌的脸，罗森控制住自己，没让锅炉工领受一下前部30毫米口径的机枪，这时他才想起早该用些子弹。

麦克鲁发现六架日本双引擎驱逐机，黑板凳般的样子实在难看，动作迟缓倒像观察机。它们排成紧凑的队形，正好位于美机的上方。罗森盯住它们，等待它们俯冲，希望它们低到美机的绝对高度，根本来不及拉升时自己坠毁。但这些飞机待在那里旁观，罗森也没必要上前攻击。

油耗值得考虑，所有的附加油都已用尽，开始动用机翼上的油箱。东京已落在后面，飞行速度放慢下来。重新回到海面上，按计划向正南飞，给追逐的敌人一个错觉，以防直接显示最终向西飞往中国的意图。一艘武装快艇出现在前方，罗森告诉撒切尔揍它一顿。经过它的上方时，罗森抬起机头，机尾下沉，撒切尔用50毫米口径的机枪扫向敌舰甲板。

在水面6米上方飞行，发现前方七八里处有三架驱逐机，正朝美机飞来，速度很快。双方同时发现对手，罗森低头估摸避开的距离，抬头时却见敌机以惊人的精确度转开，在远处观望。美机无心恋战，远远地绕开它们，对方也没有开火。

麦克鲁将飞机拨到原航向上，按照早已排定的计划，方向改为西南。在晴朗的下午长期飞行，大家相当疲倦，突然发出一声叫喊，屋久岛一点不错地出现在眼前。屋久岛是航行的标志点，它是个火山群，构成对进入中国海域西飞的障碍。从此就转向正西，进入中国海域，执着地朝着远方的衢州、丽水飞行。这时的位置在北纬27°。

撒切尔爬过炸弹舱来到领航员的舱室，谈论轰炸的感受，两人站起来检查油况，看来足以抵达中国海岸。撒切尔爬回后部枪架的位置，以防意想不到的“朋友”在等他们。

“哇，头真疼。”达文波特在电话里叫。罗森想每个人都这样，他提醒撒切尔向后留神，撒切尔回答没有睡去。特殊的油已经用完，香烟不会造成危险，飞行员抽点烟，帮助克服单调的难题。撒切尔从后座递过一些巧克力柄糖，大家吮吮，也没有多大胃口，反而渴得要命，一味想喝水。机上带有一瓶开水，到东京以前就喝得一干二净了。

下午在中国海域发现一只渔船或汽艇，推测会赶在前面向中国大陆的日本空军发电，报告美机的方向。17 点光景，在中国海域半途，发现两艘潜艇系在一艘油船上，正在加油，飞行员多想能有一枚炸弹在这时用上，但使用机枪显然没有多大意义，在日军占领的中国还等着要用，整个行动不会到此轻而易举地结束。

雨点落在挡风玻璃上，正像海军提醒的那样，每年这段时间总有暴风雨在中国大陆架聚集，卷离，而事先没有多大的迹象。飞行员希望天气不会像预测的那样糟。要发现衢州和丽水，如果没有无线电指引，即使天气再好也很棘手，可怕的不定数开始露面。

临时性的投弹瞄准器一度影响自动仪的回旋作用，不久恢复正常，罗森第一次有机会从座位上起身，走到麦克鲁的领航室伸伸懒腰，他自早晨 8 点开始一直没有离开过。达文波特坐在副驾驶员的位置上，一旦自动仪出问题，立即抓住控制器。

撒切尔爬过来问罗森，如果在水上跳伞该怎样做。罗森告诉他大家都在一起，没有什么可担忧的。他坚持想知道，罗森就解释说，降落时解开腿带，离水面二至三米时拉开挂在胸前的伞钩，然后入水。降落伞会飘开一点，不会掉在身上缠住人。

罗森回到驾驶位置上，让达文波特放松一下。他把机头拉升到

150米的高度，完全看不到水，又下降14米。船上时间20点30分，当地时间18点30分[1]，怪异的山峰般的岛屿出现在前面的迷雾中。天气越糟，岛屿越密，不得不停用自动驾驶仪，摸索着飞过云层。天色黑得几乎看不见机头，有一次，一个岛屿突然闪出，近在眼前，幸好罗森匆匆拉起机头，逃过撞击的厄运。从此，思想包袱很重，时刻想趁早发现岛屿，及时拉升。

摆在面前有两种选择：继续保持低飞，寻找可记忆的标志物或降落点；或者拉到风暴层以上，一味向着正南飞行，直到两翼的汽油耗尽，全体跳伞。后者意味着损失飞机，罗森承受不了。

“大陆！”突然有人高叫起来。罗森问麦克鲁下一步怎么办，麦克鲁说，应该略微向南，这里是敌占区。飞机向南缓行。衢州、丽水离海岸160公里，即便找到，也不会开灯，况且不知这里是否已被日寇占领。罗森盘旋三大圈，没有耗去多少油。在150米漆黑的高空，猛地出现一个明亮的洞窟，达文波特叫着指指下方。下面是一片清洁、凹形的海滩，一望无际，飞行员久久凝视，肯定这是大陆。

罗森匆匆拿定主意，如果能够降落，晚上就在飞机里度过，次日天亮起飞，在大白天去寻找衢州和丽水。这时还剩下100加仑多点油。罗森往下降，试探海滩，雨后的海滩湿漉漉的，看上去还算坚实，足以支撑飞机的鼻轮。他用电话告诉大家准备降落，立即解掉伞包，穿上救生衣，但他自己却没时间解脱伞包。他拉下阻力板和机轮，心里在忖度，要是落入敌占区，前面的机枪可以拆下，能够抵挡一阵子。

麦克鲁收拾好座位后的45式手枪，罗森的25式艾伦手枪已藏在肩下衬衣里的枪套中。撒切尔坐到旋转枪架边，准备在触水时放下救生筏。达文波特依次报出速度，报到“110”时，两个引擎咳嗽起来，

---

[1] 此据《东京上空三十秒》第72页。

显得疲软无力。罗森的双手用力猛按，敲击两个油门，力图把活力推入引擎，又想拉起机头，无奈飞机坠落，离海岸还有半公里。

8号机例外行动

“大黄蜂”号甲板上的海军旗手，准备抬起臂膊，发出“起飞”的信号。驾驶员约克集训前担任17轰炸队的中队长，他全神贯注地盯着旗手，嘴里念叨着：“千万别让油门溜回！”约克将两个油门推到底，风门全开，飞机在震荡[1]。8点55分，旗手的臂膊往下一挥，下达助跑的命令。约克放开刹车，机轮开始滚动，压在白线上，起初很慢很慢，接着越来越快，舰桥抛在后面，飞机跃上天空。机头摆平，机轮收上，风门关小，油门拉回，尽量节约珍贵的油料。调整一下动力装置，检查一番罗盘，大家松口气。副驾驶员埃门想起刀片、糖果、香烟等一大堆杂物都从“大黄蜂”号上买来，他暗暗嘲笑自己，买这么多东西，好像要在外面待上一两年似的，实际上可能过几天就会回国。

领航员指点正确的航向，补偿右侧劲风造成的损耗。对动力、螺旋桨的抗风程度，大家检查又检查，每件事像时钟一样正常运转。辅助油箱里没有油标，查对油耗也为时过早。射击手波尔启用后旋转机枪射击，试试能否正常工作。机械师拉本在领航员的舱位里忙于检查发动机，重新安排行李。大家各司其职，一些可怕的念头爬上心头：引擎会在充满盐气的海上受损而熄火，日本的零式战斗机会来迎战，迫降的可能性随时存在。

波尔告知，他把最后一听油倒入尾部的辅助油箱，比原来设想的时间要早。约克要他千万别把空听扔出，除非十分接近日本。空听浮

[1] 飞机编号为40-2242。

在海面上，会给敌人留下飞行路线的线索，找到起飞的源头。

约克调整油门和螺距，尽量节约油耗。飞机一味地轰轰作响，天空没有变化，会使人想起好像静静地站在踏车上，水在下面哗哗流过。在海天之际，两次看到一些物体，可能是潜水艇、渔船，或者是小船，它们在巡逻。约克避开它们，部分原因在于它们会用无线电向本部报告“敌情”，或者会用高射炮猛轰。不过，一种诱惑力也难以抗拒，总想去看个分明，是潜水艇就扔个“蛋”给它吃。最后理智占了上风，炸弹专门用来对付更大更有影响的目标。

10点半，晴空万里，风却从右前方刮来，产生了不小的阻力。大家心里牵挂着另一个问题，大白天出击，帮助隐藏机身的云朵会不会出现？航行到11点，应该检查一下油耗了，副手埃门驾驶，约克计数。

“嗨，埃门，你看，是我脑昏，还是烧掉这么多油？”

数字显示油耗大大超出设想，这样的用油状态和旋转速率，不可能出现这样的情形。他的计数没问题，或许油标不准确，或许一路漏油不断，充实到太平洋里了。他们怎么也没想到，问题出在汽化器上。在加利福尼亚州的萨克拉门托，飞机上的两个汽化器被调换了，约克还蒙在鼓里。当时，杜立特一再坚持，没有征得飞行员的同意，不得随意拆换部件。在航空母舰上，机械师拉本发现有些数据不对，却没有确凿的记录证明。航行中，两个汽化器胃口过大，耗去过多的油量。

大家焦虑不安，看来，到日本时会耗尽旋转机枪和炸弹舱里的存油，但是到日本还有一小时，不得不依靠炸弹舱的油。情况严重，飞到中国海岸已没有希望。

领航员赫恩登在机头忙于审视地图和六分仪，走到驾驶舱，进一步检查弹舱油箱的存量。没错，确实耗去过量的燃油。不能再按原定计划绕过日本的南端，西跨中国海岸，必须找出替代方案。穿过北日本海，到苏联去，战时的盟国可能会提供燃油，再飞中国。飞行员心中也有疑虑，或许接近苏联壁垒森严的东部防线时，他们并不把美机作为盟友对待。

“你想过从日本到苏联的航线吗？”约克道出大家的心思。

“是的，我考虑过各种可能性。你想到那里吗？”赫恩登又答又问。

约克说，杜立特没有确切下达过不准到苏联的命令，但也没有挑明这不是个好主意。杜立特多次提到，斯大林要求在这次行动中合作，允许美机飞往苏联的东部机场加油。但斯大林还有很多顾虑，苏联与日本表面上和平共处，边疆争端和渔业纠纷又妨碍着真正的和平。德国正在与苏联在西线激战，苏联惹不起日本，没有能力为盟军飞机提供保护伞。如果日本强烈要求引渡美国飞行员，后果又将会怎样？约克又回到起初的想法：

“他们可能会让我们加油，我们能够飞越日本占领的韩国，明天到达中国。”

“我们也希望这样。”赫恩登应声回答。

约克猛地拉回操纵杆，避开一只受惊的海鸥，飞机突然震动，引得大家把眼光投到前方。海鸥，意味着陆地就在不远处。时间近午，天空中没有一丝云。

“在接近岛国时，再检查一下燃油，然后决定是否飞向苏联。”约克发出指示。

“对炸弹舱的油量做最后一次检查。”埃门边说边离开座位，而拉本先到那里。这个特制的橡胶油箱，塌放着，长长的。拉本把它卷起来，准备倒入罐中。他说出的数字令人相当失望，油量已不能支持飞机靠近离中国海岸500公里的地方。

约克要波尔扔出空听，炸弹舱的橡胶油箱也不留。这时已经没有秘密可言，即使日本人发现它们，也无法探出美机来自何方。离中午12点只有10分钟，日本海岸横在眼前。波尔通过电话告诉约克，他已完成任务，务必让后部旋转机枪处于战斗状态。

约克提醒大家，前面有一艘航空母舰。它与海岸平行，正向美机驶来，美机立即转向避开它。稍微接近一点，看清它是一艘货轮，载得太重，沿着海岸老牛喘气似的慢慢南行。大家松了一口气，直接飞向海滩。

富士山到底在哪？内陆的天际只出现不规则的山形。埃门感到相当紧张，大家的心情都是这样。约克要每个人在各自指定的岗位上做好战斗准备，赫恩登在装有玻璃的机头呼叫，航向旋转300°，从东京飞往符拉迪沃斯托克。

约克对油量没有把握，要埃门确定一下。埃门告诉他不必担忧，没有迹象表明会漏掉那么多油。

接近日本海滩，那里有一部分地方被围了起来，里面似乎有200人。不远处的一角，耸立着一座14米高的塔，附有小观察台，屋顶白色。飞机在人群头顶掠过，那些人疯狂地招手，不少人上下蹦跳。他们的脸形酷似白种人，不像东方人。大家猜测是美国或英国囚徒，他们一定看到飞机双翼上的美国徽标，在他们生活的黑圈内投进一线希望。

位于机尾的波尔指出日本机群，共有9架，在很高的右上方，与美机的方向相反。显然它们没有发现美机，美国飞行员在极短的时间里也难以断定它们是训练机还是战斗机。飞机进入人口稠密区，前面出现一杆无线电发射架，赫恩登用电话说那是电台。突然从右侧钻出一架小型飞机，又转开去，波尔开始瞄准它，它却消失得太快，没有进入射程内。

约克将飞机猛然拉升到460米的高度，下方就是目标区，庞大的工厂设施，厂房至少三层，四个烟囱正在喷烟，地处大河沿岸，铁轨穿过厂区。

“打开你的炸弹舱门，赫恩登。”约克发出命令。炸弹离机时，飞机有点震颤。[1]

---

[1]［美］卡洛尔·V. 格林:《杜立特东京袭击者》，第205页。

“驾驶航向指示器！”赫恩登在机头呼叫。

约克将飞机从右转向左，再右转，又左转，不断搜寻敌机。飞临一方丘陵，看见一个飞机场，十多架双翼训练机排列在那里。赫恩登后来说，可惜没用机枪扫一阵，这也是一个不差的目标。

临近一座山，埃门要波尔紧盯后面。

富士山直插云霄，白雪盖住群山的上部，飞机跨过山脊，离瘦削而无叶的小树仅 0.3 米。一翻过去便是伸展 80 公里的平坦绿野，景色迷人。远方，日本海像条银带。

离开“大黄蜂”号已整整 5 个小时，埃门记起香烟，而随身带的柄糖却没有吸引力。

赫恩登要驾驶员略向右行，这是大家所乐意的。韩国的边界离符拉迪沃斯托克仅 24 公里，它在日本的占领之下。在 960 公里的海域飞行，24 公里的偏向很容易忽略。

埃门问约克是否会讲俄语，他说不能，他来自波兰家庭，懂点波兰语。他在西点军校毕业以前用的老名字，人们以为是俄国人取的，其实不然，是波兰式的。

约克说，改走苏联这条线路的，可能不仅仅是 8 号机。在机头的人打电话给机尾的波尔，没有回音。大家左顾右盼，向后瞧瞧，没有一架友机进入视野。8 号机独自行空，相伴的只有蓝天和碧海。5 点差一刻，天际闪出陆地，高山的远影伸出水面。飞机右转 90°，沿海岸线向北行进。10 分钟的飞行，证实海岸在苏联的版图内，而不是韩国。赫恩登站在驾驶员的后面，手里拿着这一带的海岸图，将位置指给正副驾驶员看，他们对照明显的海岸特征，确定方位的可靠性。约克旋转 180°，再次沿海岸前进，不久看见半岛的终端，没有发现高射炮的迹象。

约克发现情况，机身微微转向，一个大机群进入视野，至少有三四十架，机翼橘色，一定属于苏联海军。美机稍稍转动，机鼻向下，加快速度，防止苏联飞机先开炮击毁再做调查的行为发生。苏联东海岸空军基地，对一架双引擎的轰炸机会格外提防。越过海岸边的一道山脊，前面又有更高的山梁。约克想找个地方降落，大家表示同意。机身下展现一马平川，中央出现一块方形的场地，一旁有些肮脏的、白色的、歪斜的大建筑。美机以220米的高度推进，埃门看到两幢小房，一些穿着黑色长外套的人，站着观望美机。小房不远处，伪装物体下停着一架小型飞机。约克敲敲埃门的手臂，指出这是个机场。

美机向左转，开始靠近机场，一架双翼单座的小型战斗机冲到美机的右侧，靠得很近，美机稍作避让。

“放下机轮，让他知道我们正要着陆，他就不会开火。”埃门建议。约克立即采纳，飞机减速，那架战斗机跟在后面。风门拉下，飞机开始滑行，大家感到微微一震，机轮接触到地面。

9号机漏油而致远

2号机在启动引擎，9号机正忙于在机舱上装齿轮。甲板实在太短，杜立特的成功起飞，给大家增添了十足的信心。沃特森驾机滑行[1]，机械师兼射击手的司各特赶快爬上后舱，飞机呼啸着离开甲板，冲上天空。

从机轮收起开始，麻烦就不断钻出来。低位的旋转枪架取走后改装的油箱，出现渗漏情况。司各特通过内部电话报告沃特森，沃特森的锦囊里也取不出妙计，只有等主箱的油耗去，再将漏箱的油倒进去。司各特把注意力集中到他的本职上，发现水动力装置出问题，机

[1] 飞机编号为40-2303。

枪不能转动。他尽快旋转机枪，竟能用手控制。

起飞一小时后，经过一艘货船，大家感到吃惊。从那时开始启用五加仑一罐的汽油，倒入位于旋转枪架的油箱。空罐一一戳破，扔在一边。

一些小渔船出现在视野里，海岸就在不远处。飞临很长一片沙滩，发现一个机场，银色的飞机排列成行，机翼上漆有橘红色朝阳，翼端碰在一起。看上去是些轰炸机，旁边有些战斗机，似乎处于戒备状态。司各特注视各方，看到左方五架飞机，是双翼训练机，他把机枪瞄准它们，它们机型太小，追不上。

接近东京，高射炮齐鸣，飞机前面火烟阵阵，飞行员第一次看到敌人的炮火，不过很幸运，射击准确性太差，也许是首次用高射炮，使不上劲的缘故。进入东京市区，飞过一个机场，看上去像一排飞机制造厂。那里的高射炮也很差劲，起初，炮弹在飞机下方爆炸，后来又在上方迸裂。沃特森掠过屋顶，“之”字形绕飞，靠近目标时，飞机翘起，便于投弹手比塞尔操作。内部电话里传来“炸弹离机”的声音，大家转过头去看打击的情况。目标物位于延伸到水中的沙滩上，建筑物的顶部类似两个锯齿，它们的右角连接一幢突出的房子。两颗炸弹落在上面，碎片四飞。一架日本战斗机从后下方开火，距离只有90多米，直冲而来。司各特向敌机射击，视线被烟火迷住，索性扣住扳机不放。在密集的枪弹打击下，敌机向左栽下，再也没有出现过，司各特认为一定击中了。

沃特森向着东京湾飞行，发现许多驳船和一些油轮。飞机与海岸平行时，两艘巡洋舰和一艘战列舰出现在迷蒙的海际，战列舰竭其所能向美机开火。沃特森把油门推回，节约汽油，保持右行，看到周围炮弹击水，浪花四溅，快要碰到飞机了，就把油门推向前，加快速度。有着12年飞行经验的司各特，在飞机平飞时向敌舰反击，还旋转枪管扫射。飞机离战列舰渐渐远去，敌人仍在猛射，并全力追赶。

司各特看到一些渔船，用旋转机枪扫射，但故意不击中它们，用来增加在东京产生的混乱。日本渔民回去后肯定会涌向海军司令部，汇报这恐怖的一幕。

飞行一小时接一小时，油耗在人们心中越悬越重。沃特森和副驾驶员帕克，与大家一次又一次谈到有些特殊的路要走，汽油会更短缺。只要有油，就能待在飞机里开往目的地，一旦不能继续前进，就设法找到一只渔船扫射，飞机降落在旁边，夺过船只，驶向中国海岸。

前面雾霭沉沉，飞机升到上面，越爬越高，最后不得不钻进去。浓雾化为雨，飞机在上下的气流中震颤。大家一致认为，目前的最佳方案是直接往南飞，脱离日本占领区，汽油耗尽时跳伞。沃特森一直注意节油，竟能比其他飞机更深入内地。

在空中待了15个小时又30分钟后，引擎开始发出劈啪声，飞行员在两小时前就担心的事情终于发生了。飞机在江西省宜黄县南城乡一带上空低低盘旋十多分钟，“发出紧急着陆呼救信号，但地面毫无反应，机组人员十分焦急，认为可能是敌占区，到了十分紧急关头，五名机组人员决定舍机救人，全部跳伞脱险”。飞行员“一个降落在梅杏乡官山（今河口村），三人降落在曹水乡（城南乡）东坑村，一人降落在曹水乡雷坊岭”[1]。

10号机击穿一洞

10号机是在阿拉米达机场最后一架上舰的飞机[2]，机组人员为能够参加一次冒险而感到幸运，都迫不及待地要去体验一下。像各机组

[1] 邓友文：《曹水乡马鞍山堕机事件》，《宜黄文史资料》第3辑，第38、39页。

[2] 飞机编号为40-2250。

一样，全体人员都在自己的机头前合影。起飞前突然变动人马，埃德温·W. 霍顿替代原来的射击手。霍顿有自己的特长，善于处理旋转枪架，出问题容易应付。[1]

临近起飞又有点波折，右发动机总是难以点火，飞机进入起飞状态时，故障仍没有得到及时排除，驾驶员乔伊斯急出汗来。在这关键时刻，右发动机恢复正常，终于去除心病。

乔伊斯在航空母舰上方盘旋一圈，方向拨到与航空母舰平行。比较一下回转式罗盘与磁性罗盘，决定对准 270° 的航向，距离海面 150 米。大约一个半小时后，在后部旋转枪架位置观察的霍顿，通过内部电话叫起来："报告机长，出现双引擎敌机，时间 12 点整。"

乔伊斯抬头看见正前方上部有日本巡逻机，与此同时，日机也发现美机，立即从云层里钻出来，对准美机冲来。乔伊斯加大两只引擎的马力，在敌机底下扫过。很快拉开距离，敌机似乎并不想惹麻烦，没有进入射程内，霍顿也不恋战，没向敌机开火。

以后的航程里，乔伊斯把高度定在 1000 ～ 4000 米，飞行在雾与云的中间，避开敌人的侦察。接近东京湾时，飞机出入于云层间，高度 980 米。一发现目标，立即钻出云层，下降到 730 米的高度，时速 340 公里。乔伊斯打开炸弹舱门的一刹那，一艘驶向横滨海军基地的航空母舰向美机开火，它的高射炮口径太小，再加上准确性太差，没有多大效力。大家明白，10 号机是轰炸东京机群中的最后一架，敌人正在等待他们，剩下的航程里绝没有免费的午餐。

飞机瞄准第一个目标，一个特殊钢铁厂，扔下 226 公斤的集束炸弹，进行直接打击。一枚击中一座大建筑的中部，另一枚落在两座建筑物的中间，炸毁它们各自一端。第三枚和一枚燃烧弹投在司马和田的重工业区。

---

[1] [美] 卡洛尔·V. 格林:《杜立特东京袭击者》，第 228 页。

美机长距离直扑目标，敌人的高射炮越来越猛，到炸弹卸尽时，飞机已被浓烟包围，弹片就在旁边迸裂。九架零式战斗机组成一队，重重地压在美机的右上方。乔伊斯压低油门杆，机头急速下沉，向左快转，避过两门高射炮的火力和敌机的进攻。敌机盯住美机，在旁边擦过，美机钻进它们的下方，很快避开它们的攻势。飞机加到550公里的极限速度，掠地或跳栏式飞行，重新回到海湾。三架中岛97式战斗机不知从哪儿冒出来，位于左前方，它们想追上美机，却无法保持。那些零式战斗机并没有彻底甩掉，它们具有高度上的优势，却显得并不急于逼近。霍顿不时地用后旋转机枪向敌机开火，竭力击伤它们。飞机越过群山，向西转，最终摆脱敌机。不久，向南转航，又有一架孤零零的日本战斗机出现在上方，美机启动鼻部机枪和旋转机枪一齐向它射击，飞行员估计若未把它击落，至少它已受到重创。

大家松了一口气，乔伊斯把油门杆拉回，偏偏在这时，杀出另外三架日本战斗机，冒犯美机。乔伊斯又把油门杆推向前，升到云层上方，躲过敌机。考虑到敌机已落在后面，乔伊斯转到海面。很幸运，这是他们遇到的最后一批敌机。

越过大岛海峡，飞机向西转航。检查一下自己的损伤，机身后部水平安定面的前端被高射炮击中，洞孔的直径大约11厘米。左翼前端被机枪子弹击中，属于轻伤。飞行员暗自庆幸，关键部位没有伤情，不过，洞孔给飞机造成飘浮感，也可能导致漏油。

接近中国海岸时，天空布满浓雾，雨点飘零。自动驾驶仪失效，不得不凭手感飞行。副驾驶员斯道克也操纵过飞机，让乔伊斯可以放松一阵。

领航员克劳奇估计应该升高，避开海岸线上的群山。飞行员看到一个岛屿，进入海岸后又看到陆地。大家肯定至少已位于大陆上空。天越来越黑，浓雾加密雨，情况不断变坏。头上阴云笼罩，飞机升到云上面，继续飞行。接近原估计抵达衢州的时间时，乔伊斯认为在这样的天气里着陆已没有希望，要求大家准备跳伞。汽油只有15分钟可飞，乔伊斯拉升到2740米高，肯定飞过衢州，可以在中国领土降落。

乔伊斯不时回头与同伴谈话，测定只剩下可飞10分钟的汽油时，要克劳奇指出地图上的位置，发出指示，大家分别跳伞。霍顿第一个从后门跳出，第二个是投弹手拉金，第三个是领航员克劳奇，都从前门跳。拉金必须等霍顿出去后才可启动前门，避免伤着霍顿。指示完毕，乔伊斯与大家道别："在衢州见，祝各位好运！"

"你好，尉官，"霍顿在内部电话里回答，"我先走，谢谢你的一流驾驶。"

乔伊斯笑笑，心里更充满自信。回顾简短的历程，已飞行14个小时，其间曾经进行过激烈的空战，霍顿的表现十分果敢，令人受到鼓舞，乔伊斯不得不感谢这位射击手。时速在仪表上显示190公里，机组人员一个个跳出，第四个消失后，乔伊斯将水平安定面转回，不让飞机飞得过快。他起身离开机首，从两张座椅靠背的防护盘间挤出，有点麻烦。留下的时间已经很少，他还想在离机前，抓点食物和备用品。

他利索地跳出，拉开伞带，伞包平和地打开。就在这时，腿带上的金属突然断裂，险些脱出吊带。他向下一滑，胸扣猛烈地撞击到下巴，头感到一阵眩晕。手枪从套子里震出，飞向空中。身子大幅度摆动数分钟，才慢慢挂直。这时，听到下方飞机撞击地面，发出强烈的爆炸声。几分钟后，他触及地面，感到落在一个很陡的斜坡上，庆幸没有受一点伤。

轰炸横滨等地

11号机改轰炸替代目标

“大黄蜂”号上的航行令人向往，航空部队从来没有领略过海军在舰艇上的舒适。杜立特轰炸队在哥伦比亚训练时住在帐篷内，吃饭在食堂排队等候；而海军从大盘里取大肉排吃，还有冰淇淋可饱口福，多么舒畅。船上气氛宽松，还可以赌博，航空兵也跟着沾光，可以打打牌。

1942年4月18日上午，飞行员得到垫子，放在甲板上，人躺在上面。领航员凯佩勒穿着内衣和短裤，躺着享受最后几分钟的休息。凯佩勒早早地吃过早饭，付清在“大黄蜂”号上18天的饭钱，开始整理物品，将电动剃须刀、照相机、便衣、便裤和几盒柄糖放入袋中，导航仪放在几个公文包中。扬声器高叫飞行员“各就各位”，战舰的炮火轰向敌舰。他们快速穿好衣服，带着必需品，奔向飞行甲板。甲板又湿又滑，摇晃不定，需要跪下去，等待甲板得到暂时的水平状态，再前进十来步。凯佩勒穿过支起的、螺旋桨启动的飞机，到达自己的飞机，将背包装上去。

在凯佩勒走向飞机时，“纳什维尔”号横在“大黄蜂”号的前头，集中火力打击日本舰艇。

11号机由格里宁驾驶[1]，他从另一个中队调来，在埃格林训练到一半时接掌这个机组。从第一次训练开始，大家就知道他大胆、平和，特别坚强，别人能做的他必定也能做到。前面10架飞机已成功起飞，11号机也只是个赶上的问题。起飞非常容易，"大黄蜂"号能够随风应变，11号机起飞时，甲板没有震荡。如果进入飞行速度，震荡就会造成灾难。

海军没有提供气象资料，飞行员必须自己测定，大家仅知道离舰时的风速为27节。

从"大黄蜂"号到日本的四小时航程内，凯佩勒翻开一本领航技术的书，研究起领航的问题，以便能够在入夜后领航。他的一位领航员同仁，没有随队出发，主动帮他把领航仪器搬到飞行甲板上，又带着他的其他东西，跟在后面。他放进行李包后退回舰桥，作最后一次确定航空母舰的方位，却忘记关照朋友，朋友把仪器错放到别的飞机上去了。他所拥有的设备只是一个公文包，里面是些零星的小东西，包括一本领航书，这本书他以前还没有读过。

他们的目标是位于横滨的炼油厂，为了以防万一还选定了一个替代目标。飞机越过日本海岸，那里的地形与加利福尼亚州的西部十分相似，凯佩勒定出方位，离航线太过偏北。掠过一个飞行训练基地时，看见许多双翼的飞机在空中训练。美国飞机在日本人头顶150米的上方向他们招手，吓得有些人跑进树丛躲藏。

距目标50公里时，四架日本战斗机不知从哪儿杀出，有一架准备攻击260公里时速的美机。格里宁把油门杆推到底，时速达到420公里。那架冒犯的日机再次进行攻击，射击手加德纳一阵扫射，把它赶走。面对420公里时速，那架日机望尘莫及。

第一个目标就在眼前，日机从各个方向聚拢而来，敌人过于强

[1] 飞机编号为40-2249。

大，格里宁决定转向替代目标，轰炸炼油厂和油库。四枚集束燃烧弹从 183 米的高处投下去，而不是原定的 460 米，爆炸的气浪使飞机强烈震动。飞机直趋东京湾，起爆的烟火在之后的 15 到 20 分钟内仍能看到。

炸弹刚扔下去，又一架敌人的战斗机从后面发动攻击，加德纳进行了直接的回击，敌机向上一蹿，拖着浓浓的黑烟，飞行员肯定它已经报销。任务完成，旋转 250° 向前，保持与海岸线，相距 80 公里平行飞行。偶尔爬上 914 米高的云层，避开海面敌舰的侦察。到达日本南端后，飞机转向，跨越中国海域。

半途天气开始转阴，飞机进入雾气中，爬升到它的上面。雾逐渐扩大，与云层相接。天色变黑时，不见星星，也不见所期待的中国民房里透出的灯光，航行只能靠呆板的推断。

按船上计时，已是接近晚上 11 点半，格里宁下达跳伞的命令。这时的高度在 290 米，飞机降到云层以下，看见地面上一些灯光，还有环抱的群山，飞机不能在这里着陆。加德纳从后舱走到前面[1]，他第一个跳出，投弹手伯奇紧随其后。

凯佩勒排在第三，他一出飞机，降落伞就立即打开。随身带的柄糖和手电筒魔术般的消失了，它们原本分别藏在衬衫里，系在腰带下。他眼睁睁地看着打开的手电，下坠持续数分钟，以此判断，降落需要三分钟。伞带纠缠在一起，伞盖看上去太小，他不能确定降落伞已完全打开，竭力舒展伞带，引起晃动打圈，他感到肚里恶心，以为生命就要了结。实际上运气不错，降落伞碰在松树梢头，树枝软绵绵地、轻和地一弹，落地没有什么震荡。

“格里宁想到夜间在中国跳伞，将会在乡下徘徊，必须备足食物。当汽油就要耗尽时，他回到领航员的位置，抓起两包罐装食品和不足

[1] 加德纳死于 6 月 3 日，他在轰炸缅甸敌区后返回昆明时，飞机坠毁于山中。

量的配给，还要伙伴赶在他跳伞前，在他的包裹上加些东西，他们答应照办。”[1]

抱着一大包东西，格里宁跳出飞机，不知哪里出了差错，他没有抓住绳索，食物就要脱落了。他想，包裹下降的速度跟身体一致，抓住绳索就能揽到包裹。风在作怪，攫走包裹，东西撒落一地，他后来对人说当时的情景就和一个杂货架倒下一样。

12号机两度寻找目标

各就各位的命令下达时，领航员庞德还在大睡，以前训练的笛声不断，他很自然地把它当成演习信号，不会特别地激动。他没有带上文件包就来到甲板上，一看情形不对，意识到真的要进入实战了，不得不返回住处打包。同室的海军军官倒是非常羡慕这次袭击行动。那时他简直想把公文包交给他们。他还没吃过早饭，计划中的起飞并不在此时。

打进包的特殊物品与其他人没有两样。香烟和柄糖绝不能少，大家都认为在中国不可能获得，特别是按军舰上的价格更难买到。事实证明，除了放进口袋里，没有一人带着它们。

庞德重新踏上甲板时，驾驶员鲍尔已在飞机上[2]。鲍尔这个人没有丝毫的傲气，不慌不忙，好像对这次袭击无忧无虑，认为最多不过是又一次横跨国度的航行，所不同的只是起飞场地比平时小而已。与这样的人同行，对一个神经紧张的领航员来说不能不算是福气，当飞机滑向起飞线时，就没有一点恐惧。

[1] [美] 泰德·W.罗森：《东京上空三十秒》，第166页。

[2] 飞机编号为40-2278。

起飞显得很平常，鲍尔没有立即收起机轮，他让飞机保持在150米的高度。油罐就在机尾，可折叠的油箱位于爬行道上，大家不能抽烟。庞德仔细地计算风速，预计何时何地首次见到陆地，发现有点偏航。看到海岸边有些渔船，表明飞机已进入敌国的上空，这时可以肯定航向过于偏北，就拨向西南，朝着横滨的目标前进。庞德检视整张地图，找不到标志物。他承认迷失方向了，建议鲍尔转回到海岸，沿岸飞行，等发现原拟首先见到的地点后，再从那里飞向目标。

地面上的实物与地图对照吻合后，飞机第二次闯进横滨，地上和空中的炮火一起射来。在做出反击前，他们穿过了一个空军基地，这里四周布满敌机，似乎没有一架认出美国飞机，当然没有追击。越过海湾，前面出现阻塞气球，就在目标正上方的300米处。飞机上升到360米高度，舱门打开，四枚炸弹一起落在横滨船坞上。庞德通过测速器观察，炸弹正好击中目标。

敌人的高射炮开始轰鸣，准确度太差。鲍尔压低高度，擦过屋顶，迅速开溜。在转向海湾时，投弹手比瑟扫射电力厂和持枪的士兵。

那时，庞德感到很紧张。抽抽烟可以缓缓，但不允许，他就以咀嚼橡皮糖充数，嘴越来越干燥，糖粘满口腔，好像塞进棉花似的。

脱离目标区后，看见许多敌机，但没有一架追击。鲍尔继续南飞，然后像其他友机一样向西航行。日本本土渐渐远去，一些军舰的舷炮向他开火，鲍尔用鄙夷的目光看一眼，平静地转向，离开火力网。

鲍尔采用飘浮航行的方法，让庞德测试风力对飞机的影响。有尾风助航，大家欢欣鼓舞。尾风不停，就能够顺利地到达中国海岸，剩下的忧患在于如何从海岸抵达目的地。离中国海岸还有三小时，天穹低沉，能见度很差，飞机保持离海面150米的高度，一直到距中国海岸还有一小时为止。天太黑，他们对于保持准确的航向心里很没底。

为防止落入敌区，即使偏向目的地南面也可以。按时间估计，已到达目的地上空，飞机在270米的高空巡航，剩下的汽油只能飞行20分钟，鲍尔把全体人员召集到领航员的舱位。

位于机头的比瑟，在黑暗中抓起降落伞，向后爬去。急中生乱，他提起了开伞带，而不是捆扎绳，结果伞包打开，变成一抱丝绸。飞机上没有多余的伞包，不得不在数分钟内重新捆好。他在领航员的桌子上，用五分钟时间扎成了一个像样的伞包。鲍尔转过头，问他有没有问题，他回答不会有事，把伞包紧紧抱在胸前，从舱门跳下去。

射击手杜奎特接着跳[1]。庞德排在第三，他的手臂在什么东西上刮了一下，开伞产生的冲击力让他简直透不过气来。不久呼吸恢复正常，听到奔腾的水声，他想一定是大海，比瑟和杜奎特一定落入海里了。他取出手电筒，想看个究竟，就在这时，身体重重地摔在地面上，再次感到呼吸困难，却没有葬身海底的恐惧了。

13号机稍遇阻击

驾驶员麦克尔罗伊30来岁，胖乎乎的，笑容可掬。副驾驶员诺布洛克从飞行学校毕业仅九个月。领航员莱顿·J. 坎贝尔大约28岁，性格平静。投弹手布儒瓦正好相反，他是乐天派。机械师兼射击手威廉姆斯，被戏称为“乡巴佬”。[2]

起飞前，诺布洛克给每架飞机运送午饭，近水楼台先得月，他要

---

[1] 杜奎特后来继续抗日，在轰炸缅甸敌区返回昆明途中坠机身亡，时间为1942年的6月3日。

[2] 飞机编号为40-2247。

轰炸横须贺海军基地

为自己的机组准备两份饭。12 号机飞离后，13 号机进入起飞位置，麦克尔罗伊拉足油门，见到升空旗号，立即呼啸腾空，加入格里宁和鲍尔的行列。三架飞机成一组，在离海面 7 米的上方飞行整整一个上午。诺布洛克早饭没吃饱，开始食用三明治和橘子汁。

中午时分，看到日本海岸，大家忙于在地图上找出相应的位置，但总是驴唇不对马嘴。坎贝尔经过研究后，肯定自己已经偏北 160 公里，立即向左转。其他两架飞机还没有察觉，格里宁往右转，鲍尔仍在直飞。到底谁对，无线电必须保持默音，不能进行联系，13 号机决定继续沿海岸飞行一段时间。

海面上有数百只渔船，飞机就从桅杆上擦过，一些渔民招招手，诺布洛克用袖珍照相机拍下这一镜头。12 点 45 分，看见一座灯塔，从地图上判断位于东京湾的东面。飞机右转，立即看到前方的东京湾。飞过一个机场，高射炮立刻喷出火舌，麦克尔罗伊驾机躲到一座小山后，坎贝尔查看地图，兴奋地告诉大家，这是天赐良机，炮火正好指出飞机要去的目标。

布儒瓦呼叫打开炸弹门，投下一枚453公斤的炸弹，将悬在起重机上的一艘大船炸得飞向空中，迸出无数碎片。又扔下两枚453公斤的炸弹，一个船坞像浴缸里的玩具船一样突然向一边倾翻，船坞里有一艘商船正改制为航空母舰。第四枚落在旁边的车间里，那里有很多机器正在打包。诺布洛克抓住稍纵即逝的机会，把三明治推在一边，快速取出照相机，对准轰炸目标拍起照来。这些照片成为轰炸东京的唯一图像资料，其他人不是忘记拍照，就是照片在跳伞时遗失了。

布儒瓦关上炸弹门，麦克尔罗伊向左急转，朝东南方向回到海上，离开日本的防守区。飞过数公里，他又转向西南，沿着日本海岸，绕过日本群岛的尽头，向正南的中国前进。飞机顶风航行，燃油随时可能耗尽，将要落入中国海域中。

16时，暴风雨把天空早早地卷进夜幕，飞机在里面失去方向，一味地向前，冲出云层。诺布洛克嘴里不断咀嚼食物，心想迎接快乐的死。麦克尔罗伊没有这样想，一心考虑油耗和坠海的可能性。

大约在22点，所有的油箱都几乎用空，飞机继续航行10分钟，麦克尔罗伊进入自动驾驶状态，要大家走到机腹跳伞门的上方。他说："我们现在离地6300英尺，如果立即跳伞，可能会落在一起。"[1]"或者淹死在一起。"诺布洛克却有另一种想法，总以为下面是大海汪洋。

大家互相说着"再见"，准备告别。威廉姆斯排在第一，他顺利通过跳伞门，头消失后再次伸出来："嗨，再见！"他的头不见后又冒出来："嗨，再见！"话音里饱含笑声。

"最后的再见！"诺布洛克向他回话，装出要踩他的头的样子，他只好真的走了。布儒瓦第二跳，坎贝尔第三跳，诺布洛克要跳时还看到麦克尔罗伊的脚。麦克尔罗伊还有时间走到尾部，快速打开B-4

[1]［美］卡洛尔·V. 格林：《杜立特东京袭击者》，第251页。

包，放入军用食品、特制衬衣、短裤和刮胡子的用具，把包系在身上，最后一个跳出。

他们来到空中，一个充满雾气和雨水的世界。

诺布洛克拉拉降落伞上的“D”形钩，没有发生什么情况，不久出现激烈震荡，他想一定碰到了飞机的尾部，心里不免有几分恐惧。数秒钟后，一切正常，身体在雨中前后摆动，他的恐惧感完全消失。降落伞和身子慢慢地穿过云层，他向四周张望，一片昏黑，其他人的降落伞怎么也看不到。他大声呼喊，只有丝质伞带的飕飗声作响。云层断裂，下方出现两条银带，一定是陆地，13号机已到达中国！银带是河，或者是宽阔的公路，他不能肯定，身子已向那里靠近，“嘭”的一声，他落在地面上。

轰炸名古屋等地

14 号机打击三菱飞机厂

14 号机由希尔格驾驶[1]，他军衔少校，仅次于杜立特。他率领最后一支编队轰炸名古屋、神户和大阪，他的飞机负责轰炸名古屋。在他的眼前，可利用的甲板长 150 米，风力时速 80 公里。阻力板完全打开，9 点 10 分起飞。

到达日本海岸时，发现一架日本远程巡逻机，对方却没有看见美机。希尔格继续向西飞行，到达名古屋的南端。经过许多渔船，船民总是站着招手。史密斯驾驶的 15 号机位于一旁，另一边却不见法罗的 16 号机，到达名古屋正南 110 公里时，两架飞机散开，希尔格转向名古屋。飞机保持 30 多米的高度，直至名古屋的东边。在城郊，飞过一个球场，一大群人在进行篮球赛。

天空中一丝云也没有，飞机升到 460 米的投弹高度，地面上的高射炮喷出火舌。射击手贝恩在电话里用愤怒的声音呼叫："少校，鬼东西正在向我们射击！"[2]高射炮火力中等，但偏差太大，只有二三发靠近美

[1] 飞机编号为 40-2297。

[2] 贝恩后来转到北非，1943 年 7 月 19 日轰炸意大利，在返航时坠海身亡。

机，最远的一发相距近百米。从迸发的程度看，炮口中等，约40毫米。

飞机左转进入南向的航程，瞄准第一个目标：围绕名古屋城堡的军营，是这个地区的司令部。第一枚炸弹正好落在建筑物上，引起大火。希尔格立即冲向第二个目标：一个油库。建筑物很大，上面盖有高棚，炸弹穿过，没有立刻起火。第三个目标是个军火库，建筑庞大，上面的穹隆顶又高又大，击中不需费多大劲。高射炮十分猛烈，飞机四周浓烟滚滚，地面上大火熊熊。第四个目标是三菱飞机制造厂，主体建筑约230平方米，生产双引擎中型轰炸机，机型类似B-25。希尔格从开战以来就渴望打击它，炸弹就落在房子的正中。

飞机贴着水面向正南航行，离开名古屋50公里，回头看见巨大的烟柱竖立在上空。飞往中国的途中，四艘巡洋舰出现在视野里。左引擎开始捣蛋，降低转速会冷却引擎，不偶尔加快一下速度，会导致回火，叫人担惊受怕。

离中国海岸还有一小时，天暗下来，咫尺难辨，不得不靠仪器飞行。飞行员预感到什么在等待着他们。越过中国海岸，大雨如注，可视度更差了。希尔格传令准备跳伞。重庆时间19点20分，领航员估计位于非敌占区的衢州，希尔格下达跳伞的命令。一个个跳出后，希尔格单独一人留在飞机上，从来没有过的孤寂感袭上心头。他让飞机平飞，“试着从座位上站起来，走向舱门，但伞包无法从他的座位与副驾驶员的座位间挤出，他解开伞包的一边，总算勉强通过”[1]。他提起同伴准备好的野战包，在出口边坐下，斜着出去，却忘记降落伞的一边已经解开了。

他离机时，共飞行13小时又5分钟，航程3700公里，1150加仑的汽油还剩下40加仑。他扯开伞带，产生强烈的震荡，背部和股沟都受伤了，胸前的吊绳猛击脖子，又击中鼻子，鼻血淋漓，感到像是

[1]［美］泰德·W.罗森：《东京上空三十秒》，第163页。

有人把天幕压在头上，透不过气来，他挣扎着恢复理智，却不见野战包、食物、火柴和威士忌，只见枪和灌满水的壶。

希尔格跳出的高度在2590米，一分半钟后，在阴云中看到一个洞体。他驾过去，往下坠，却发现是个山峰。落地时冲击很大，震得他像只冷龟。

15号机有炮火送行

14号机一离舰,15号机得到向前移动的信号[1]，但飞机一动也不动，驾驶员史密斯[2]看看刹车已打开，那问题在哪儿？他向外张望，原来垫木没有从机轮下取出，水手马上将它移开。从停机处滑向起飞的地方，花去三分钟。航空母舰前后激烈颠簸，可利用船头向下时起飞。

进入起飞点，锁住刹车，检查阻力板，它完全打开。舰上时间9点15分，指挥员下达加足油门的信号，飞机在离甲板尽头15米处，腾空而起。机轮收上，副驾驶员调整油门和螺旋桨，时速控制在240公里，略快于巡逻状态，要赶上消失在左前方的领头机。16号机法罗应该在左侧，但一直没有看见。

离开舰队一小时后，云层相当高，可视度极佳。当汽油溢出造成一点损失时，领航员兼投弹手泽斯勒把弹舱的15加仑油倒入左翼箱里，过道上15加仑注入右翼箱里，直到倒完为止。用完弹舱的油后，检查油耗，对照地图，使用量正常。他倒空位于旋转枪架的油箱，把7.5加仑的罐装油加到前面的油箱。12点25分，空罐放在舱底。

距日本海岸500公里时，收到日本的广播，监听一个小时。接近

[1] 飞机编号为40-2267。

[2] 史密斯于1942年11月12日，在抗击德国法西斯时牺牲，地点在西欧。

日本海岸时，使用罗盘定位，指针稍微摆向右侧，表示可能是东京电台。大约13点25分，在普通的节目中窜入警报声，45秒钟后，一个声音喊叫三次。警报又响起，呼叫10次，电台默不作声，要么电源切断，要么在惊慌中关闭。以后继续搜索，再也没有收到。

13点50分看到陆地，向南转去，飞往东京湾。一架敌机从海湾里窜出，转到西南方向，继续保持位于美机的前方。海上有些渔船，四五个人在船上。美机与南海岸平行飞去，转向名古屋海湾，等待希尔格向北直取名古屋。15号机继续南飞，紧贴海面。越过一个岛屿，没有发现高射炮火力，也没有看见海军开火。经过一个机场，却没有看见飞机，只见一架小小的飞机出现在1500米的高度，它没有发现美机。名古屋海湾里布满小小的渔船。

一到海岸，螺旋桨每分钟转速从1400米增加到1800米，慢慢爬升，避开前方24公里处的群山。飞机以910米的高度越过群山，经过大阪的北部。大阪和神户西北部上空出现浓雾，飞机降到610米，便于投弹。飞行员注意到，海湾的北端，两个城市连在一起。飞机在一个很大的轰炸机制造厂以北一公里的地方擦过。制造厂长270米，宽210米，看上去很旧，或者用深颜色伪装过，顶棚呈锯齿状，外面没有看到装配好的飞机。史密斯真想把它轰炸一番，但仍向着既定目标前进，在一个铁路和公路密集区上空飞过。

转动230°，瞄准神户东北部的钢铁厂，以370公里的时速前进，保持610米高度，没费多大劲就找到了目标。投弹灯出故障没有闪光，直到第四枚炸弹落下都是这样，驾驶员史密斯不知投弹数。泽斯勒叫喊关闭炸弹舱门时，敌人的炮火从城市南面攻来，但为时已晚，等于为美机鸣炮送行。史密斯驱机飞向海面，时速达到520公里。

机械师塞勒极其兴奋，以十分自信的口气向新闻界描述："裕仁天皇，我们来了！"轰炸结束，顺利撤出。"日本人无法预测我们的速度，始终追不上，我们也不会给他们机会。飞机低得简直要接近水面，又急匆匆拉起，带盐的浪花溅到飞机上，几乎要飞进嘴里。我多想贴近地面，去看看那天晚上他们把消息送给他时，裕仁天皇的脸色。”[1]

到达水域后，向南直飞，经过最后一块陆地，转向西南，与海岸平行飞翔。一个小时后，一艘航空母舰出现在左侧的一公里处，两架 97 式战斗机正在甲板上降落。美机降到水面高度，尽力想趁它们不注意时经过，却被对方发现，被他们拼命追赶。美机提升到每分钟 2100 圈的转速，在五分钟内达到 390 公里的时速，敌机放弃追赶，消失在右侧。几分钟后，发现三艘巡洋舰，美机在军舰的北面飞行，最靠近的一艘想转过来追赶，美机已经越过。

穿过屋久岛以北的海峡，转变方向，直飞中国，想从浙江省的三门湾进入内地。天气时时变坏，天幕向下压来，可视度降低，雨点飘零。飞机贴着海面向前，泽斯勒发现偏向右方，史密斯及时加以纠正。

飞机提前 25 分钟到达海岸，比原定航向只偏北 16 公里。可视度几乎降为零，天幕沉到离海面 90 米的地方。20 点 55 分，接近从海面升出的一座山，史密斯加足油门，急速拉升，向东转弯，重新回到海上。事出意外，右引擎只发出微小的力量，左引擎回火。突然出现的情况显示，飞机已无法继续飞在空中，不得不准备在水面降落。这时的方位是北纬 29° 10′，东经 122° 02′，位于浙江省三门县檀头山岛的南面[2]，距海岸 400 ～ 500 米。

16 号机头部一洞

17 日，驾驶员法罗更换副手，让海特担当他的副驾驶员。

[1] [美] 斯坦・科亨:《目标东京》，第 91 页。

[2] 檀头山岛后划归象山县。

16 号机组成员（左起：巴尔、法罗、斯帕兹、海特、德谢泽）

18 日上午，准备起飞的命令下达，领航员巴尔正在餐厅吃早饭，他还不相信真的要走。大家忙于打包裹，冲向甲板。

16 号机位于航空母舰的最后[1]，机身伸出甲板外，机械师兼射击手斯帕兹无法从后舱门装东西。大概风力过猛，突然机头上翘，离开甲板，机尾向下垂落，势将滑向海中。水手们立即用绳子系住机头，绳子断开，大事不妙。最终大家凭着勇气、耐心和人力，终于稳住飞机。

驾驶员法罗驾机滑向起飞点，六位水手仍在机头下处于一级战备，防止大风作祟。正当前面一架由史密斯驾驶的飞机转动引擎，水手们“开始从法罗飞机的鼻轮下撤离，六人中的一员，名叫西曼·罗伯特·W. 沃尔，在很滑的甲板上失足，史密斯飞机螺旋桨产生的劲风，把他刮到法罗左侧在转的螺旋桨上。人力无法抵挡，螺旋桨切入

[1] 飞机编号为 40-2268。

沃尔的左臂，把他扔在一边，他倒在血泊里。他的同事冲进来，拉他到急救室，不久他的手臂被截除”[1]。

装好行李，投弹手德谢泽走到飞机的鼻部，发现枪架右侧的挡风玻璃被打破，洞口直径达30厘米。此时此刻，引擎正在加速，飞机强烈震动，旗手准备发出起飞的信号。哈尔西上将仍在指挥“大黄蜂”号全力向前，任何拖延都不可能。大家扣上保险带，在飞机助跑时坐稳。9点20分，迟于杜立特一小时，法罗驾机冲上天空。

德谢泽打电话给法罗，告诉他飞机上有破洞，法罗要副驾驶员海特去查看。他们用大衣堵塞，但大衣被劲风一下子就刮走，只好放弃这一做法。燃油本来就成问题，加上洞口，影响更大。16号机编入前两架的队组，15号机在右，16号机在左，由居中的14号机希尔格指挥。原定排成队形飞到日本，起飞后穿过雷雨层，希尔格没有看到16号机，显然是因破洞造成16号机减速，跟不上队列。

飞机在离海面30米的高度飞行，20分钟后发现一艘日本航空母舰，真想投下炸弹，但想到机上的四枚燃烧弹必须用于更重要的目标，就不能意气用事了。

13时到达日本，前面出现一座山，飞机拉升到210米，穿过云层。随后机身擦过树梢，在山中生活的人大吃一惊，他们想不到是美国飞机，有些人招手致意。有个白胡子老人在拄杖行走，回头见飞机离他似只有一米光景，立即卧倒在地。

原目标大阪，临时改为第二目标名古屋，在东京西南500公里，全用燃烧弹。接近名古屋时，日机三架飞临美机的上方，法罗加足马力，迅速升到云层里。不久飞机下降，掠地插入名古屋。前面有高射炮的火舌，大家心里清楚，日军正在搜索目标，准备以一切火力对付最后的美机。

---

[1] [美] 卡洛尔 · V. 格林：《四人归国》，第23页。

找到第一个目标，是一排油库。法罗下令准备在150米高度投弹，“德谢泽负责实际投弹，向前观望，看到一些油库。飞机正好到达最高一座油库的上方，高度恰好150米。德谢泽对准‘角度线’，为慎重起见，它代替投弹瞄准仪，他让燃烧弹卸下。他想对另一个油库再投一弹，突然注意到三枚炸弹已溜下，而不是想投的两弹”[1]。整个油库都已起火，但还没有爆炸。

在北面，有两处腾起黑烟，看来14号机和15号机已经对他们的目标实施了打击。高射炮的炮火也出现在那里，希尔格向南转，高度低于16号机。16号机也迎来高射炮，飞机急转弯，高射炮的浓烟在前面滚动，烟味从机鼻的破洞钻入。一长溜大型飞机制造厂出现在左侧，法罗改变航向，与厂房排成一线，俯冲下去，投下最后一枚燃烧弹。

越过海湾，进入低地，向着大阪飞行。高度仅30米，男人、妇女、儿童向飞机招手。到达大阪，转向南面，对准九州，德谢泽看见一个人在渔船上招手，就想告诉他这不是日本飞机，向他旁边开几枪，他停止了招手。穿过一道海峡，看见两架飞机，猜想是14、15号机，一架偏南，另一架偏北，16号机决定继续保持原航向。

在飞向中国海域半途时，天气变坏，海水喷涌，卷云积聚，大家感到将有意外发生。法罗限制时速，海上一般时速200公里。16号机远远地落在前两架飞机的后面，在速度不变的情况下，天黑时能够到达中国海岸。越过中国海岸时，是加速耗油，争取可视度，还是保持原速适当耗油，在黑暗中摸索衢州机场呢？最后决定速度不变，节约用油。

天黑时分到达海岸，驾驶员、副驾驶员和领航员在一起磋商，认

[1] ［美］查尔斯·霍伊特·沃特森：《德谢泽：一位转为传教士的杜立特袭击者》，第65页。

为应升到云层，避免碰撞海岸上的山头。飞机爬升到330米的高度，向着衢州前进。海特用无线电与地面站联系，但没人对接，启用无线电测向设施，搜索广播电台，也一无所获。他们飞在云层上面，计算时间已位于衢州的上空，飞机盘旋着，希望地面上有人发出无线电，但什么也没有。

法罗宣布："我们面临严峻的形势，在这种条件下，显然不能找到衢州机场，也不可降到云层下，因为我肯定这些云雾中布满岩山。我们知道自由中国[1]位于南面，重庆在西面，但就我们所带的汽油来说路程太远。我将一直向西南飞行，看看是否能冲出这种云雾，实行迫降。"巴尔立即表示反对，坚持在航空母舰上形成的一致意见，万一情况发生变化，朝西飞行一段时间[2]后折向南面，可以确保落在非敌占区内。正副驾驶员都不同意，法罗想尽可能保持飞机的完整，继续西行。

23点40分，油耗的警示灯亮起来，飞机右侧的云层里出现一个缺口，下面一片灯火，根据判断，当是南昌。他们在舰上就明确，南昌四周被敌人占领，事至如此已别无选择，法罗将飞机定在900米高度，下令跳伞。斯帕兹从后门出去，德谢泽通过前门，巴尔、海特、法罗在德谢泽后面依次跳出。[3]

德谢泽一出去，帽子被风刮走，他看见飞机从头顶掠过，留恋它的远去，一直看着灯光在视野中消失，引擎的声音也不再听到。四周黑乎乎的，浓雾密布，一种孤独感爬上心头。他左思右想，担心晚上会坐着度过，突然身子一震，双脚已撞击地面了。

其他人也平安着地，散布在数公里的地方。

---

[1] 自由中国，指中国大陆的非敌占区。

[2] "一段时间"，《杜立特东京袭击者》第309页作15分钟，《四人归国》第47页作50分钟。

[3] 其他飞机都按从低到高的阶级跳伞，《德谢泽》一书的顺序是先巴尔后德谢泽，《杜立特东京袭击者》则相反，当从后者。

第三章　迫降以后

在苏联和浙江沿海

8号机软禁一年

美机滑行到那架伪装过的飞机旁，想探视一下苏联人的眼神，如果带有敌意就马上起飞。穿黑制服的主人带着好奇、吃惊的神情，满脸洋溢着笑容。大家感到安慰，将飞机转动一周，朝向机场正面，关闭风门，锁定刹车。大约12个苏联人聚集到美机的右翼，观察飞机，眼神里充满好奇，含有笑意。

平安降落在苏联境内，飞行员喜出望外。回顾历程，从8点35分离舰，到差一刻18点落地，在海域飞越2250公里，跨过一个敌国，大家的感觉好极了。

美国飞行员走出飞机，一位苏军上尉带他们到一个办公室，在那里待了两个半小时。一位翻译进来，说他们正在准备东西让美国飞行员吃。苏联飞行员不时进进出出，流露出好奇的神情，在地图上指指点点，并没有问美国飞机来自何方。美国飞行员指指阿拉斯加的方向，不想道出实情。晚上，一位海军校官进来，告诉美国人他们是袭击日本的一部分人员。约克承认了这一点，问他是否愿意提供油料，如果可以，将在下一天早晨离开这里，前往中国。他表示同意。

大家睡在床上，满以为第二天可以启程。不料，19日早晨，进来一位将军，还有一位地方负责人，他们让美国飞行员登上苏联 DC-3 型飞机，飞往位于符拉迪沃斯托克以北 640 公里的哈巴罗夫斯克。一到那里，远东红军司令官短暂接见了美国飞行员，并决定拘禁他们。

大约五天后，留在符拉迪沃斯托克的个人物品送归原主，有关飞机的器材被移走，包括手枪在内。他们被安置在离城八公里的地方，警卫十分严密。又过了 10 天，他们被送上火车，运往属于欧洲的奔萨，行程耗时 21 天。他们的住房四周有篱笆环绕，不准越出。三位苏联上尉陪伴他们，安排他们的日常生活。

他们的这种状况很大程度上是由一位美国新闻记者引起的。他们降落后五六天，莫斯科举行新闻会议，美机轰炸日本成为主要话题。这位记者提问，如果有一架美机降落在苏联，苏联将怎么办？他坚持要对方有个说法。苏联以为约克飞机事已泄露到外界，担忧日本的报复，所以被迫拘禁美国飞行员。

4 月 22 日，威廉姆·H. 斯丹德雷大使电告华盛顿，一架双引擎的北美轰炸机迫降苏联。苏联当局力图保密，尤其不想让新闻界探悉。24 日，斯大林“接见美大使斯丹德雷，数小时后，苏方通讯社即宣布美方飞行员被俘之消息”，美国驻符拉迪沃斯托克领事抓紧处理有关事宜。这天，美国空军也首次发布“美轰炸机一架，在西伯利亚被扣之消息”[1]。

一个月后，苏联才允许美国代表看望他们。5 月 24 日，驻苏武官米切拉访问他们，第二天向大使反映情况，说他们住在奔萨郊外 10 公里的地方，房子宽敞、清洁，四周铺满绿草，形成花园。附房设有餐厅、活动室，提供书籍、台球等体育设施，以及其他消遣品。饭菜不错，飞行员的体质和精神状态挺好，只希望有更多的东西吃喝。他们有三位苏联人陪伴，其中一人担任翻译。

[1]《民国日报》(江西版)，1942 年 4 月 26 日第 2 版。

9月13日，斯丹德雷大使向美国国务院报告，他和另外三人探访飞行员，他们的住所舒适，食物充足，身体健康，但他们抱怨没有自由，没有身份保障，强烈要求做些有益的工作。

11月6日，一份正式的请求书由布拉德利少将送给美国“五角大楼”，建议国防部长通知驻莫斯科大使，要他与苏联当局商量，允许美国飞行员参加技术性的工作。他们没有被给以释放，如果允许飞行，释放是必要的。在等待华盛顿的回音时，飞行员可以在村里自由活动。村民贫困，食物短缺，奢侈品根本不存在。他们没有肥皂、香烟、手表，简直是一穷二白。学校关闭，只有一份报纸从城里寄来，一台收音机听听莫斯科消息。唯一的享受可算电影院，那座老谷仓里，偶尔上映几部宣传片。

时间像死去一样，华盛顿没有反响。他们走走，睡睡，反复阅读来自美国的信函，有时学点俄语。长期不与外界接触，人变得麻木起来。跨入新年，严寒渐渐逝去，他们开始讨论逃跑的事。试探性地写信给斯大林，要求离开苏联，安排时设法让这一行动保密。如果没有可能，请转到一个更暖和的地方，允许他们工作。信交给翻译，实际上他们并不奢望得到什么，只不过尝试一下。

1943年3月25日，不敢期望的东西反而变成现实。两位苏联军官来告诉他们，信已寄到莫斯科的红军司令部，要求中的第二、三两项获得批准。一小时后他们就起身，乘汽车到莫洛托夫[1]，改乘飞机和火车前往阿什哈巴德，一个离伊朗边界不远的地方。

在新的环境里，他们得到工作证，穿上工作服，分配到双翼训练机的大修车间。驾驶员约克和副驾驶员埃门拆卸外壳，去除骨架上的纤维；领航员赫恩登和射击手波尔清洗仪器；机械师拉本修理小引擎。工作几周后，逃跑的念头重新泛起，苏联朋友考尔亚暗中协助，

[1] 俄罗斯城市彼尔姆，1940～1957年改名为莫洛托夫。——编注

付给波斯边境的偷渡人300美金，带他们到伊朗。五人跑到英国领事馆，得到帮助，返回美国。

1943年5月29日踏上国土，约克和埃门在家庭成员中“晋升”一级，饱尝初为人父的喜悦。

2号机平静如港湾

大家从飞机里爬出来，坐在地上，检查身体，庆幸没有一人受伤。时间为20点45分，算算共飞行10多个小时。领航员测定他们位于东经120° 15′，北纬29° 40′。

飞行员卸下机枪，搬出枪、刀、手电筒、袖珍罗盘、罐装食品、急救包和各种衣服。机械师兼射击手雷德尼取出位于旋转枪架的燃烧罐，“放在油箱上点燃，却发生问题，火光自动熄灭。他们取出斧子想劈开机翼上的油箱，也无法实现。胡服打开靠近一个引擎的油管，100升油流到地面，他把火柴扔进地面上的油池，自己尽可能快速离开飞机。飞机大火熊熊，猛烈爆炸”[1]。当时天色漆黑，云层低垂，火光反射回来，燃烧的情况更加分明。他们不知道是否处于敌占区，不得不尽快离开现场。

雨越下越大，飞行员爬上小山顶，准备在壕沟里度过后半夜，大家打着寒战，还想睡去。第二天隐藏在一个老的机枪掩体内，晚上开始向西行动。4月20日，睡四个小时后继续西行，躲入小山中，想要搞清周围是否有日军。晚上，他们搭成一个简陋的小屋过夜。

21日天刚放亮他们就上路了，却没有走多远。中午，遇到一座相当整洁的房子，看见两个妇女和一个十来岁的小孩，她们很有礼貌，

[1] [美]泰德·W.罗森：《东京上空三十秒》，第159页。

没有一点惊慌的神色，端出饭食和茶水招待。靠手势语和地图，飞行员知道自己身在国统区，周围没有日军。他们觉出两位妇女已知道飞机的降落地，就在浙江省鄞县东钱区海南乡蛟龙港畔。

附近芦浦村的乡民和樵夫到咸祥镇赶集，发现高鼻子外国人，报告镇长朱绣芳。朱绣芳联系飞机爆炸的传闻，料想他们"很可能是弃那架飞机而走的飞行员。朱绣芳是一个正直的爱国知识分子，又有多年主持地方事务的社会经验，顿时感到此事非同寻常。但鉴于当时咸祥一带敌我斗争复杂，犬牙交错，汪伪汉奸、密探又时常出没，所以，他觉得此事不便于张扬。于是他秘密只身前往黄牛岭，途遇一牧童指引，迅速找到了两个飞行员。凭借手势比画和简单的汉语，双方得以沟通。朱绣芳向空中来客道明自家身份，并介绍了咸祥周围的敌我情势"[1]。朱绣芳凭借美国人随身所带的地图，指点了一条安全的道路。飞行员十分感激，执意向朱绣芳赠送哔叽呢短大衣一件、派克钢笔一支。这支橙红色笔管带有黑色笔套的钢笔，朱绣芳一直携带在身，去世后又由妻子金翊群和儿子朱武英保管。

"东钱区区长俞志清督同当地人民"，也给予美国飞行员一定的帮助。[2]

飞行员心里踏实，充满信心地沿着与象山港平行的道路走。他们翻过黄牛岭，经过乐家村、竹头村，步行约五公里，到达芦浦村。日落时分，突然被 30 个左右的游击队员包围，他们不知从哪儿冒出来，拿下飞行员的大多数随带物品。飞行员无能为力，肯定会被扭送到正

---

[1] 王重光：《不应忘却的一幕》，《宁波文史资料》第 16 辑，第 245 页。本文及《宁波文史资料》第 3 辑都记载两名飞行员跳伞，得到当地人士的救护；《第二次国共合作在浙江》也提到两位飞行员得到救护一事。跳伞事与机上领航员魏尔德纳回忆相违，他说全部飞行员随机降落，当以他的为准。但各文与宁波档案馆资料有相符之处，仍有很大的参考价值。

[2] 鄞县县政府呈浙江省主席电文，宁波市档案资料，档号（旧 8）1-1-22。

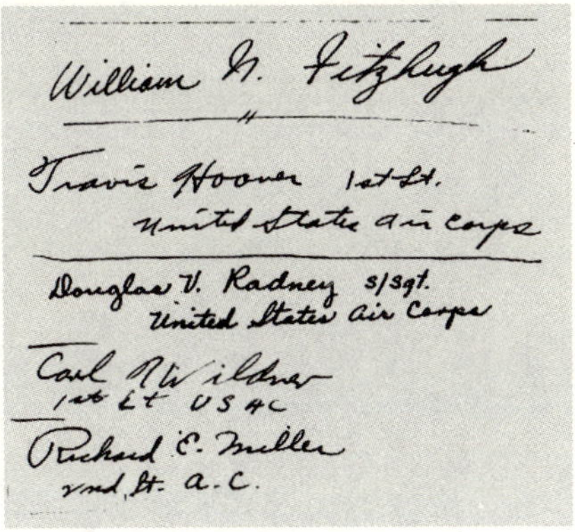

2 号机组成员在鄞县签名留念（从上至下：菲茨休、胡服、雷德尼、魏尔德纳、米勒）

在搜寻他们的日军手中。游击队属鄞县第一自卫大队严纪明部，他们带领美国飞行员行走 16 公里，来到奉化县的松岙镇，去见队长。队长性情刚毅，不修边幅，身边站着一位略懂英语的士兵，通过翻译他知道眼前的外国人是美国飞行员，他告诉飞行员自己是抗日军队，并让人端来饭菜，安排住宿，归还一些被缴的物品。

22 日，他们走过一段偏僻的地方，来到象山港畔，乘坐一只小小的内河船。飞行员要求取回手枪，游击队员坚持要到宁海县以后再说。下午，在象山港南端的宁海县境上岸，吃过饭，八个游击队员将他们护送到一个兵营，晚上在那里过夜。

23 日，改坐人力车。中午到达一个乡镇，遇见刘同声，他在西南联大毕业后担任助教。[1] 他的父母不甘做顺民，从江苏淮阴老家迁往上海租界定居，发电报要儿子赶去结婚。婚后刘同声要返回昆明，化装成商人，与其他人一起，由向导带领前往金华。他在回忆文章里说，在宁海住夜时，“镇公所派人到我们住的小旅馆找我，问我会不

[1] 此据刘同声的回忆文章，宁波市档案馆资料（旧 8）1-1-22 作“中央杭州飞机制造厂工程师”，通讯处为“云南垒允信箱第一号”。

宁海合影（左起：魏尔德纳、俞济民、菲茨休、胡服、刘同声、米勒、雷德尼）

会说英语。我中学六年都学英语，在清华两年科学教科书多半是原版英文书，又常听外国教授讲课，所以我回答说会说一点。他就叫我收拾行李，跟他到了镇公所。我们进到镇公所的一间大厅，只见厅内有许多军民，并备好三桌丰盛的饭菜。不大会儿，有人领进了五位衣衫不整的外国军人。我先同他们握手，说了几句欢迎的话。他们见我会说英语，都显得喜出望外。我们这边一个领导模样的人也很高兴，我按他的要求翻译，请他们入席用餐。他们个个都吃得很香”[1]。席间，有人提问他们是否从澳大利亚起飞，驾驶员胡服为难地点点头。

飞行员心里很急，希望尽快到达衢州，刘同声为他们做翻译。这一带中日双方的力量犬牙交错，他们以走山路为主，中午隐蔽休息，避开日军的巡逻队。

在刘同声的帮助下，飞行员得到很大的方便。当地官民供应米饭、青菜和干鱼，游击队员还送给他们除手枪和刀以外的其他物品，

[1] [美] 刘同声：《我与奇袭东京的美军飞行员的故事》，北美清华教育基金会主编《北美清华》2001 年 9 月号，第 19 页。

显得非常友好。晚上，他们睡在锯木架上，以木板为床。每床都有一个折叠的棉被，只是气味很浓，满是虱子和臭虫。

24日，抵达龙宫，见到鄞县县长俞济民[1]，他备好饭菜招待客人，请摄影师拍照留念，还将挂在身上的玉雕赠送给胡服。那是件传家之宝，足以表达中国人对美国朋友的盛情。他派出轿子，护送飞行员到新昌县的大市聚镇。所到之处，立即成为受人关注的中心，当地人好像都知道轰炸日本的事。美国人感到非常吃惊，在这样落后的通讯条件下，消息怎么会跑得这样快，他们百思不得其解。当地人欢迎飞行员的形式，简直都是庆典。美国人判断，绝大部分欢迎他们的人以前没有见过白种人，如果见过，也只是些传教士，不是身穿军装的官兵。

25日，前往嵊县，先乘轿子后坐人力车。车夫一般重50多公斤，看上去难以胜任推车的重活。领航员魏尔德纳体重最轻，成为抢手货，车夫最喜欢抓他；而投弹手米勒人高马大，重达100公斤，推起来最费力，令车夫望而生畏，一旦乘轿，不得不安排两批轿夫轮流抬。

车子在布满灰尘的砖铺路上颠簸，路的一半已挖去，阻碍日军顺利行进。破坏过的路面又窄又弯，不时有挑粪桶的农民上路，双方相互避让才能通过。

在嵊县，遇到当地的传教士冯济周，他带领飞行员游历城区，介绍一年前日机轰炸造成的损失。接下去的三天前往长乐、东阳和义乌。

这段时间由刘同声陪同，到处都得到优待。飞行员可以跟他自由交谈，能够得到想要的东西，再也不需借助于手势语。沿途都有美酒佳肴，不是地方官便是传教士招待。刘同声告诉飞行员，战时颁布特殊法令，禁止用谷物酿酒，长期禁止饮酒，除非招待外国客人。就此

[1] 刘同声记为“鄞县瞿专员”，抗战时鄞县属浙江省第六行政督察区，据1995年出版的《宁波市志》第1791页记载，专员为徐箴。《宁波文史资料》第13辑第224页称俞济民为宁海鄞奉游击区指挥官。鄞县沦陷，县政府迁鄞西，后迁宁海黄坛。

而言，外宾受到特别的欢迎，就有理由挖出窖藏的陈年老酒。在一次宴席上，飞行员尝到汤菜中煮熟的鸽蛋，大家举杯互相祝福。在另一站，得到特殊的招待，一个歌咏队为他们唱歌助兴。一位将军给飞行员哈瓦那香烟抽，没人知道这是从哪里得到的。还有一站有海龟和地里掘出的食物，魏尔德纳一一品尝，其他人缺乏这种好奇心，只动眼没动嘴。

起初飞行员存在戒心，他们的武器被缴，而荷枪实弹的游击队员走在旁边，他们担心是汪精卫的部队，会把他们送给日军邀赏。幸经刘同声再三说明，又领受途中一次次的真情实意，才庆幸有人救助。

28日，到达义乌县城，县长章松年出来迎接。在那里第一次感受到空袭警报的滋味，大家都躲到附近的田里，直到警报解除。20点登上火车，午夜过后到达金华，安排在旅馆过夜。

29日，一清早就挤上福特车，前往张开先将军的空军司令部，那儿离城约16公里。下午乘火车去衢州，傍晚到达。5号机的琼斯克和4号机的霍尔斯特伦已经先到，大家都担忧其他机组的情况，谈论中国人带给他们的每一则传闻。有消息说一些机组坠毁在海岸附近，有两组遇难，三组落入日寇的魔掌。大家庆贺自己吉星高照，降落在朋友控制的区域。到底哪些机组遭受不幸，让人焦虑不安。

5月3日9点钟，乘火车前往鹰潭。在这段路程里，两位白人传教士给飞行员罐装牛奶喝。在鹰潭改乘烧炭的客车，"叭叭"地驶向衡阳。6日到达，接往航空站，安置在他们的招待所，由一个会说些英语的杨先生负责，他的举止令人愉快。衡阳是湖南省的大城市，"每晚都有商家、银行等在隔江市区设宴招待。美国飞行员们确实体会到了中国军民的情谊。在衡阳的八天里也常躲警报，有时可以听到机场跑道被炸的声音，不过上午炸几个小洞，下午就被修好了"[1]。

---

[1] [美] 刘同声：《我与奇袭东京的美军飞行员的故事》。

14日，招待所主任通知一架DC-3飞机降落在肮脏的跑道上。胡服等都想让刘同声一起走，但军事条例不允许。大家与他握手道别，把他一人留在跑道上，喉头好像被什么东西哽住似的。他冒着生命危险帮助美国飞行员，设法令飞行员得到最好的照顾，飞行员发誓，只要有可能就会帮他一把，正式向美国飞虎队或在中国的美国空军推荐录用。他们想，这是最后一次见面。但出乎意料，1946年刘同声自费到美国留学，在明尼苏达州大学研究院攻读硕士学位，成为美国公民，实现为美国空军服务的梦想。

到达重庆的当晚，宋美龄举行第三次聚会，以盛大的宴会招待第三批美国飞行员，为每个人颁发中国陆军、海军和空军勋章，表彰他们的献身精神。

雷德尼详细记录每天发生的事，日记的封底列出老百姓提供帮助的清单，罗列每件东西与食物，合计1000美元。他的夫人阅后感叹，换成中国货币是相当大的一笔数字。[1]

美国飞行员的使命结束，而他们降落地的事情却远没有了结。当地人忙于拆卸飞机残骸，清理现场。一个叫“阿三铜匠”的，拆去一担零件；朱执信拆得最多，共500多公斤；渔民阿贵，“撑船出身，略懂机械，拆去了飞机尾部的方向舵和升降舵，从棉花田沟里舀去好几桶流失的机油。机尾装置的二门机关炮，是被瞻岐来的游击队拆去的。球山乡南头村的一个农民，在现场捡到一个拉链包，内有一只美军飞行员专用的铜质指南针，小心珍藏起来，以迄至今”[2]。

“飞行员走后没几天，驻宁波日寇得悉，派兵来咸祥镇海南乡追查坠落的飞机，想把飞机残骸运走，并抓了咸祥镇100多个百姓，押到南星塘去挖掘陷入一米多深棉花地里的飞机残骸，但乡人早已把残

[1] 王维在美国纪念轰炸东京70周年会上采访雷德尼夫人玛丽·珍·雷德尼得知。

[2] 王重光:《不应忘却的一幕》,《宁波文史资料》第16辑，第247页。

骸藏到离南星塘二三里外的球琳小学后院子里。后来听说日寇出动再次来取飞机残骸，乡人们又把它转移沉到学校后面的河里。虽然如此，还是有人被日军胁迫说出实情，（日军）从河里把残骸捞起运走。日军把美机残骸当成战利品，为了把它抢走，在咸祥镇上盘踞了两天一夜。"[1]

1943年9月，浙江省政府发出"代电"：

鄞县县政府　密。

顷奉委座未真外渝代电开，案据美国驻中缅印派遣军总司令史迪威将军函，以4月巧日轰炸东京之美空军人员，于降落华境后，承各地人士予以援救及协助，特代表该国表示感谢，并将特别出力救助之人员，开列名单，请予转致，等情。合亟抄附原送名单，希即分别转知为要，等因。合亟抄发原附名单，查名单中所列游击队诸人员，如在该县境内，仰即查明转知为要。主席黄绍竑10543皓印。　附名单一纸。[2]

鄞县县政府查明名单中的"横溪党政人员及游击队长"，另调查上报东钱区区长俞志清、鄞县自卫队第一大队长严纪明，请求奖赏。

6号机二死三俘

三人失而复聚

6号机坠落在离浙江省象山县海岸不远的地方。"驾驶员从他的

[1] 金翊群：《救护盟军美机飞行员》，《宁波文史资料》第13辑，第224页。

[2] 宁波市档案馆资料，档号（旧8）1-1-22。

座位上被甩出机头的挡风玻璃外。射击手说，他仍在自己的枪架位置上，向下沉去。他想水深大约 20 英寻（约 36 米），但最终还是爬出来。投弹手正走在通向领航员机舱的过道上。”大家挣扎着最后“都从飞机里爬出来，带出救生筏，它却无法使用”[1]。

领航员尼尔森撞在副驾驶员梅德尔的座椅上，昏迷几分钟后醒来，水已经齐腰。头部和手臂上的血淋漓不止，鼻子严重受伤，鼻骨有断裂感。他从洞口爬出，跟在梅德尔的后面，驾驶员霍尔马克紧随尼尔森，都站到飞机顶部。投弹手迪特尔爬上右引擎。霍尔马克和梅德尔取出救生筏，尼尔森帮机械师兼射击手菲茨莫里斯爬上右翼。菲茨莫里斯额上有一个很深的洞。

救生筏没有充气，只能靠手压进。霍尔马克、梅德尔、尼尔森爬上去取工具箱里的气筒，迪特尔伤势太重，无力站稳，从机翼上滑落，霍尔马克伸手去抓，没有拉住。一个大浪劈来，将飞机上的人都击落水中。梅德尔见菲茨莫里斯伤重，一把将他抓住，大家在晚上 9 点的黑暗中叫喊着，寻找其他人，几分钟后声音消失，各自在水中孤军奋战。

霍尔马克游到海滩，天亮后，环顾四周，确定方向，找到一条通往村庄的道路走，很快被中国兵包围。他们带他来到一所小小的泥墙屋内，端水让他喝。有些人想与他交谈，可他听不懂。后来主人说有人进来，他以为日军来捕捉飞行员，抓起一块大木板，举在头上，站到门边。门打开，竟是尼尔森。

尼尔森在海中半游半浮，担忧他的导航是否正确，离海岸是几公里还是几百公里。他希望没错，事实得到证明，他触及渔网，它们系于竹竿上，他却没有力量越过。他割断障碍物，以防戳破救生衣。他又怕落入敌手，要尽力在天亮前到岸，藏好，看准方向，与友好的中国人接触。

---

[1]［美］卡洛尔·V. 格林:《杜立特东京袭击者》，第 180 页。

在海中，咸水使他的鼻子疼痛难当，气力渐渐减弱。三小时后听到海浪拍击岩石的声音，又过一小时，脚触及底部。他爬上海岸，休息一阵，用急救药敷治伤口。海岸显眼处不能多留，他起身寻找庇护处，跌入一个窟窿，昏迷过去。醒来时天已放亮，雨不再下。

他向海边望去，两艘日舰在巡逻，他必须隐藏得更好。海岸与一个山坡相连，布满松林，一条卵石路向西通到一个小村，村里大约有50户人家。他小心翼翼地钻入松林中，紧贴那条小道，可以看到一切。口渴得要命，吸点竹叶上的雨水，饥饿却难以解决。

六个带武器的人走上码头，尼尔森断定是日本兵，他们忙乱15分钟，似乎没有发现什么，登舰向南驶去。卵石路上传来马蹄声，骑兵们在谈话，唱歌。他们的服装不同于离去的敌兵，扎绑腿而不是高筒及膝的靴子，帽徽蓝底色，环绕着10～12个星角，而日军帽徽五角，黄色。他认为是中国兵，但敌占区有伪军，这些中国兵为什么不去抗日？他疑虑起来。马背上驮着两只篮子，一篮装猪，另一篮盛鸡。马队走到村边，骑兵招招手，村民出来迎接。两个士兵和村民边说边走向海滩，那里躺着两人，尼尔森的心一沉，莫非是自己的同伴？几分钟后，士兵从原路返回村庄。尼尔森注意到篮内换成鱼、面包、柴火、白米，还有美国空军的救生衣。

尼尔森移动位置，到达一块稻田，用手脚爬行400米。如果再爬60米，穿过植物稀疏的沙丘，就能看到海滩上躺着的是谁。飞行员一定伤势很重，需要帮助。他刚爬上沙丘，抬头一看，一双脚正逼近他，那人发出洋泾浜英语：

“站起来，不然我就开枪！”

尼尔森挺起身子，看见他的帽徽与马队的一样，过时的枪支对准尼尔森的腰部。尼尔森问对方是不是日本人，对方答道是中国人，又反问尼尔森是美国人还是日本人，尼尔森回答是美国人。

尼尔森看清躺着的人，正是菲茨莫里斯和迪特尔。那人说：“他们已死，几小时后就会下葬。”他用枪指着尼尔森，要尼尔森走上那条卵石路，他跟在后面，保持六米的距离，眼睛留意码头边。机动船进入码头的声音传来，那人说快跑，日本人来了，被他们捉住，两人都会没命。逃入树叶遮蔽处，那人把枪挎在肩上，对尼尔森说他是抗日的，要尼尔森一起去见上级。

行走一小时，出现一些瓦顶小木屋，中间的松柱上飘扬着中国旗帜。军营里有 25 ～ 30 个衣衫褴褛的军人，外面充满烂鱼臭味。游击队长年纪很轻，长得漂亮，制服干净而考究。捉住尼尔森的士兵担任翻译，队长提问，态度和蔼。尼尔森回答他是五个飞行员中的一个，急于要找到其他人，一起到丽水去。队长告诉他，游击队尽力帮助他到自由中国，但必须小心行事，如果被日军发现，每个人都会被当场枪毙。谈到海边的尸体，他们已经移走，日军不会看到，棺材正在赶做，准备下葬。

友好的审问被端进的饭食打断，在吃煮鸡蛋、白米饭、海草汤和半熟的鱼时，听到他们说找到了机组的其他人。尼尔森想去解手，发现一个大粪桶，小便到处可撒，最通常的地方是位于建筑物中心的庭院里。这个地方的排放物都流到一个混合性的水池里，那些军人就在里面洗衣，还用大平砖敲打衣服。

下午，林上尉和陈翻译带尼尔森离开大院，向一个村庄走去。近村时遇上一位老人，他头戴无沿便帽，身穿黑色长袍，手上挂有木坠。三人跟他到卵石街边的第一座小屋，见到霍尔马克。尼尔森注意到霍尔马克膝盖割得很深，上面都是瘀血，但还能走路。他们回到原来的大院，梅德尔已在那里。

“梅德尔上尉凭着令人难以置信的勇气和耐力，紧紧抓住他的同伴，在冰冷的水中游动，直到天亮。显然，尽管他已完全不省人事，梅德尔仍不愿让他离开。同伴的身体已经彻底瘫痪，毫无疑问已失去生命。梅德尔尉官最终还是到达海岸，同伴的尸体也随他而到。梅德尔精疲力竭，瘫倒在海滩上，差点脱不出水域。但他不知怎的一振，聚集足够的气力，爬到更高的海滩上。令他吃惊的是，投弹手的尸体已躺在海滩上。浪涛把他冲到海岸的速度，快于梅德尔拖着射击手。他竭尽全力，尝试着要使两位复活，但为时已晚。”[1]他无能为力，离开他们，自己藏好。

三个幸存者躲在游击队的兵营里，这时日军巡逻队经过村庄，等到敌人消失后，三人被带到两位同伴的尸体处。尸体安放在棺材内，选择海滩上一块高地入葬，三人为他们默默祈祷。[2]

6号机的死讯很快传到衢州，希尔格要留滞在临海的15号机射击手怀特处理，怀特已得到实情。但在美国方面仍难以置信，1943年4月20日的国防部文告中，称6号机的两人身份实在无法弄清。与怀特同处临海的罗森定为“失踪”，死是“传言”[3]。

1945年下半年，在华美军总部向中国方面提出：“本总部业已建立美国公墓，埋葬美国死亡人员，目前战争已告结束，美国政府希望，美国人员死于贵国境内之敌人占领地区或其他偏僻区域者，查出其遗体所在，以备重新埋葬于公墓内。”[4]

1946年3月8日，“象山警察局奉六区专署电，会同美驻华陆军死亡调查处失踪人员搜查组赴爵溪挖尸运尸。9日上午6时，局派巡官冯连民、唐渭昌等前往西泽迎接，至傍晚未见美搜查组渡江。至10日下午6时，美搜查组包朗、魏达、徐东海等由西泽来城，巡官唐渭

[1] [美]查尔斯·霍伊特·沃特森：《德谢泽：一位转为传教士的杜立特袭击者》，第62、63页。

[2] 以上根据《四人归国》的记载。1943年象山县政府向第六专署的呈文却称：“殉难美籍驾驶员尸体俱于事后漂浮海面，亦由杨乡长设法捞起，优为棺葬。墓在爵溪沙头，立有碑志，可资识别。”

[3] [美]泰德·W.罗森：《东京上空三十秒》，第199、206页。

[4] 宁波市档案馆资料，档号（旧8）1-1-91。

昌等即赴东门外迎接，先伴送县长公馆休息，后送镇山旅馆住宿，随同搜查组前来的尚有鄞县护送员警八人。次晨，局长葛乃荃率领警长邱风山先赴爵溪通知爵溪乡乡长准备午膳，并征雇民夫，待搜查组到过即开始工作。未几，搜查组到达，在乡长家休息片刻，即至埋葬地点挖掘。但挖掘多时，未发现尸体，时因天下大雨，搜查组遂返乡长家休息，一面仍饬民夫挖掘，大雨不止，民夫衣服均被淋湿，先后也各自返家。后与乡公所洽商，乡队附愿出酬资雇人负责挖掘，即雇得陈根全等八人再赴埋葬地点挖掘，不及片刻，即发现美尸二具，报请搜查组前来检认，确系美尸后，由搜查组组员亲自将枯骨二具拾起，分为两包，由该乡派民夫挑运县城”[1]。

落入敌手

4月20日早晨，林上尉和陈翻译带领三个美国飞行员跨上一艘舢板，船里挤满中国士兵和百姓。行进两小时，发现一艘日军巡逻艇，林上尉送飞行员快速转到甲板下，潜入船尾的小小暗舱。他们爬过草垫和破布，躺下不能动弹，船尾的脏水和粪便令人作呕。日军喝住舢板，从这头搜到那头。三人躺在那里，屏住呼吸。后舱的门被打开，日兵捅进一根棍子，四处乱敲。尼尔森被戳多次，力量很猛，他不敢作声。日军离去，尼尔森忍不住吐出来。天暗下来，林上尉要船停靠在一个小村庄旁，飞行员在船上过夜。

21日，在一个有城墙的市镇旁下锚。林上尉上岸，回船时带来许多日军在海上和陆地上到处搜索美国飞行员的消息，他无法带他们向前，只能请另外可信的人领到下一个村镇。飞行员通过古城墙进入，走过数百座铁皮顶的小木屋，到达市中心的一座房屋前，进去见一位姓翁的白发老人。飞行员大吃一惊，他会说一口纯正的牛津英语，早年在上海圣

[1] 周义华:《营救美国飞行员》,《象山文史资料》第7辑，第71页。

约翰大学读过，曾出道当过和尚，这时自称是个“贫穷的渔民”。

林上尉离去，主人以像样的饭菜招待飞行员。他告诉飞行员日军的残暴，把年轻姑娘糟蹋至死，用刺刀挑杀壮汉和儿童，军官从不管束，他们不比士兵更好。尼尔森问中国武装人员为什么不与日军作战，他说他们也不会更好，双方都鱼肉百姓。

谈话进行不久，一个十来岁的男孩跑进来，急告主人，主人立即神色紧张。陈翻译伸手抓他的步枪，向门口跳去，撞上他的两个同事。主人把男孩招到一边，对飞行员说日军已到城门口，正在搜寻城镇的这边，大家必须转移，躲藏。他要陈翻译和其他士兵留下，避免受到怀疑。他带领飞行员冲出去，到达入口处。他对飞行员说可能的话，让他们上船，在河的入海口，停泊着许多船只，日军要找到他们就很困难。

尼尔森环顾四周，没有地方能够隐蔽三个美国人。这座房屋设施很少，比其他房子更加显露。飞行员迅速做出决定，霍尔马克站到一角，尼尔森和梅德尔用草垫、麻袋和两条旧毯盖起来，在这堆破烂前放一条长凳。他俩爬到另一角的椽子下，尼尔森的心怦怦直跳。翁坐在地面上，忙于要点燃炉子。日军皮靴敲击路石的声音越来越近，响到门内，敌兵盯住翁，他的脸变得毫无表情。敌兵环顾屋内，目光停在霍尔马克的那个角落。好像没有发现什么，转身离去。房子外面仍有敌兵，林上尉走进来，向翁打个招呼。日本军官随后，还有两个全副武装的敌兵。一个敌兵退到门道上，架起机枪。另一个敌兵走向霍尔马克的角落，踢开长凳，掀起麻袋、草垫，霍尔马克暴露出来。日本军官用非常好的英语说：“你，你起来，走两步。如果不从命，立即把你击毙！”霍尔马克没有办法，只好服从。日本军官向他的部队叽里咕噜地下达命令，更多的枪从窗口伸进，更多的敌兵出现在门道上。

日本军官问霍尔马克：“还有另两人呢？”霍尔马克盯住对方的眼睛，叹口长气，回答不知他说些什么，反问道：“另两人在哪儿？”军官转向翁，拔出手枪咆哮着，拷打老人。翁倒在地上，靠在墙上抖缩。军官一把拉起，他站起来向上看看飞行员躲藏的地方。一个敌兵进门呼叫，用半自动步枪指着梅德尔。两人被迫下来，举起双手站着。日军得意地叫道："你们现在已成为日军的俘虏，只要按照命令去做，就没有什么可怕。你们随我到军营去。"

日军将飞行员的手反剪，戴上手铐，加上绳索，绳索的一端拴在敌兵的腰带上，防止逃跑。日本军官与林上尉谈话，林争执一番，持续三分钟，军官扳起机枪，对准林的胸部。林上尉长长地看一眼飞行员，将手枪插入皮套，向日本军官行个礼，弯腰鞠躬，一言不发地离去。

翁被日本军官撞倒，仍在屋角抖缩。

日本军官提醒美国飞行员不能逃跑，否则就要枪毙。飞行员离开那座房子，听到有人在喊："美国万岁，中国万岁，我希望他们消灭一切日本侵略者！"尼尔森不能确定谁在喊，推想一定是翁。

尼尔森对发生的事情心存疑虑，他写道："当我们走出围城以外，向着看起来像军营的方向前进时，我的一些想法再次浮现。我现在陷入沉思，考虑日军怎么会发现我们在哪里，根本没有心思去理会周围这些地方。有些事情难以辨清全貌。日本人的搜索显然也有组织，好像事先已知道要找什么。日本军官一发现迪安，就问他另两人在哪儿，因此他已明确我们共三人。虽然林上尉是日军的敌人，我们的盟友，但是很明显，他不愿抵抗日寇，最多只是口头上的。当我们建议要武装起来时，他不同意。他离开前的富有外交味的敬礼和鞠躬，就可以推想出来。这些想法的结论，导致我们相信我们被出卖。我们的船停在河中，他单独进城安排行程，能够很容易地与日军合谋捕捉我们。在河里时我们已经被出卖，还有，他坚持要我们进入这个围有城墙的小镇，而不是待在舢板上，当帆船来时转上去。"[1]

---

[1] [美] 卡洛尔·V. 格林:《四人归国》，第 42 页。文中"迪安"即迪安·E. 霍尔马克。

尼尔森没有看到1943年象山县政府向第六专署的呈文，这段文字自有独到之处：

“4月18日下午6时许，有飞机一架落牛门礁附近洋面，离爵溪海岸约二华里，其时该处乡长杨世淼闻讯出而沿海探视，见有外籍男子三人，伛偻涂上，满身淋漓，状极狼狈，知为泅水而来，相与咨询情由，则因语言不通，款曲难知，不得已遂各以指画沙，明示国籍，始知系美籍驾驶员，由东京遄返失事，落海。同行五人，其中二人因不谙游泳，沉溺中流。杨乡长因事关重大，即引与同归，殷切款待，并于翌日上午9时密派壮丁10名，绕道护送来府，以期脱险，不意事被占驻该处之伪军得悉。查爵溪于上年‘三一五’事变失陷，驻有伪军一连，密报敌军，故于行至白沙湾附近，突遭敌兵四五十人，蜂拥而来，狭路相逢，无可避匿，悉数被获。敌军一面强迫被虏壮丁排列成行，用机枪扫射，密弹之下，无一幸免，断头折臂，横尸向道，伤心惨目，不忍卒睹。”[1]

押解美国飞行员的敌兵约32人，尼尔森与日军交谈，第一个词一出口，系绳子的敌兵就猛踢他的脚，尼尔森跌倒在地，敌兵用底有平头钉的靴子踩在他的胸口，他的手被反绑，只能滚动避开。他喘不过气来，敌兵却在大笑，军官说只能等到上级审讯时才能开口。

向北行进一公里，出现一个陡坡，坡上的兵营里飘荡着日本太阳旗，两个木质大门前由一对日本卫兵把守，一扇门打开，飞行员被扭着、推着、拖着进入，兵营的门马上关闭。

三人被押上船，关在一个小舱里，双手戴上手铐，再用绳子加固，后来解开绳子，晚上加脚镣。经过昼夜不停地航行，4月24日到达上海。

---

[1] 浙江省档案馆资料，档号29-6-156。“翌日上午”，《杜立特东京袭击者》第181页称，飞行员与游击队共处三天，此后被捕。《象山文史资料》第7辑指明告密者为“驻乡伪军第二连连长何宗武和宁台伪民生队”，两尸体分别在“爵溪周家湾海滨、灰窑岭海滨”，葬地为“爵溪教场宫前沙龙头”。

7号机全体受伤

三门县获救

7号机的机轮接触水面向海滩冲击时，飞机止住了，就像以180公里的时速撞到一堵坚墙，猛烈的震动加上领航员麦克鲁撞击驾驶员罗森的后座，座位及防护盘拔出，绑在座椅上的罗森和副驾驶员达文波特穿过玻璃、塑料、金属挡风窗，弹出机外。罗森沉到水下的沙地上，水深3～5米。他呛入几口水，以为完了，后来又觉得还有希望，只是伤势过重，不能动弹。他没有陷入困境的感觉，也不需要为空气而挣扎。他想起夫人艾伦，全身感到不安，多希望为她留些钱，为母亲也一样。他感觉不到手臂的存在，却明白必须往下伸，解开将身子系在座椅上的绳子。他漂离椅子，向水面上浮，手脚力气全无，只凭一种求生的本能在发挥作用，在充气的救生带的助力下伸出水面。非常不幸，飞机坠毁将他抛出的冲击力，撞破了为救生带充气的二氧化物封袋。

在水面上，他又遭受了暴雨的打击。他不会游泳，像瘫痪似的，神志不清，却解开降落伞。海浪托起他，又拉下他。浪头把他推到一个坚硬的物体上，在昏暗中盯视一段时间后，他意识到这是飞机的一片螺旋桨，他发现引擎已经脱离机翼，只残留一些纠缠的断线。又一个浪头袭来，将他与机翼扯开，这时他看见飞机的两片尾舵伸出水面，宛如一对墓碑。

浪头把他卷到下面，救生带又把他托起，多次反复着，最后冲到海滩边，他爬上滩涂。他站起来感到双腿麻木，就顶着大雨转圈，加速血液循环。海滩上只有他一人，他为失去战友和飞机而痛心。

他感到自己的声音异样，口齿不清，用手去触摸嘴巴，下唇割开，撕到下巴。上部的牙齿弯进，手伸进嘴巴一拉，又向外弯出，一折腾就掉落在手里。用同样的方法对待内齿，也一二掉落，还带下一些牙床。他握着这些牙齿和牙床，在雨中站了一会儿，最后把它们抛在海滩上。

他在海滩上蹒跚，无所适从，突然感到后面有人，达文波特正向他走来，捧住他的头，不禁叫起来："天啊，你被撞裂，整个脸都已坍陷。"[1]

罗森最重的伤是左膝上部的一条深痕，它被驾驶室左侧的金属夹划开，金属夹原本是用来固定耳机的。胫上割得很深，骨头也露出来。踝关节下的脚部瘀伤特别严重，数小时后就转黑。左臂上的口子不浅，头顶有几处割伤。如不及时救治，将有生命危险。

达文波特在水下也解开安全带，到达海滩。他的胫部严重割伤，血从头顶流向前额。他不多时突然走开，嘴里叫着"嗨，嗨"的，罗森不知什么意思，恐怕他自己也不明白到底说些什么。

麦克鲁和投弹手克莱弗一起上岸。麦克鲁蹲在两位驾驶员的中间，坠落时双肩撞在防护盘上，随后弹出。臂膀肿到肘节，双手几乎不能动弹，右脚割伤。后来不能躺下，只好坐着睡。

"克莱弗在撞毁时正位于机鼻，第一个从飞机盖的有机玻璃上弹出。受到的割伤在双眼的一圈，头皮如此严重地剥离，以致一半头发掉落，但也奇怪，却没有深度割痕。臀部和背部扭伤，导致无法站立起来行走，所能做的只是用手和膝爬行。眼皮肿得上下合不拢，不能看东西。满脸是血。"[2] 上岸后他勉强走几步，又倒下去，继续爬行。见到大家好像不认识似的。

射击手撒切尔被撞昏，失去知觉，幸亏穿着很厚的衣服，才留得一命。五分钟后看到水从枪架顶部涌进，他认定这是后部的安全门。

---

[1] [美] 泰德·W. 罗森:《东京上空三十秒》，第 78 页。

[2] [美] 卡洛尔·V. 格林:《杜立特东京袭击者》，第 189 页。

他仍然昏沉沉的，拉住绳子，让救生衣鼓起来，试图从缺口出去，却达不到。飞机翻转过来，他找到后部的安全门，出去后沿着机肚爬向机鼻，看见它极度破碎。此时，麦克鲁在海滩上叫他，他离开水时头上、手上、膝上都在流血。

身上水淋淋的，需要燃起一堆火，在旁边躺半小时。海滩上有不少方平的木块，近处耸起一米多高的岩石，把木块靠在上面可以挡风生火。罗森想得入神时，见撒切尔拔出手枪，在他的头顶作瞄准姿势。撒切尔保存了一只45式手枪。

“我要打死他们，尉官？”撒切尔对罗森说。

罗森转过头，看见两个人站在小岩石上，静静地向下注视着飞行员。他们身上裹着雨衣一样的东西，头上戴扁平的编织帽。双方对视着，罗森止住开枪。

他们小心翼翼地走下海堤，向飞行员靠近。飞行员打量着他们的脸，但天色太暗，心头泛起一种警觉，他们可能是日本兵。他们从一个飞行员走到另一个，口里说着听不懂的话。飞行员身体已垮，站着躺着，无能为力。

又有六人走下海堤，仔细检查飞行员，口里嗡嗡作响。他们中的一人注视着罗森，手捂胸脯，说：“中国。”中国人，飞行员已经明白。

这批中国人来自浙江省三门县的游击队，活跃于南田岛[1]。那天“下午6时，风雨黄昏，海上气候极为恶劣，有机二架自县属南田东北入境，盘旋数匝，突有炸弹二枚落海，旋见机中有人跃出，旋有一机堕落于大沙附近海面，另一架投下照明弹后向北飞去。我游击队士兵见状，即持枪警戒”[2]。他们见这几位外国人不是日寇，用中国话提出许多问题，飞行员记起训练的最后一周所教的中文句子“Lishua

[1] 今属象山县。

[2]《象山文史资料》第7辑第119页摘录1943年的《三门县年鉴》。

Megwa，Lishua Megwa”，勉强发出这些音符，表示自己是美国人的意思，中国人点点头。

有一人若有所思地按手指计数，指指飞机坠落的地方，按下五个指头，停下来，准备数下去。飞行员用手势告诉他，飞机里没有其他人，花费了好多时间才让对方明白。

中国人开始帮助飞行员，两人挽住麦克鲁的胳膊，他发出可怕的叫声。他们放下他，他站起来试着走，说撞到驾驶座椅的背面，一定是肩骨断了。

两人架着克莱弗，另两人扶着罗森，走上一条狭窄、不平的小路，潮湿的叶子刷着行人。走出数百米，一种恐惧感突然袭向罗森，他清楚地记得在美国听课时，告知中国沿海地区散布日本扶植的傀儡政权，那些伪职人员把情报出卖给日本人。他不知道眼前的这些人要把他们带到哪里。

中国人把他们带入一所低矮的草房，墙头由砖块砌成，整体呈长方形，中间开门。里面的灯火发出微弱的光，两个房间呈现在眼前，大间的一角安放一张低床，床板由皮条组成。罗森、达文波特、撒切尔坐在床上，背靠砖墙。麦克鲁想躺下，但伸直身子时痛得叫起来，也只好靠墙而坐，请求撒切尔拿东西塞在他背后。可怜的克莱弗没吐一个词，血还在不停地流着，他爬到墙角，经过一撮人粪时，流血的脸贴得很近，其他人也累得无力拉他一把。

昏暗的灯光下，两位妇女身穿粗布裤子，系着及膝的围裙，在屋里走动，一人送上一条还没完成的被褥。飞行员躺在里面冷得发抖，病痛实在难当。

罗森感到可以度过一个平安的晚上，想看看伤势。他脱下破烂不堪的衬衣，手肘和手臂之间的二头肌像被斧头砍过似的，它撕裂下垂到曲肘，他以前还不知道呢。看看身上还剩下些什么，枪套和艾伦式手枪还在肩上，皮夹子也在裤子里。他打开皮夹子，倒掉水。里面有妻子艾伦的照片、14美元钱、一些粘在一起的三分邮票、加利福尼亚州的驾驶执照、社会保险卡、个人飞行驾驶执照、填满血型和为这次行程注射疫苗的证件。他端详着这一切，就好像检查刚发现的贵重物品一样。他把艾伦式手枪交给撒切尔，强调要藏好。

一个中国人站在罗森身旁，正在观察他。罗森指着腿上的割痕，在伤口上做着缝合的动作，意思是要针和线。那位中国人摇摇头，叫来另一人，罗森重复说明，他们仍摇头，或许没有针线，或许担心缝合会出事。

五位飞行员中，只有撒切尔一人的枪带在身上，他将急救包用在罗森膝盖的大伤口上，手帕扎在他的臂膊上。罗森的其他部位、达文波特和克莱弗的伤口，只能用渔民给的旧脏布扎。

外面雨声潺潺，一串脚步声由远而近，来到门前，一位外貌惊人的汉子出现在飞行员面前，这人个子不高，精力异常充沛，刚毅、不动声色的脸上有着一种钢铁般的决定力。"他身着一条旧的美式裤子、笨重的鞋子、厚厚的狩猎衬衣，脖子全露，头上没有帽子。他那湿漉漉的头发，有着沥青般的黑，曾粗粗地梳理过。这位中国人显现出不同的气质。"[1]

那双乌黑的眼睛，扫视一下全屋，他敏捷地走向前，从一个飞行员走向另一个，注视着伤口，带着怀疑的目光仔细检查所有的纽扣、徽章和其他留在破衣服上带有标志的迹象。检查完毕，与一位高个子随同人员交谈了一两分钟。他看看飞行员，令人费解的脸上没有一点儿怜悯的神色。飞行员望着他那张石头般的脸，怀疑是不是正打算出卖他们。

他走向罗森，审视不像样的脸。

"我叫查利。"他说。飞行员们简直不敢相信自己的耳朵，直到他一

---

[1] [美] 泰德·W. 罗森:《东京上空三十秒》，第84、85页。

本正经地重复一次为止。大家喷出一连串问题：他们在哪儿，能够急速赶到衢州和丽水吗，距离最近的医生在哪儿，查利能帮助他们吗？

查利曾经当过美国海船的船员，能够说英语。他站在那儿，回头盯着罗森，又说他是查利。[1]

“Lishua Megwa。”达文波特边说边指指大家，查利瞪瞪眼睛。飞行员都试着发达文波特的音，查利最后微微点点头，没作任何表示。

“美国人。”他说。

“是的，是的，是的。”飞行员异口同声。麦克鲁心头闪现希望之光，从他舒适的位子移出来，又求援要回到老地方。认识到查利不理解时，大家的声音逐渐低下去。

达文波特又说“Lishua Megwa”，还加上一句：“哦，天哪！”

“美国人。”查利发出回音。飞行员用不同的音试说衢州、丽水，查利还是摇头。

“蒋介石，蒋介石是我们的朋友。”飞行员改题再说，不管怎样拼读都毫无作用，再说“大元帅”，也没有派上用场。

“重庆。”达文波特又转话题。查利点点头，像达文波特一样地发“重庆”的音节。

“重庆……我们走，走。”对飞行员的催促查利没有移步，告诉大家“重庆要费许多天，许多天”。

“需多少天？”罗森扳着手指计数。

“许多天。”查利摇摇头。

大家至少花费了一小时来计算天数，仍无希望算出。

飞行员提到医生，查利表示理解，伸出三个指头，加上一个

[1]《象山文史资料》第7辑第119页作“分队长郑财富”，而查利送给美国飞行员的名片上为“浙江三门象南独立大队第一中队陈驼海”。宁波市档案馆资料（旧8）1-1-22有“陈大海”名字，“大”极可能是“驼”的英文音译。

“天”字。

三天！大家如电触身。罗森想起飞机上的急救包，派撒切尔到海滩去看看能否爬上飞机，在尾部找到它。撒切尔提着灯笼走出去。

达文波特要查利去找医生，希望能在一两天内带医生来，飞行员反复表达，直到查利明白为止。查利摇摇头，罗森指指克莱弗的割痕，麦克鲁下垂的肩膀，他自己的腿、手臂、嘴巴，求他请个医生来。

查利站起来，说医生相距一华里。

只一华里，刚才说三华里路程，飞行员问他是否弄错，他坚持说一华里。飞行员说仅一华里就请个医生来，他又一次摇头。飞行员几乎要哭出来，他解释说一华里的是日本人，日本医生。飞行员如负重荷，日本人可能要抓住他们。查利有把握地告诉他们，日本人不会在夜间出来。

撒切尔走回来，告诉大家潮水上涨，淹没飞机，也没有东西冲上海滩。

那位给棉被的中国妇女用碗和陶壶送来开水，飞行员喝下一部分，剩下的用来洗血污。在中国人的帮助下，他们将神志不清的克莱弗转到睡垫上。时间已是19日两三点钟，大家没有吃饭的欲望，尽管上顿饭是在17日晚上。

与查利谈论一整夜，话题一停下来，伤痛就变得更厉害。查利再次检查了飞行员衣内的东西后，走出去。一小时后，主人告诉飞行员查利很快就会回来，他反复说着“船，船”。飞行员互相谈论一阵子，查利是谁，他们的前途怎样，他会不会引来日本人？

罗森在被窝里打战，棉被像冰一样。他拉开棉被，却粘在腿上，血还在很快外流，渗出被外，在寒冷的气流中凝固。他要撒切尔把伤口扎得更紧些，自己解下裤带，缠在大腿的绷带上，尽量拉紧。裂痕的中间一扎紧，两端的口子开得更大，不得不松开一些，再用领带扎上部。撒切尔撕下罗森的破衬衣，扎在二头肌适当的位置。

4月19日东方泛白时分，一位上年纪的中国人出现在门口。他把罗森从头到脚打量一番，对伤势严重的嘴巴特别感兴趣。他从宽大的口袋里掏出点东西，将罗森的头和缓地扭到后面。他在罗森的嘴上贴些形似通草纸一类的东西，当血渗过纸张时，他在出血处撒些粉末。他始终没说一句话，飞行员无从知道他来自何方，为罗森做些什么，想必是查利派来的。

血、粉末和纸张形成天然的膏药，给嘴巴定型，止住流血。除克莱弗在睡以外，其他人或坐或躺，心中总担忧日本人，盼望查利快快回来。

罗森要撒切尔再到海滩走一趟，找到飞机，取些东西，捡些漂出物。撒切尔看他片刻，一定在考虑被抓的可能，但仍表示同意。

大白天了，中国人开始走动，隔壁的三个孩子跑进来，大的约莫五岁。他们盯着伤口、瘀块，笑着摸摸，用手指接触衣服和纽扣，罗森送给他们撕破的皮夹克和一些纽扣。孩子的声音惊醒克莱弗，他脸上的血积起坚硬的一块，嘴唇的积血像个蛋糕。他用很大气力睁开眼睛，慢慢环视四周，说怀疑自己失明了。他平静地问在哪里，曾发生些什么，能否走开。

撒切尔回到屋里，全身湿透，手中拿着一盒香烟和一条救生带。他告诉大家，前一天晚上，潮水上涨，把飞机冲上海滩。潮水部分退出后，飞机露出，撞离的引擎在退潮时仍留在浅水中，从机鼻到炸弹舱碎乱不堪，如果在机鼻的四人没有弹出的话恐怕就无法爬出，坐在枪架内的撒切尔也不能活着出去。他进入飞机，无法深入水下部分，只能在尾部找些东西，急救包和吗啡不知在哪儿。

在海边，“自美机在三门县坠落后，敌舰即获消息，日夜在南田四周搜索，并企图打捞在大沙搁浅之机身。我国空军机械人员也曾前往检查，发现机身已毁，且残留部分笨重，无从拆运而告罢。在此之前，三门县自卫队拆下来的零件，有汽油散热器、滑油散热器各2

个，重机枪弹 20 发，硫黄弹 1 枚，无线电分电盘 1 个，均交机械人员带去”[1]。

7 点钟时查利返回，随来的还有衣衫褴褛、性格温顺的中国男子汉，有的带着竹竿，有的提着绳子。查利和他的下属扎担架的动作太慢，罗森看着心焦，生怕延缓时间会导致被捕，对着他们急促呼喊，告诉他可以帮助打结，因为海军水手教过一招。查利却像没有听到似的。

三小时后，中国人准备好担架，查利招呼飞行员出去。麦克鲁手臂无法抬高数英寸，最终还是举高了点。查利对民夫说些急促的话，他们沿着小路迈着沉重的步子离开。罗森第四个走，比麦克鲁落后一个半小时，民夫抬起他时，听到外面传来嘈杂声，放下担架往外跑，罗森被搁置 15 分钟，要撒切尔出去看个究竟，他跑回来说底细不明。

地面上很冷，罗森身上只有一条短裤，他爬到床上，拉来僵硬的、带血的粗布棉被盖上，呻吟不断。当初送棉被的那位妇女进来，看看情形，抓过棉被，举起来察看，发出不耐烦的唠叨声。罗森不知她说些什么，拿出钱来给她，还把一双鞋子和撒切尔从飞机上找回的救生带送上。她仔细看过鞋子，接收下来，把棉被还给罗森。

又过了 15 分钟，大约中午光景，天气放晴。查利带着两位民夫进来，把罗森抬出，撒切尔跟在后面。登上一片高地，罗森转过头对着海滩，要撒切尔也注意那架飞机，却什么也没看到。不知怎的，不看见反而更好受。

民夫穿着自织的灰布短裤，衬衣敞开，赤脚行走。脚板大而平，十分坚实，脚趾抓在斜岩上，如手指般有力。

午后，到达离伪组织较远的高塘。一块广阔、葱茏的平地展现在

[1] 姜志良：《美国飞行员三门脱险记》，《浙江文史集粹》（政治军事卷），浙江人民出版社 1996 年版，第 284 页。

面前，左侧有一幢相当大、相对现代气息的房子，前面停放着麦克鲁、达文波特和克莱弗的担架。四周站满近200名全副武装的士兵，个个坚毅严肃，静静地看着担架走近他们。显然，他们是游击队，查利担任指挥官。

“想吃点什么吗？”查利问罗森。如果点头，就会被误认为要吃，罗森指指嘴边的伤势。没过多久，查利端来几碗暗灰色的食物，上面覆盖着调料。罗森示意不想吃，渴望喝点开水。飞行员听过多次讲课，一旦被迫降落或跳伞，喝生水有危险。查利又端来几碗开水，里面放着中国汤匙。喝完后，查利伸手取45式和艾伦25式手枪，撒切尔用力夺回，游击队员发出反对的声音。

场面十分尴尬，查利的表情吃惊胜过受辱。罗森用不纯正的英语说，他们需要武器对付日军，要枪请到飞机上去拆机关枪。为表达得更清楚，罗森像小孩一样做着射击的动作，嘴里发出“aa aa aa aa aa aa”的声音，游击队员笑起来。查利沉默片刻，说“aa aa aa aa aa aa”表示弯曲，他那双坚硬、棕色的手，做出扭弯金属的动作。他告诉飞行员他的队员让飞机摇个够，暗示已把飞机通体检查过，有个走过的队员穿着一件飞行员的皮夹克。一位民夫的竹竿上系着两个篮子，它们由飞行员的物品纺织而成。麦克鲁对着那位民夫呼喊：“你找到我的照相机了吗？”遗失照相机对麦克鲁打击不小，从轰炸开始到天气变坏，麦克鲁一直在拍摄轰炸场景。

查利用英语加手势，要飞行员睡觉，天黑后继续赶路。此后再也没有见到查利，他的名片罗森一直珍藏着。

太阳很高时出发。走出草地，六位带枪的队员在担架旁护卫。半小时左右，经过一个小村落，大多数村民站在路旁，克莱弗的担架停留片刻，一些妇女跪下来，号啕大哭。罗森拉拉衬衫上的飞行徽标，真想送点东西给她们。

午后很久，到达一条浅而窄的河岸边，河水浑浊，一位船民撑着

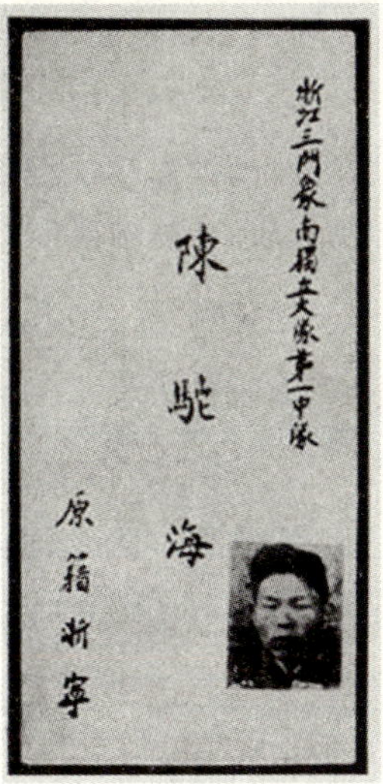

查利送给罗森的名片

一只平底船，驶向担架队的路口。民夫把担架抬上船，六个队员中的四人跳上船。船民草帽下的脸庞汗水淋漓，他点开船，驶向河心，缓缓南行。民夫站在后面，默默地观望飞行员。

不一会儿，一个队员伸手要取撒切尔的45式手枪，撒切尔叫起来，要他住手。其实那位队员有一支很好的德国造手枪，还有一支步枪，他并不要枪，而是想与撒切尔交换子弹。

四五点钟，船靠在河的一边，等待数分钟后，八位新来的民夫抬起担架往河堤上走。这时飞行员明白他们还在岛上，没有到达大陆。一艘舢板由远而近，游击队员向他们打招呼，他们发出回音。担架沿着泥泞的沟边向海滩前进，突然从舢板停泊处传来尖细、清脆的“嘿嘿”声，民夫没说二话，猛地放下担架，伤员震得直叫，卧倒的队员翘起手指示意不能作声。罗森抬起头，看见日军炮艇驶向舢板，喝问船民。躺在沟中的飞行员浑身紧张，怀疑日军已发现他们，至少会看到飞机，迫使船民说出事实。

炮艇走远，消失在视野中，民夫又抬起担架，以最快的速度冲过海滩，蹚过浅水，用力把担架放在舢板上，罗森痛苦地叫着，滚进污水与锯末儿相杂的混合物中。麦克鲁的民夫架在他的手臂下，他痛得叫起来。游击队员的食指候在扳机上，随时准备对付意外。舢板慢慢驶离，一个船民放下网格状遮物，掩护躺在船底的飞行员，在五屿门洋面偷越敌舰封锁线。

天很热，飞行员渴得要命，哪怕有一点点水也求之不得。一丝风也没有的天，赶来雨点，游击队员找碗积水，飞行员把清凉的雨水一口喝干，又把碗递出去积。雨很大，船上得到充足的水。半夜，舢板停靠在一个码头边，两位游击队员指指嘴巴，跳上岸去，一小时后还没回来。罗森摸出潮湿的钱，交给游击队员一元，要他去买点吃的。半小时后他回到船上，带来一大碗冷饭和豆芽菜，上面有几片薄薄的坚硬的煮鸡蛋。30小时没有进食，罗森还是咽不下。

上岸的人全部回来之后开船。20日凌晨，罗森艰难地站起来小便，这是他生平最后一次双脚直立。

船驶进一条大河，午后停靠码头。罗森以为岸上应当有电话设施，可以与重庆通话，他对游击队员发出“铃铃”声，用拳头当作话筒，举到嘴边和耳边，他们看看，领会不了。撒切尔跑到村里去找电话机，队员耸耸肩，船夫摇摇头。码头上摆着标准的帆布担架，新的民夫把伤员抬上岸，行走八公里，“中午始安全到达海游，经县府人员热烈欢迎，深致慰问，并尽量为伤员诊护。时陈县长适奉黄主席召赴临海出席会议”，[1]闻讯邀请临海县恩泽医院医生兼程赶回。伤员送到一幢清洁的小房子前，墙上赫然出现“中国救济”的英文字，一位戴眼镜的学者出来握手，用英语问能帮些什么，飞行员说需要医生、麻醉剂、碘和止痛药。他表现出无奈，叹口长气。这个站里除绷带、少量食物和水外，什么也没有。

护士洪漪用热水为飞行员洗伤口，注射唯一一剂葡萄糖，脱下罗森的短裤，换上干净的棉布装。飞行员受用热茶、米质蛋糕，另有红糖助食。

21日早晨，外面传来脚步声，一位英俊的男子走进来，他用英语自我介绍，说叫陈慎言，是恩泽医院的医生。他很快检查完伤情，指出日军正在浙江沿海警戒，搜寻美国飞行员，必须尽快离开。没有像

[1]《象山文史资料》第7辑第120页摘录民国32年《三门县年鉴》。“黄主席”即浙江省主席黄绍竑，“陈县长”为陈诚。

样的路可走，他和12位民夫行走一整夜才赶到这里。

7时，老百姓拆门板当担架，洪漪将新娘献出的新婚棉被裹在罗森的身上，减缓木椅的生硬，还塞入一袋食物。罗森赠送一枚徽章留念。救济站负责人握手送行，罗森献出仅有的13美金；他摇摇头，带着微笑制止。此后日机狂炸海游镇，很多老百姓的房子被毁，包括洪漪与她丈夫经营的这家卫生院，他们外出逃难，路上洪漪流产，经历最伤心的一事。[1]

临别时，中国士兵站在路旁，向经过的轿子行礼，飞行员喉头哽住，一时说不出话来。身着与美国孩子一样服装的男童子军，脸色明净，在晨光中闪耀，行礼的动作帅气十足。另一边，女童子军排列成行。最后面，民众静静地观望，目送飞行员。

恩泽医院就治

行走数小时后，道路消失，陈慎言知道怎么走。天黑后罗森感到迷路，呼叫陈慎言，陈认定没错。22点到达恩泽医院，陈慎言已精疲力竭。来自英国的传教士乔治·帕克夫妇上来安慰："你们已经到达安全地，可以住下来，直到恢复为止。"问起药物供应和治疗状况，帕克说情况比其他任何地方都好，有杀菌药水、三氯甲烷和绷带，其他东西没有。

22日早上醒来，罗森的踝关节肿得像个足球，陈慎言的父亲陈省几，是一位老医生，蓄着灰色长须，穿着丝绸长袍，进来看望，陈慎言用状如紫药水之类的杀菌剂为罗森清洗伤口。

一位高鼻子妇女进来，自我介绍说她是英国人，名叫玛丽·斯玛尔，在浙江的台州布道，曾经受过护士训练。没过几天菲兹吉拉德夫妇到达，他们也是传教士，带着一个小姑娘和一名男婴。菲兹吉拉德

---

[1] 王维2012年5月采访洪漪及其女儿任盈盈。

出生于英国，他的夫人来自美国，在中国从事护士职业。他们在罗森的病房里布置了许多鲜花来增加活力。

护士将热敷布贴在罗森的踝关节上，到 24 日肿胀爬升到膝盖，却没有一点红色。这天，史密斯机组人员赶到，怀特医生用钝剪刀在胫部戳，最终选定一个污点压迫，逼出许多坏水，肿胀退下去，罗森感到舒服不少。

浙江省主席黄绍竑在回忆文章中写道：省民政厅厅长阮毅成，“那时正在临海，除了招待他们之外，并用种种方法，询问他们，想知道轰炸东京的详细情况。（直到美国政府公布，我们才明白详细的情形。）但是他们只说从太平洋起飞轰炸东京，预定飞到衢州机场降落”。他们时时打听同伴的消息，尤其是杜立特的消息。“他们这一行人，没有一个到过中国，他们初次吃到中国饭，还穿了中国士兵的棉袄，不但在他们感觉到是有趣的事，我看了那个怪样的照片，也觉得可笑。”[1]

25 日，15 号机副驾驶员威廉姆斯献出 200cc 血，输给罗森。输液器由球胆和橡皮管组成，需要不断摇晃，才不至于血液凝固。斯玛尔小姐说都是日本人的罪孽，上一年占领这里，建立傀儡政权，后来撤走，洗劫村庄，卷走美国的输液器，只留下这点东西。输血后，罗森的精神明显好转。

26 日，日本飞机光顾，高度很低，投下炸弹，落在临海出口处的浮桥边。威廉姆斯、泽斯勒为罗森第二次输血。

27 日，15 号机组的史密斯、威廉姆斯、泽斯勒、塞勒和 7 号机的撒切尔，站在罗森的床边告别，他们乘轿出发。

重庆寄来 1000 元钱交给罗森。前些天报上刊登轰炸东京的消息，在当地引起轰动，村镇、学校和各种组织派出代表，送来鸡蛋、小饼等物。台州盐务处赠送 6 只母鸡、100 个鸡蛋、一些咖啡食糖和罐装食

[1]《黄绍竑回忆录》，广西人民出版社 1991 年版，第 374 页。

品。临海县县长庄强华代表民众献上小礼物，一位将军握住罗森的手。

5月2日，防疫组织的丁医生带来一些吗啡、磺胺药、输液器。罗森没有好转，克莱弗、麦克鲁为他献血。第二天，省立卫校的孙教授、中国空军衢州站的代表、黄岩青年运动人士、邻村民众，带上鸡蛋、蛋糕、食糖和橘子前来慰问。鸡蛋多到数千个。

怀特每天两次在踝关节边剪去坏死的肉，一碰到好肉罗森就叫起来，怀特为他注射点吗啡，继续戳孔压出脓水。每当怀特操作时，陈医生在一旁按脉，眼睛痛苦地望着病人。罗森难以忍受，一天两剪，怀特坚持修剪，说“要么剪肉，要么去腿”。罗森提出一天一剪，怀特停下来，说些鼓励的话，按照罗森的要求做。

这段时间，女传教士一直侍候在旁，调制不同的饭食。罗森尝尝，还是吃不下。他们无奈地端回去，呼喊陈医生，用滴注解决。帕克夫人找到一盎司白兰地，混入优质浓啤酒，罗森也饮不下。

5月3日，怀特走进来，看上去很不自在，与罗森无语相对一会儿。罗森问他是否要截肢，他点点头。罗森想在膝盖以下入刀，怀特说切口在膝盖以上，会尽力而为。罗森一遍遍陈述，要截在膝盖下面，怀特坚持说不能，那样会不彻底，引起感染。

手术后进行第五次输血，帕克的短波收音机放到病房，收听旧金山的电台，播音员在谈论轰炸东京的事件，说袭击相当成功，没有一架飞机被击落。帕克为罗森朗读诗句：“他让我躺在碧绿的草地上……”和悦的声音使罗森甜然睡去。

怀特献出自己的血输给罗森。

一周后罗森能吃一点东西了。陈医生饲养了一头小奶牛，每天产一品脱奶，牛奶煮过装进瓶子，浸到井里降温，送给罗森喝。从牛奶到汤水，所有食物罗森都能吃下。菲兹吉拉德夫人问他想吃些什么，罗森报出不可能办到的瑞士排骨，那天晚上居然也如愿以偿。帕克夫人送来烤鸡，特别可口。罗森体重很快恢复，大长近

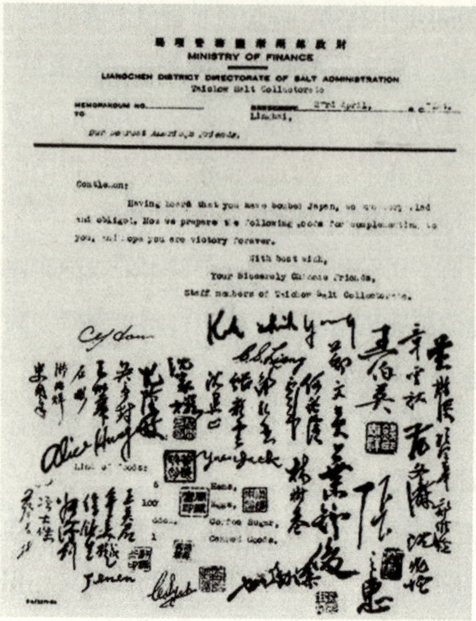

MINISTRY OF FINANCE

LIANGCHEH DISTRICT DIRECTORATE OF SALT ADMINISTRATION

Taichow Salt Collectorate

MEMORANDUM NO. ____ 23rd April,

TO Linhai,

Our dearest American friends,

Gentlemen:

Having heard that you have bombed Japan, we are very glad and obliged. Now we prepare the following goods for complementing to you, and hope you are victory forever.

With best wish,

Your Sincerely Chinese Friends,

Staff members of Taichow Salt Collectorate.

List of Goods:

Hams,

Coffee Sugar,

Canned Goods.

台州盐务处给罗森的简函

20公斤，突出的肋骨被肌肉填平。

医院掌勺的王师傅，本在上海从业，在日军占领上海以后退出。知情的传教士说他有三房妻子，他拒不承认。他常到罗森的病房闲聊，罗森直截了当地提问，王师傅站起来，神情激动，将手放在胸口：“没，没有，只有两个。”

菲兹吉拉德夫妇、怀特和陈医生带来一个很大的包裹，“我们为你送来一份礼物。”他们边说边解开，是一副拐杖，当地的一位木匠制作的。另一户人家想要为所有的伤员做拖鞋，陈医生量下每人的尺码。第二天拖鞋送到，丝质，黑色的。

怀特急于要罗森试用拐杖。5月15日，罗森花15分钟坐起来，侧身转到床边。一阵昏晕后，他用右脚支撑起身子，缓慢地走过病房，来到走廊，躺在座椅上。

日军已逼近64公里以内。17日，伤员应帕克夫妇的邀请去做客，一对老传教士也光临，他们在临海已生活22年。回到医院，看到很多包扎好的箱子，帕克夫妇准备送出去，以免落入日寇的魔掌。他们不打算走，要继续留下来工作，而菲兹吉拉德一家要随伤员同行。

下午，中国童子军举行奥林匹克运动会。有一所学校从25公里外日夜兼程赶到，比赛结束，与其他童子军一起拜访美国飞行员，向他们行礼，留下礼物。

18日早晨，天在下雨，民夫不愿动身，但还是出发了。陈医生走到罗森的轿边，温和地笑笑说："让你看点东西。"他叫民夫将罗森抬到医院的另一边，在一具棺材边停下。棺材全新，是之前为罗森准备的，也出自替罗森做拐杖的那位木匠。

帕克夫妇和一对老传教士冒雨随轿子送行，最后他们站在雨中挥手告别，相信不久将会重逢。美国飞行员带着恩泽医院的一片盛情离开，他们感激医院的竭诚相待。陈医生曾安排一次丰盛的宴席，桌上已摆满16道菜和6个加菜，他仍抱歉没有值得吃的东西。罗森恢复进食后，菜单上有烤鸭、笋、花生酱和罐装黄油等。当地民众对他们恋恋不舍。一位威尔士人要怀特为他填补两颗牙齿，其他病人也想得到他的诊治。怀特解释说他是位军医，除非得到陈医生的允许。这一带没有其他医院，陈医生理解病人，尊重怀特，怀特为不少牙病患者施诊，几位眼病患者也向他求医，而他只能凭烛光探视。

赴衡阳途中

出发的队伍中有菲兹吉拉德一家和陈慎言医生，陈医生想到重庆为军人服务，希望美国飞行员加以推荐。他们当场满口答应，陈医生的脸上显出舒畅的神色。

晚上到达仙居县城，县长患疟疾病倒，飞行员在医院里受到海关官员和县长代表的招待。罗森、怀特和麦克鲁到菲兹吉拉德家里去，菲兹吉拉德说他很担心，一旦日军窜到，他可以躲到树林里去，但带上夫人和孩子就难办了。佣人更成问题，受到日军的威胁时，他们要索取更多的钱，日军越迫近，要价越高，但家中非常需要他们。麦克鲁和罗森建议全家随飞行员同行。菲兹吉拉德考虑一会儿，决定不走。他说日军从来没有到达这里，这个地方没有任何军事价值，想必不会有日军，希望到重庆再见。

飞行员刚入睡，被街上的突发声响惊醒，又传来中国人的呼喊声，他们莫名其妙。第二天一早，菲兹吉拉德夫人来看望飞行员，提到前一夜的噪声，罗森向她打听底细，她笑起来，说是城里的巡夜人员，通知市民离城，日军已经临近。飞行员要她家一起走，她说什么也不肯，罗森一行启程时，菲兹吉拉德夫妇又说在重庆见。罗森担心这是最后一见，事实正是如此。

5 月 19 日，日军占领天台的消息传来，船民不敢运送卫兵回临海，因为害怕残忍的日本兵。怀特打电话与浙江省政府联系，回电告诫不可途经金华，必须取道丽水。出城后三个中国卫兵不知从哪儿出来，护卫轿子。抬麦克鲁的民夫在狭窄的路上超过罗森，碰撞抬罗森的老民夫，见他步子踉跄几乎要跌倒时，发出“咯咯”的笑声。抬罗森轿子的后一个民夫年轻力壮，不断催促前面的老民夫，紧抓轿杠往前推。

与其他中国人一样，老民夫的背有点驼，他突然倒下去，在肮脏的路上呕吐两次。第二次作呕时，留在后面的士兵踢踢老人，他站起来抬一阵，又倒下去，气喘吁吁。士兵站在一旁，向下看看，拨弄机枪，枪口对准他的后脑勺又转过头看看罗森，老民夫也注视着罗森，罗森不知所措，竟说不出一个字。他取出临海人赠送的银表[1]，握住表带前后晃动，召唤老民夫。老民夫站起来伸手取。罗森担心如果现在给他，他突然脱逃，很可能被击毙，罗森将会被远远地抛在其他人的后面。罗森以摇头表示不能，手收回银表，指指前面的路，竭力使

---

[1] [美] 泰德 · W. 罗森:《东京上空三十秒》，第 138 页。

他明白到达目的地后会给他。他仍不理解，罗森取出一张废纸，划着两根火柴，用火柴头画出民夫向前跑的草图。士兵不耐烦地走开，老民夫终于明白，扛起轿子缓慢向前。一小时后，士兵重新出现，带来一个年富力强的民夫，一巴掌劈向老民夫。老民夫低头走过畈田，罗森叫他，他头也不回，最终什么也没得到。

晚上在横溪宿营。

20日清晨，当地人备好早餐，鸽蛋煮过，蘸有花生酱和红糖。“洛基山牡蛎！”位于前面的达文波特叫起来，陈医生以及所有的人都开怀大笑。随后上来炸鸡、调味的水煮荷包蛋。麦克鲁放弃筷子，在他的行李中找到一个银叉，这是临海的银匠为美国飞行员特制的。[1]

下一个目标是壶镇，它位于仙居和缙云相邻的山地中，山路盘旋，路石被行人踩得发亮。队伍除担心成为日军的俘虏外，还得留意路下的山崖，一旦滑下难以生还。罗森在14时到达山顶，其他人迟到一小时，民夫以为飞行员会出轿自己走，迟迟不肯行动，飞行员不让民夫抽烟，迫使快走。民夫一到山顶，拼命地吸烟。

16时到达壶镇，当地官员手持“欢迎美国空中英雄”的小旗，童子军列队举小旗迎候。为首的官员戴一副眼镜，头脑敏捷，英语表达相当好，与飞行员长时间握手致意，他说：“尉官，我已知道你们。撒切尔下士在一个月前经过这里，他谈到每件事，我们还打败了他们。”罗森大吃一惊，要他重复一下。他笑笑说：“我们教堂球队向他们挑战，以两分的优势战胜他们。”飞行员被安置在楼上，桌上摆着一盘金橘和糖果。地方官以鸡、鱼和低度酒相待。

21日4时出发，当地人备好人力车，怀特坚持认为，路面不平，会导致伤口大量流血。罗森仍然乘轿，陈慎言也乘轿。出壶镇10公

---

[1] [美]泰德·W.罗森：《东京上空三十秒》，第139页。

里，麦克鲁的轮辋破裂，再走5公里，达文波特的车泄气了。怀特干脆步行大半路程。幸亏遇到一辆人力车，要他推送麦克鲁。一架日本零式战斗机掠过头顶，飞速太快，没有发现美国飞行员。13点半到达缙云郊外，官员已在迎候，送过城镇到另一头歇脚，生怕敌机轰炸。克莱弗和怀特深受蚊子、跳蚤和臭虫的困扰，喷些碘才解决问题。大家合影留念。

县城有三辆卡车、一辆客车，卡车中有一辆以木炭为原料，客车竟是1941年的福特牌，吃惊的飞行员脱口说出“天知道哪里来的”。卡车的空间大，可以伸展手脚，罗森上去，下面垫三张棉被，陈慎言相陪，其他人乘客车。

行驶一程后，飞行员反而眷恋轿子，甚至查利的担架了。他们时刻饱受汽车的颠簸，罗森用双手支撑，减轻震动，伤口仍震出血来。陈慎言不断询问情况，罗森只能呻吟作答。身后爆炸声不断，飞行员迷惑不解。陈慎言解释说，日军已迫近，中国人在炸路，只等飞行员的车辆过后。他不想告知这一揪心的行动。

22点到达丽水。飞行员注意当地人发音“Lishooey”，回想在渔民的棚屋里说“Leesh-way”，查利当然不知所云。大家要求陈慎言去找急救飞机，他去与中国官员联系，回来告诉大家机场已炸毁，为防止日本飞机降落，那里的飞机已经撤走。

次日3点，飞行员被唤醒，告知日军已占领东阳县，正在用机械修复刚炸掉的路。怀特匆忙包扎罗森的切口，把他抬到卡车上，4点15分离开，这时空袭警报响起。汽车以樟树油作燃料，气味很浓，会不会抛锚都无底。刹车有三部交响曲，按喇叭，打方向，踩闸门。飞行员称这位中国司机为“约翰尼嘟嘟”，一个要命的人，没有什么能打搅他，包括飞行员的呼喊声。越过浙江省界，陈慎言遇到福建省方言的麻烦。14时，驶过一座城镇，城门上的招贴画，展示一个头骨、十字股骨和老鼠。陈慎言以为是正告鼠疫的危害，进入郊外一个村里吃饭，看见一则醒目的标语“灭鼠周”，大家才恍然大悟。

汽车在山间行驶，约翰尼转过头与陈慎言交谈，陈慎言以疑虑的口气转告有空袭，但没有一点迹象，飞行员要求继续上路。陈慎言说不能，按司机的办不会错。车子停留 20 多分钟，仍然一片寂静，似乎是浪费时间，飞行员问陈慎言约翰尼怎么知道会有空袭。陈慎言说约翰尼经过村落时看到警告信号，根据经验，日机会扫射路上的移动物，应该以等待为好。

下午到达浦城，找不到歇脚的地方。汽车在拥挤的街道上穿行，他们心中怀疑是否头脑糊涂或者出现差错了。天黑时发现一位白人妇女，达文波特出去交谈，结果正是要找的传教士，她将他们引导到教会。地方官员闻讯赶来，坚持要举行晚宴，听说正值克莱弗的生日，显得十分快活和真诚，还找到成熟的桃子作为礼物送给他。[1] 当晚借宿商业银行。罗森总感到每张床都有特殊的气味，想必是中国人用的传统杀菌剂，怀特进来送点吗啡，罗森提出这个问题，查出是他的脚的气味，而不是杀菌剂。

23 日，大雨倾盆，天还没放亮就起床，5 点 10 分动身。途中一座桥十分狭窄，大家全部下车，约翰尼像打步枪一样瞄着开过。前面驶来一辆伪装过的军车，窄路难以并排容纳两车，罗森闭上双眼，等待翻车。军车紧贴客车，向前移动一米左右，约翰尼眼睛不眨，也不改变 50 公里的时速通过。

24 日清晨 2 点到达江西省的南城，安置在城外的中国军队司令部里。军方告知南城机场也被破坏，飞机只能指望吉安了。司令部有碘药，自从坠机后的五周飞行员还是首次发现，却饱受臭虫、虱子的叮咬。司令部留住美国朋友，他们也想稍作停留，恢复体力。达文波特遛一阵回来，带来爆炸性的新闻。他遇上爱尔兰籍天主教牧师，同到

[1] [美] 泰德·W. 罗森:《东京上空三十秒》，第 145 页。

教会。牧师有一台收音机，给达文波特收听旧金山的广播，新闻提到杜立特回到美国，晋升为将军，获得国会英雄勋章，每位参战者都将授予特殊服务十字勋章和特等飞行十字勋章。达文波特喜出望外，牧师们也来看看飞行员，谈谈9号机沃特森一行在一个月以前经过南城的事。

下午，一位中国上校看望飞行员，随带一些唱片，飞行员希望放完所有内容，上校用曲柄旋紧发条。他放出“筷子歌”，声音尖细，飞行员从来没有听到过。中国音乐有五个音阶，留声机放到三个以上就中止了。上校每放完一歌，罗森总是朝他笑笑，问起是否有美国唱片，回答说当然，最好的。他从下面抽出一张，由一个女子歌唱，音调很高，曲子悠远而含有嚓嚓声。唱片有破损处，歌唱消失，只听到指针的沙沙声。飞行员问这是什么，他吃惊地回答，当然是珍妮特·麦克唐纳。余下的中国唱片继续放唱，上校出去一下，厨房人员和其他服务员倚门欣赏。留声机停下来，他们中的一人跳进屋内，上紧发条，留声机再次响起。

晚上，大大小小的蚊子、臭虫，一只只饿得发慌，扑向陈慎言，钻进他的帐子。他点燃蜡烛，移进帐内熏杀，却引发帐子起火。他边诅咒，边猛击火苗，罗森忍不住笑出声来。

25日4点半起床，一辆1942年产的福特车已在等候，它在前一天从吉安开来。6点告别约翰尼，驶上平坦的公路，9点半在临川吃中饭，陈慎言买下一只漂亮的花瓶，作为赠给罗森妻子的礼物。途经一条河需轮渡，轮船的引擎以木炭做燃料，河中突然发生故障，轮船随水流漂浮，直到另一艘轮船追来，用钩挂住，却马力不够，幸亏故障排除，两船齐力驶向对岸。好事多磨，汽车轮胎爆裂，险些栽入河湾。换轮胎时，克莱弗纵入河中洗个澡。途中遇到一位英国上校，他正奔赴战场，向美国飞行员招呼：“再见，我必须上路。”

晚上6点抵达吉安，投宿美国飞虎队旅馆，吃到西式正餐，沐浴一番。飞虎队已外出执行任务，留有一位无线电报务员，两位中国知识分子安排罗森一行。这两人一位是官员风纪整顿协会的总书记，另一位担任飞虎队的翻译，掌握的美国俚语胜过罗森他们。飞行员与翻译进行长时间谈话，分享他的香烟。他说日机轰炸上海，专选大学和中小学，罗森以为浪费炸弹，他进行反驳："不，那些日本人都是精灵鬼，知道学校培育精英，所以要设法摧毁基地——我们的大学和学校。"罗森把艾伦手枪送给他，枪已生锈，他显得非常喜爱。[1]

第二天，空袭警报响起，一架日本侦察机飞临上空。陈慎言为罗森的妻子艾伦买下一套精美的中国茶具，翻译得悉艾伦即将为人之母后，赠送一颗中国银质纽扣，说会带给艾伦和孩子好运。飞行员利用闲暇进行第一次理发后，一位中国校官和太太带上女儿来看望飞行员，他们都知道杜立特，杜立特曾路过吉安，他们款待过他。

吉安的机场已经炸毁，没有飞机运送美国飞行员。

27 日 6 点半，吉安市市长送来刺绣的衬衫和新短裤，一些高级官员到旅馆看望飞行员，留下他们的名片。

7 点钟启程，在湖南的茶陵县城停下来，花两小时修补两只轮胎。茶陵并不安宁，鞭炮震天响，用来驱逐乞丐群。飞行员的另一个麻烦接踵而来，一个带武器的人强行搭车，他的两支毛瑟枪引起达文波特和怀特的极大兴趣。陈慎言与他交谈很久，停下来静听 10 多分钟，那人才住嘴。陈慎言告诉飞行员那人是土匪，但他们没有发现其他匪帮。晚上 9 点半驶入衡阳，那人本能地搜走所有的武器离去。

衡阳机场为防止日机降落，在前几天用 100 多颗炸弹破坏，填实需要一个星期。衡阳留有杜立特、格雷、沃特森和霍尔斯特伦的肖像，他们都胡子一大把，衣着肮脏，外观奇特。撒切尔和史密斯一行在衡阳逗留时，日机连续轰炸三天，险些在日机回炸时难以脱身。他

[1] [美] 泰德 · W. 罗森：《东京上空三十秒》，第 151 页。

衡阳战地服务团与美国飞行员纪念合影

们注意到附近山上的一个塔，问题就出在这里，日机用炸弹和机枪对付这座塔。罗森十分动情："这使我感激不尽，在我们孤立无援的情况下，忠诚的中国人沿途鼓舞我们，让人没有想过会出什么叛徒。"[1]

28 日下午，汽车在街上缓行，飞行员边看边买东西，罗森始终留在车上，静心观察一切。每个乞丐和商人都发出不同的声音，突出他兜售的物品或他急切的需要。汽车边人流不断，总有人紧贴窗口，盯视罗森的腿根、破嘴和白脸，显得十分惊奇。有位商人送给罗森一幅刺绣的卷轴，图案为美国秃鹰，为艺人通宵赶制而成，罗森非常珍视这幅作品。这位商人还送给每人一根剑杖。[2]

全体拍过照片。达文波特感染上一种皮肤病，变得不太活跃。

下午，早早吃过晚饭，飞行员作为贵宾骑上从日军俘获的东洋马

[1] [美] 泰德 · W. 罗森：《东京上空三十秒》，第 152 页。

[2] 同上书，第 153 页。

前往火车站。登上火车，一节英式车厢，拥挤，颠簸。

启程回国

29日上午8时，火车驶入桂林站。一辆救护车为罗森备好，燃料用樟油，样子如马车，罗森备受震动，不愿再乘，改放行李，所有的人都乘坐客车，前往飞虎队旅馆。全新的旅馆掩蔽在树林中，离机场二三公里，机场保持完好。飞虎队在其他地方，只有一位无线电报务员留下，罗森一行品尝到久违的咖啡。大家渴望飞机降落，报务员与重庆联系，次日会有飞机，一位来访的中国校官也说接到通知会有飞机到达。

30日，飞机来临，却是日本轰炸机，共12架，排列很紧，对市区和机场轰炸一番。中国人具有令人吃惊的报警系统，报警器是一个破旧的汽车刹车圆筒，受敲击发出巨响。第一次警报响起时，美国飞行员正在吃早饭，立即站起来。飞虎队的报务员要他们坐在原位，敌机还刚起飞，他自己仍从容地继续吃饭。飞行员大惑不解，他说听敲的节奏，飞机临近，敲击越来越快。报务员慢条斯理地喝着咖啡，听到警报声转急时离开座位，飞行员跳起来，跟他到旁边的岩洞里。

日机过后，又有飞机响声，出来一看，是中国航空公司的DC-3飞机，正对准飞虎队的机场。飞行员钻进吉普车，冲向机场，飞机却已升空，后来才明白这架飞机并不是来接运他们的。

31日晚上，大家乘坐吉普车到附近一个村里去看电影，片名为《盟军在太平洋》，美国人看不懂中国片，陈慎言感到抱歉。他去买来鞭炮和导火线，笑笑说："我们该好好玩玩，放放鞭炮。"大家坐在走廊上，一群中国人也聚拢来欣赏。罗森经过长时间的颠簸，对鞭炮的震动也心有余悸，他退到屋里，发现《矿工》《读者文摘》《时报》和《伦敦图文新闻》，都是些一年前的杂志。

6月1日，暴风骤雨，未见飞机，报务员和麦克鲁驾驶吉普车驰向机场，用无线电向重庆询问飞机事宜。他俩回来报告，飞机曾两次出动，都被迫返回，一次因机场情形，另一次因暴风雨。

3 日下午，一架 DC-3 飞机降落，大家在旅馆里呼喊，招手。唯一的交通工具，那辆吉普车已在机场，大家只能干等，似乎一个半小时后，才听到吉普车的声音。飞机驾驶员为飞虎队成员，同来的还有罗森的同学德克斯·卡尔顿、13 号机驾驶员麦克尔罗伊和 5 号机驾驶员琼斯，他们带来一袋药品。罗森一听到琼斯的声音就哭出来，琼斯异常关心罗森，他在衢州从令人费解的中国传闻中获悉怀特将为罗森截肢，立即写成一封信，通过战时特殊组织递步哨送给罗森。罗森当时无法阅读，菲兹吉拉德夫人在一旁念，信中有些咒语，弄得她脸红耳赤，在罗森看来却挺有趣味。截肢只字未提，罗森肯定他已知道。

四个机组的飞行员分别两个半月，急于要了解各机情形，交换各种看法，谈话一直持续到很晚。

4 日清晨 5 点，飞机升空，大家一身轻松，终于摆脱日军的追捕。在空中一个多小时，桂林机场的报务员来电，日机开始轰炸机场。

9 点半飞抵昆明机场，受到热烈欢迎。停在机场上的飞虎队 P-40 飞机，绘有鲨鱼鼻的图案。队伍中有许多陆军官兵，哈斯第和奥尔森还是罗森的同学。罗森与他们交谈，怀特为他包扎伤口，等待救护车的到来。飞虎队谈到他们怎样组队对付日机，日本飞行员怎样不用降落伞或者拒绝使用，看到许多日本飞行员跳出被击中的飞机。日本人为此耗费很多炸弹和子弹，中国人称陈纳德队员为“老虎”。他们谈话时，琼斯、卡尔顿、麦克埃罗和陈慎言留在机场，一小时后琼斯进屋。罗森问陈慎言在哪儿，想为他祝福。

“他在机场得到命令，马上前往重庆。”琼斯说。

罗森不知所措，“他是我遇到的最忠诚的人。在临海、在路上的那几个星期里，为我们没有什么事情不愿去做，他日日夜夜侍候我们，任劳任怨。他没有也不想得到分文”[1]。罗森回国后，国防部要杜立特机组人员列出给以帮助的中国人名单，罗森对陈慎言竭力表达感激和崇敬之情，竟找不到恰当的词来形容。

在昆明接到指示，不必前往重庆。根据怀特的建议，罗森、麦克鲁在印度新德里检查后，飞往华盛顿，在沃尔特里德医院接受治疗。

5日，飞机越过高耸的喜马拉雅山，降落在印度的美国空军基地。见到格雷和乔伊斯，他们在袭击东京以后被分配到这里驾驶运输机。同日，飞转另一个空军基地，又转新德里。

7日，飞往卡拉奇。格里宁、希尔格、史密斯、霍尔斯特伦、魏尔德和另外一些人都在机场，将一起回国。当晚越过巴勒斯坦，跨过苏伊士运河，到达开罗。

10日，正想飞离开罗时，克莱弗和奥祖克阑尾炎突发，怀特把他们送回开罗医院。午后降落在尼罗河边的空军基地，杰克·西姆斯、泽斯勒和威廉姆斯已在那里，同机前往黄金海岸。13日，在“亚洲机场”吃中饭，晚上横跨大西洋。大家都睡去时，罗森拄杖站起来，走向刚空缺的副驾驶员座位，他坐下去，驾驶员看出他的心思，拨离自动驾驶仪，让他操纵，他驾机飞行一个多小时。15日下午到达波多黎各，罗森决定穿上中国人送的丝质拖鞋。16日下午，终于在博林机场降落，伤员送进沃尔特里德医院。

初到美国

9号机驾驶员沃特森的手臂仍然严重错位，住院快一周时施行手术，情况很快好转。罗森和麦克鲁在沃特森病房吃饭，杜立特突然走进来，罗森想竭力站起来，杜立特把手搭在罗森的肩上，不让他这样做。杜立特说他没能到机场迎接十分抱歉，因为他没有得到通知。他

[1]［美］泰德·W. 罗森:《东京上空三十秒》，第172页。

表示会关照伤员，要得到尽可能好的治疗。罗森认为杜立特直到怀特在国防部面告时，才得到他截肢的确切消息。

杜立特告诉罗森他的母亲中风病倒了，罗森不敢提母亲，只是无言相对。料理他母亲的护士怕她承受不起打击，对她封锁消息，当时的头号新闻为罗森这些参加袭击的伤员，文章还配上一些图片，护士不让她看。她听到广播，了解到儿子的情况，早有心理准备的她没有心碎。罗森后来还得到帕克夫人给他母亲的信，信应他的要求，在他们离开临海两周后写成，因战争而迟迟到达美国。信中说罗森就治的医院有两位中国医生，都受过英国教育，加上 15 号机的军医，医术在浙江省首屈一指。四位传教护士专门服务，菲兹吉拉德夫人偕同丈夫，带上两个孩子从邻县仙居赶来献力。罗森生命垂危，不截肢难以脱险。手术后身体恢复，在赴重庆的路上会有很好的照顾，“中国政府和人民非常热情可靠”[1]。

杜立特问罗森想为妻子艾伦做些什么。罗森说他在中国时就一直想写信给她，见到自己的腿根就没有勇气了，在回国的路上打算“待在沃尔特里德医院，直到腿和脸医治完毕，学会使用假肢。艾伦可能认为我还在中国或印度，而我却好好的，强健地走向她，告诉她发生的一切”。杜立特表示赞成，他在次日早晨打电话给艾伦，又来看望罗森。罗森问他是否谈到腿的事情，杜立特回答没有，他只提到罗森住的地方和安全情况，在电话里不能说的事，将在信里告诉她。

艾伦突然出现，罗森跳起来，忘记一切，忘掉拐杖，向前迈动一步，跌倒在她跟前。医院把她安排在女服务员的房间里。

罗森养胖一点后，医生开始做手术，切削原腿根。像第一次手术一样，这次脊椎麻醉不十分见效，加施碳酸氢钠，罗森失去知觉，医生做完整修手术。罗森的嘴部和下巴需要整治，X 光显示，撞出防护

[1]［美］泰德 · W. 罗森:《东京上空三十秒》，第 219、220 页。

玻璃的冲击力将牙齿一刮，戳入窦部。医生拔出牙齿，连带牙床上残留的一点肉，然后矫正嘴巴和下巴，这两件事都无法直接进行。

一些实习生围拢观看。医生蒙住罗森的双眼，标出有疤痕的部分，用极其锋利的仪器割除，涂上普鲁卡因，去除割痕。医生一本正经，在割入下嘴唇时，告诉罗森手术会有疼痛。实习生要求将罗森转过来，可以无障碍地直视。切割，整形，缝合，花去很久一段时间。一位医生说："天哪，海滩的沙子还在里面。"

27 日，在博林飞机场，25 位飞行员佩戴上特等飞行十字勋章，罗森要艾伦跟随其他夫人一起去分享光荣的时刻。授奖结束，飞行员来到医院，围着病人坐下来。

泽斯勒和帕克住进医院，治疗疟疾发热。

7 月 6 日，在院病人也获得特等飞行十字勋章。麦克鲁和沃特森依靠拄杖伸出手，罗森穿着睡衣，杜立特笑容绽开。陆军航空兵参谋长米勒 · F. 哈门少将、财政部部长、沃特森的父母和妻子、麦克鲁和母亲、艾伦都满面春风。

25 日，中国使馆人员朱世明少将，授予全体人员中国军事奖。杜立特再次出现，与伤员度过很长一段时间。

15 号机得到渔民的救护

飞机平稳降落，停留在水面大约八分钟，让飞行员有时间搬运物品。射击手怀特从容不迫，异常冷静，待在飞机里，把医药用品搜集到一起，带上一切可带的东西。降落伞、枪带、急救包、怀特的药物和他的装有外科器材的 A-2 包，都装在充气的救生筏上。不幸救生筏戳破漏气，只好让物品和领航员兼投弹手泽斯勒留在上面，其他人下水游泳。搏斗半个小时，一个大浪袭来，倾翻救生筏，所有的物品倒入海里，只有一个急救包浮出水面，驾驶员史密斯拖着游向海岸。他们在水中抗争了一个半小时，终于上岸，爬上22米高的岩石，大家聚在一起。一个小时后看见村里的一盏灯火，就向着那里前进。

飞行员摸黑进入大沙村，“渔民以为是日寇土匪进村，纷纷上山躲藏。赵小宝和其丈夫麻良水匆匆离去，忘了关灯，即从山中返回家中，隐约看到家里猪圈内躲藏着几个高鼻子外国人，因弄不清情况，请来村校教师，教师不懂英语，便在地上画了中、日两国国旗，飞行员指着中国国旗点着头与大家握手，然后拿出地图，指着美国的位置，才知道是盟军美国驾驶员。于是忙把他们迎进家里，生火烤衣，安排食宿，煮鸡蛋慰劳”[1]。怀特藏好胶卷，把所有随身携带的纸张等全部烧毁，其他个人记录都与飞机一起沉入大海，肯定不会落入敌手。夜里，日军进村搜查，赵小宝丈夫麻良水，连忙把他们藏在夹墙里避开搜查。

“天微亮，他们比画说还有一个未找到。于是，由他们引路寻找，又在大门头山附近一岩头旁找到另一个飞行员，只见他手上划破，殷殷出血，他们把他搀扶到家。刚进家门，五个人突然抱在一起，又是跳又是喊，显得格外高兴。赵小宝精心替那个受伤的飞行员包扎好伤口后，招呼他们在家吃了早饭。然后由其丈夫麻良水等带五个飞行员到甲长家。”[2]

吃过中饭，村民决定护送他们到三门县政府。日军已发现罗森的飞机，正张网搜捕美国飞行员，为防止意外，村民将他们藏在大王宫的“天打洞”内。傍晚，他们给飞行员罩上渔民的衣服，带上斧头和肥皂，肥皂涂在摇橹处，可以消除声音。临别时，飞行员送给赵小宝

---

[1] 周义华:《营救美国飞行员》,《象山文史资料》第7辑，第70页。

[2] 林志龙:《象山人民勇救美国飞行员纪实》,《宁波文史资料》第16辑，第237、238页。

家两只指南针、一只手表和一支钢笔。

当晚潮水上涨，渔民避开日寇封锁线，用小舢板运送，他们小心翼翼地沿岛礁边划行，在南田韭菜湾上岸。三门县自卫大队贾富昌部前来接应[1]，派五人护送。"至五屿门遭遇敌舰，迅速折回至龙塘箬鱼山，敌舰队即跟踪而至，继上山避入石洞，幸敌寇仅于山麓搜索，才免于难。"[2] 20日晚横穿南田岛，岛北端的石浦由日军占领，情形非常危险。21日，65个日兵搜索岛屿，飞行员躲入寺庙。当晚上船，乘风驶到位于三门县城东面的健跳镇。这时日军两艘炮艇在海游湾守株待兔，飞行员庆幸出敌不意，逃脱敌人的魔掌。22日早晨前往海游，16时到达目的地。

获悉又一批美国飞行员光临，三门县各界兴奋万分，陈县长立即率领机关工作人员到郊外迎候。县政府赶制内衣赠送，安排最好的地方住宿，竭尽全力招待。各界举行欢送大会，以隆重的仪式，向美国英雄献锦旗致敬，飞行员相继致辞答谢，全体合影留念。临行时，民众列队欢送，儿童争先恐后地献上鲜花，抛掷彩纸，飞行员表现出依依难舍的神情。

在南田，当地人告诉罗森机组的伤情，怀特急于追赶，实施抢救。15号机组在海游停留一个晚上，洗过澡，整顿一下行装，23日早晨就出发，随行有一个会说英语的向导，一队守卫的士兵。24日10点到达临海，立即赶往医院，用上唯一的急救药物。

下午，希尔格少校来电，要他们到三门县去收拾两具尸体。他们感到电文有差错，征求临海县长的意见，怀特与三门县县长取得联

[1] 此据《杜立特东京袭击者》第289页，宁波档案《美派遣军总司令部函请申请协助美空军官兵出力人员名单》，也有"贾富昌"的人名。《象山文史资料》第7辑第70页、《宁波文史资料》第16辑第238页，都作"陈镕"。

[2]《象山文史资料》第7辑第120页摘录民国三十二年《三门县年鉴》。

三门县欢送美国飞行员

系，询问这方面的情况。对方告知，6 号机的两具尸体和三位幸存者都在象山县的爵溪镇，那里属于敌占区。

25 日，副驾驶员威廉姆斯为罗森献血两次。27 日，离开临海，怀特留下，7 号机的撒切尔一起动身，他轻伤，能够独立行走。晚上在仙居县城过夜。28 日到达潘滩，29 日前往缙云县。

在仙居与缙云交界的苍岭，当地政府雇请民工用竹轿把他们抬到壶镇，当天住宿在括苍山圹沿原官店的楼上。

“当时迁移在壶镇的杭州安定中学，曾组织师生跟五位飞行员进行了联欢活动。那天下午，五位飞行员由安定高中部主任、英语教师王嘉范先生陪同（并担任翻译）来到学校参观，并跟高中学生篮球队举行了一场精彩的篮球友谊赛。篮球赛在后塘高中操场的篮球场举行，学校师生都去看比赛，观众达 1000 多人，其中很多人是想看看第一次到壶镇的美国飞行员。这五位飞行员身材都很高大，比一般高中学生至少要高一个头，虽然他们球艺并不很高明，但个子高，接球好，学生从高处抛球都被他们拦截，获得在场观众热烈鼓掌声。学生队就扬长避短，改换战术，从低处传球，比赛很激烈，打得难分难解，比分较接近。比赛结果是42比40，学生队虽然胜了客队2分，但论体力和技术学生队不如‘美国队’，大家对五位飞行员都很佩服，对他们每个人都留下深刻的印象，至今记忆犹新。”[1]

30日早晨，飞行员应邀到安定初中部操场，史密斯给全体师生做轰炸日本的报告，王嘉范仍然担任翻译。安定中学初中学生、壶镇小学学生及壶镇各界人士1000多人到场聆听，对美国飞行员直接打击日本本土的行动拍手叫好，希望进行再三的进攻，击败共同的敌人。

报告完毕，美国飞行员启程，13点，在永康县城以南16公里的地方乘上两辆汽车，又享用丰盛的宴席，酒足饭饱后前往金华。在那里登上火车，21点30分抵达衢州，接往第13航空总站。

5月3日19点30分，乘坐向西的火车。4日早晨在江西鹰潭改乘客车，16点30分到达衡阳。14日10点20分登上军运飞机，13点在重庆降落。

史密斯在回忆文章中列出从檀头山到临海有功人员的名单，强调“正是主要得力于这些人的努力，我们才能安全到达目的地”[2]。三门县“救护美空军人员经过，经奉航空委员会呈奉，蒋委员长嘉奖并发奖金5200元，此后又蒙美国驻中印缅派遣军总司令史迪威将军代表该国表示感谢，并函开出力人员名单转中谢意”[3]。

---

[1] 丁文瑞：《美国飞行员经过壶镇记》，《缙云文史资料》第1辑，第110页。

[2] [美]卡洛尔·V.格林：《杜立特东京袭击者》，第291页。

[3]《象山文史资料》第7辑第121页摘录民国三十二年《三门县年鉴》。

在浙皖边境

1 号机化险为夷

误为“日本佬”

杜立特以前表演特技时曾踝骨断裂，不能像伞兵那样着地，而是用双膝首先触地。降落地是块稻田，田里满是水，腰部都浸湿了。他慢慢解开伞带，扔在一边，爬出泥田，冷得要命。美国人把中国的田地看成用“夜尿”浇灌的地方，靴子里满是“臭水”，他干脆扔掉，想到走路还得穿，又硬着头皮捡回来。

不远处有座小房子，透出灯火的亮光，他摸索着前进，小心翼翼地来到门前。敲敲门，喊着在舰上学会的汉语：“Lushu hoo megwa fugi”[1]（我是美国人）。里面有人做出反应，门“砰”的一声闩上，灯火马上熄灭，再也没有声响。

杜立特运气不佳，遇上一户地道的乡下人家，主人名叫季永兴，世代在天目山南麓的浙江省於潜县盛村耕种，很少见世面。他的媳妇

---

[1] “Lushu hoo megwa fugi”，据《杜立特东京袭击者》第 131 页和《令人惊叹的杜立特先生》第 197 页的写法，此书第 224 页和《东京上空三十秒》第 81 页写作“Lishua Megwa”。

春花正在灯下忙于做针线活，听到有人敲门，从窗口探望，外面人的模样从没见过，简直是个外星人，吓得后退，把杜立特拒之门外。

杜立特只好胡乱地走动，他踏上一条小路，走一公里，遇到一个稻桶般的巨盒，搁置在两个锯木架上，钻进去至少可以抵挡一下凛冽的寒风。巨盒上盖有木板，他移开它们，爬上锯木架，正想进入，发现已有一人在里面。这是个老人，双手平和地安放在胸口，不是睡去，而是死去，杜立特推断当地的停尸房就设在这里。他也无所谓，不过巨盒的木板太薄，难以御寒，不得不告别老人退出来，继续上路。

溪边有个水碓，摇摇欲坠的，里面却相对干燥，在这风雨交加的夜晚，倒可以遮蔽一下。天太冷，睡不着，他弯弯腰，做做操，以此来增加体温。

4 月 19 日的早晨仍然阴沉沉的，雨不再嘀嘀嗒嗒地叫闹，杜立特走出去，遇到一位起大早的老农，对方奇怪地打量他。他用“我是美国人”的生硬汉语介绍自己，老农理解不了。他在纸上描出一幅火车头的图画，标上一个大问号，老农笑笑，点点头，好像附近有条铁路。老农招呼杜立特跟着走，大约走过一公里，来到一个兵营，而不是铁路。

兵营是浙西行署的守卫部队青年营，营部驻扎白滩溪，一位少校带着怀疑的神色审视杜立特，伸手想取他皮套中的 45 式手枪。杜立特摇摇头，注意到眼前的这位少校对英语的理解能力相当好，就解释说他是美国人，前一天晚上从飞机上跳伞，作为中国的盟友，应该保留枪支。“片刻间出现不舒服的沉默，少校与他的三个士兵拨动手中的汤姆枪，注视沾满泥浆的美国人。少校稍作犹豫，杜立特以为他正要下令，立即枪毙自己。”[1]

杜立特灵机一动，说带他们到降落的地方看看，证明自己没有撒

[1] [美] 昆汀·雷诺斯:《令人惊叹的杜立特先生》，第 211 页。

谎，少校点点头。

重新来到那块田边，却不见降落伞，三个士兵低声私语一番，少校的眼神里充满了不信任感。杜立特心想，那户人家会证明他曾经来喊过话敲过门，要求少校去问问。不料，没有经历过场面、见兵恐慌的主人，脸色煞白，话不由己地否定前一天晚上的事，结结巴巴地说没有见到降落伞。杜立特急得满头大汗，极力向少校说明他是美国军官，轰炸东京归来，还有另四位随他降落。杜立特费去九牛二虎之力，仍无法消除少校眼睛里深固的怀疑。这种疑虑却由两个士兵打消了，他们从屋里出来，抱着白色绸质降落伞，脸上荡漾着笑意。少校紧紧地握住杜立特的手，用饭菜招待杜立特，命令士兵回营，带队寻找另外四位飞行员。他自己准备陪杜立特到天目山，去见浙西行署主任贺扬灵。

盛村的小孩特别兴奋，到杜立特降落的田里去寻宝。他们踩到子弹，摸到小包牛肉干，里面一点不湿，可尝尝异国风味，感觉特好。一包黑溜溜的食物，不知什么名目，谁也不敢塞进口里。[1]

就在杜立特走出水碓时，他的副驾驶员科尔也从高粱山下来，他降落时倒挂在树上，没有受伤，在树上过了一夜。他将降落伞划开做成一个背包，背着走，一直背到重庆。[2]

高粱山在射干村，属于临安县境，距盛村六公里。放早牛的牧童看见科尔就喊："日本佬，日本佬！"关心世事的张根荣一骨碌从床上爬起来，心想没有枪声，哪来的日本佬。他快步走到外面，一个"高鼻子"已经走近，身上背着行李。张根荣常到敌占区的杭县等地挑运货物，出入日军岗哨，熟悉日本人的模样，断定这位"高鼻子"

[1] 2000年3月采访季金富、季良、季呈灿。

[2] 王维在美国纪念杜立特轰炸东京70周年会上采访科尔。

根本不是日本佬，就带他到隔壁王伊妹保长家[1]。他家的正堂悬挂着孙中山画像，张根荣指给飞行员看，没有反应。给茶，不喝；饭也不吃。飞行员取出香烟，带过滤嘴的，当地人从未见过。他用打火机点着香烟，旁观者看着“洋火”发奇，联想到前一天晚上高粱山上的“鬼火”，心想原来就是打火机发出的。那些带牛奶味的饼干，令一辈子吃土货的人感到特别的腥气。

保长一面将科尔送到县监察委员张间家，一面差人飞报张间。张间住在射干村，闻讯赶来，在路上与科尔相逢。张间会说“中国”“日本”两个英语单词，借助手势，说明日军在50公里以外的余杭县，这里十分安全。科尔用手拍拍胸脯，表示放心，又演示跳伞的动作。走进张间家，凳子还没坐热，科尔把手放在耳朵边，模仿摇电话的动作[2]，表示急于要打电话。他拉起张间的胳膊，示意要赶快上路，到该去的地方。在射干通往白滩溪的半途“尚志岭”，科尔见路途荒芜，显出紧张的神情，送给张间一美元纸币，要他回家。张间比他更加不放心，一个外国飞行员，人生地不熟，单独闯荡，凶多吉少，坚持送行。走到白滩溪，青年营官兵正在出操，科尔认出是中国友军，告别张间，直奔军营。

张间在附近亲戚家逗留一段时间，回到家中，得知另三位美国飞行员在苕云区区长李关安的陪同下，在家里休息过。他母亲煮鸡蛋招待，飞行员试用筷子夹，不成功；用双手使劲，才夹起，禁不住哈哈大笑，仿佛打了一个大胜仗。[3]

三人中的领航员波特降落在射干以东的碧琮村。19日一大早，他

[1]“保”为民国时期的地方行政单位，保长相当于村长。

[2] 那时的电话不是拨号，而是手摇式的。

[3] 2000年3月采访张间、张根荣、张富荣、张钱花、林冬兰、朱学纬、袁兴国、黄水英。

从“大山”上下来，经过“中山庙”，漫步到“泥桥”头。在桥旁水碓里舂米的俞交生见到“日本佬”，急忙去喊他的兄长俞根生。俞根生当时担任保队附[1]，会操刀宰猪杀羊，膂力过人。他听到有日本佬单独闯村，与弟一起奔跑过去，俞交生一把抱住波特，俞根生缴下枪、刀、钢笔之类东西，向空中开几枪。拿来绳子绑住双手，押到吴家祠堂。

碧琮村一下子热闹起来，围观的人越来越多，双方语言不通，只能用眼睛看看而已。不多久，南面高岭的住户呼声冲天，大家抬头望去，见一个外国人从山岭下来，脚一跷一跷的，个子不高，远处的模样倒有点像日本佬。走到近处一看，与绑起的一样，都是高鼻子。他身上没有枪，就放他一马，免除捆绑的手续。

这位幸运儿是投弹手布雷默，他降落在於潜县郜家村毛公岭沙家坞，地界与碧琮相连。他腿部受伤，但还不至于不能动弹，在原地合眼过夜，第二天天一亮就急于寻找同伴。布雷默似乎对方位十分敏感，沿山路往碧琮走去，途中遇到村民叶汉亭，上前问路叶听不懂，仍然向前行进，终于与波特相会。他的降落伞被一个姓朱的村民拔笋时发现，交给当地的小学教师朱雅卿。另一个儿童王似民，在毛公岭口的田里摸螺蛳，看见一条帆布皮带，上面系着水壶、手枪、子弹盒、铁皮盒。这些物品都在布雷默在跳伞时受震弹出，人随伞飘开，黑暗中无法找到。子弹盒中装满子弹，铁皮盒内盛有纱布、棉花，看来是个急救包。王似民将枪和子弹交给朱雅卿，一起上送浙西行署，获奖金 100 元。[2]

面对两个外国人，碧琮村村民议论纷纷，他们中有闯过江湖的，有从敌占区逃难来的，都见过日本人，感到眼前的两位不像东洋鬼子。

---

[1] 相当于一村的民兵连长。

[2] 2000 年 3 月采访钱德清、朱阿发、王似民。

有人提议，应该交送浙西行署，让上级机关处理。俞根生觉得有理，带上几个土枪队员，背着原始式的鸟枪，开始押送，向由口村走去。[1]

那天是星期天，由口村的朱学三恰好在家，他毕业于浙西战时中学，在附近一个村办小学任教。当时他家正在添建猪舍。19日木匠来得特别迟，朱学三问他怎么回事，木匠说出在碧琮盘古开天地以来的特大新闻。朱学三根据木匠的描述，觉得人形不像东方人，他是个关心世事的人，知道美国已经参战，说不定是同盟国人员。他想去看看，凭着在初中学的一点“洋文”，去凑合一下，也许能够解决问题。他邀上弟弟朱学伟，急匆匆地向碧琮赶去。

“半路上即看见一大群人迎面而来，在几个肩挎步枪的群众前面押着两个外国人。朱用试探的口气说：‘How do you do！’话音刚落，他们露出希望的眼神，立即回答了同样的问候。通过简短的会话，才弄清楚他们是失事的美国飞行员，是我们中国人民的盟友，才给他们松了绑。大家表示了歉意，随即由朱学三同志带到他的家里，让保长俞根生到区公所去报告。两位飞行员在朱家啜饮着为他们特沏的新茶。朱家还端出现成的饭菜来招待他们。可是他们不会用筷，饭菜总夹不到嘴边，引起了在场群众的哄堂大笑。后来朱学三的母亲专门为他们煮了一小锅鸡蛋，他们才津津有味地吃起来。”[2] 朱学三家来了外国人，老乡不断挤进屋来，都想一睹天方来客。得知美国飞行员是轰炸东京的英雄，为饱受日军侵略的中国人报一箭之仇，民众纷纷敬烟敬茶。

苕云区区长李关安赶到朱学三家，他不懂外文，心里仍不踏实，再三问朱学三他们到底是不是美国人，是不是轰炸东京归来。得到肯

[1] 2000年2～3月采访陶凤尧、王春福、李煜昌、陶凤语、沈根凤、董林堂、吕松年、吴达中、吴丹凤、马士文、郑金全、裘秋香。

[2] 王珍：《中美人民友谊长青》，《临安文史》铅印内部资料第1期，1985年9月5日印行。文中称俞根生为村长，误，当时的村长为陶凤诰。

地有声的回答后，决定继续把美国人护送到浙西行署。美国人顺路去拜访了朱学三的祖坟，恭恭敬敬地鞠上几躬，表示对朱家的谢意。[1]

他们走到射干村口的乌石桥，听到锣声、鸟枪声和呐喊声交织在一起，一大群人正在搜山，闹得沸沸扬扬。知情的村民说山上的人与眼前的两个美国人相似，朱学三告诉波特他们，他们喜上眉梢，知道是自己的同伴。他们两人不断地用英语呼喊，山北漆树湾的那个“日本佬”，听声音熟悉，选择有利的位置观望，看清是波特和布雷默，后面还有一群东方人，以为被敌人捕获，不顾一切地大呼着，冲下山，出乎意外，发现他们处在中国人的友好气氛中。波特他们扑过去，叫着射击手伦纳德的名字，紧紧地拥抱在一起。在场的观众爆发出狂热的欢呼声。

伦纳德的降落点位于由口村燕子坞，处在射干村与碧琮村之间。他裹在降落伞内度过一夜，天亮后往南走，想找到同伴。一路上都有人看见他，引起警觉。这段时间，政府宣传要提防德国、意大利和日本的空降部队，百姓已有戒心。他感到不对劲，走到10公里处退回。宋家村田里楼家富在干活，伦纳德走过去向他问路，摸出一块铜质的纪念章赠送，继续往回走。接下去发生在东社的事，他曾激动地告诉同伴：“向降落地后退时，我遇上四个背步枪的人，一个向我走来，想举起我的手，另三人拨弄他们的枪机。一人抓住手臂，刹那间，我抽出45式手枪，在一个人瞄准正要开枪前，我开两枪。他们跑离，因而我转身爬上山顶，看到山脚村民聚拢来，都背着步枪，我尽可能地藏好。”[2]山下的人越围越多，锣鼓喧天动地地敲起来，民众只有土枪，敌不过“洋枪”，也没有经过严格的军事训练，始终不敢接近山上的“日本佬”，气氛虽紧张，但没有惹出事来。波特他们赶到，正

[1] 2000年2月采访朱学伟，2001年5月采访朱法娣。

[2] [美]卡洛尔·V. 格林：《杜立特东京袭击者》，第134页。

好为伦纳德解围。[1]

三个美国人欢天喜地，要与中国人分享快乐，慷慨地掏出身边带着的小包牛肉干，递给家住漆树湾的陈顺元。陈顺元带回去给孩子们，他们不敢吃，担心里面有什么可怕的东西。闭塞的乡村，文化的落后，外语的缺门，造成不必要的误解。

美国人在李关安和朱学三的陪同下，到射干村张间家小憩后，继续上路。当地民众仍依依不舍，跟着送行，一直走到尚志岭，才三步一回头地离去。

伦纳德的降落伞被一个小名叫丁狗佬的牧童发现，背到主人刘先登家。消息马上传开，大家涌来争看这个破天荒以来第一次见的稀罕物。淘气的小孩手痒痒的，要过把瘾，将胯下的皮带系到腰带上，帽子拉下来裹住下巴，上面的绳索连接伞面，张开的伞面圆圆的。旁观者东摸西看，总算弄清降落伞是什么玩意儿。这把伞由苕云区署送交浙西行署，获得 20 元奖金。

在天目山[2]

西天目山上的浙西行署主任贺扬灵，接到临安县政府围捕敌兵的电话。不久又响起电话，青年营营长李守廉报告有两个外国人要送上山。贺扬灵吩咐夫人罗继芳备好饭菜，招待客人，邀来行署秘书赵福基和浙江地方银行浙西办事处天目山分理处主任沈鸿，他们英语水平不错，到时担任翻译。

7 点半过后，李守廉陪着两名美国飞行员到贺扬灵的公馆潘庄。杜立特紧紧地握住贺扬灵的手，作一番自我介绍。美国飞行员已一天

[1] 2000 年 2～3 月采访王知林、阮中奎、阮金海、孙林妹、陈迎香、陈顺元、阮妙生、阮春凤、阮金海、陈水林、陈水花、张世德、赵天伦、陈志英。

[2] 这一部分的内容主要根据《杜立特降落天目记》。

没有吃饭，罗继芳出来，引客人去用餐。

餐后，他们洗个澡，换上中国人穿的服装，拖着布鞋，口里不断地说：“顶好，顶好！”引得人们捧腹大笑。

1点钟左右，波特、伦纳德和布雷默三人来到天目山。杜立特狂喜地奔过去，张开双臂，紧紧地拥抱他们，和他们一一亲吻，抚弄他们的头发和面庞，并且反复地说：“伙伴们，我们成功了！我们成功了！”

吃过中饭，在贺扬灵的公馆潘庄门前合影，五名飞行员签过字，送给贺扬灵，留作纪念。

在客厅稍事休息后，接下来发生的事贺扬灵在他的书中有所反映：“大家围坐在一只朱漆圆桌的四周，纵谈轰炸的经过。杜立特还从口袋里抽出一张地图，据说这图是根据日本陆军参谋本部测量局

在潘庄下合影（左起：布雷默、伦纳德、沈鸿、科尔、杜立特、赵福基、波特、贺扬灵）

1926年绘制成的，比例四百万分之一，不但过于简略，而且有不少错误的地方。他又对我解释，美国现在还没有一张可供飞行用的远东详图。接着他又希望中国政府能帮这个忙。我看到那张地图上尽画着许多红圈和直线，杜立特告诉我这是指示要轰炸的目标——东京、大阪、名古屋、横须贺等地，以及预备降落的中国空军基地，如衢州、玉山和丽水，并且特别在重庆做了一个触目的记号。”

杜立特像个演说家似的谈论轰炸东京的经过，正讲得起劲时，贺扬灵的女儿贺绍英轻手轻脚地进来，依偎在父亲身上。杜立特明白小女孩的身份，笑嘻嘻地走过去，抚弄着她的头发，一会儿抱着她举得高高的，向他的伙伴们伸出大拇指，高声叫着生硬的中国话：“顶好！顶好！”

讲到飞机脱离东京险区时，他的同伴拼命地鼓起掌来，有的抱住杜立特狂吻。

他喝口咖啡，谈到三点意外，其中一点是飞机提前离舰，大白天出现在日本上空，万里无云，目标暴露，容易受到敌人攻击。

演讲完毕，他们走出潘庄，看见台阶前的两株樱花树，杜立特回过头来说：“日本就像他们崇拜的樱花的命运一样，容易开，也容易谢。”

晚上朱学三“和行署的翻译陪美国飞行员一起宿在天目旅馆。就寝前，行署派了医护人员前来询问他们的身体情况，并对劳昂埃特的腿伤作了护理”[1]。

贺扬灵与浙江沿海地区联系，获悉另四架飞机的下落，杜立特拟就电报稿。当晚，行署向重庆最高统帅部发去电文，请转告美国航空部队司令阿诺德：

[1] 朱学三：《临安军民护送美国飞行员》，《第二次国共合作在浙江》，第305页。“劳昂埃特”应作布雷默，朱学三当时手头没有英文资料，只能凭记忆写下。

轰炸东京已获成功。由于中国海岸的恶劣天气，估计所有的飞机都已失事。至今查明五个机组平安无事。

这份电报由在美国活动的外交部部长宋子文交给阿诺德，时间在21日，美国第一次等到来自杜立特的音讯。阿诺德立即拍电报向杜立特祝贺，向总统汇报最新的消息。

20日晨，李关安区长有事要回去，朱学三也想随他走，飞行员热情挽留。李区长也说朱学三在天目山读过书，这里的情况很熟，留下来陪美国人玩玩。盛情难却，朱学三就再留两天。

上午，美国飞行员仍在潘庄做客。杜立特在前一天晚上写成轰炸东京的经过，交给贺扬灵，内容包括杂记、问答和备忘录，还有一份要求代为拍发华盛顿的文稿。

贺扬灵与杜立特继续交谈，提到飞机坠毁在32公里外的豪天关[1]，杜立特立刻想去看看，特别想找到机尾的照相机。他摸摸下巴，幽默地说："还有我应该找到刮胡子的刀子，这两天它已经长得不像话了，幸而我的女朋友不在这里。"

14点多，寻机队在崎岖的山间道路上行进。赵福基带路，他骑着从日本鬼子那里俘获的东洋马，杜立特坐人力车，伦纳德随行，波特与布雷默都有伤情，留下没去，科尔也想休息一下。

豪天关位于於潜与安徽省宁国县的交界处，飞机落在宁国县啸天乡辖区的山顶，机身因杜立特降落前关闭油门，没有焚烧，有四处开裂，中间断开，机头及螺旋桨飞落山脚，机翼和轮子跌落山谷。

"杜立特坐在山石上，呆呆地望着支离破碎的飞机，它本来是架壮观的铁鹰，这象征他领导这次行动希望的破灭。他感到一切都已失败。其余15个机组在哪儿？也许他们都被俘获，或者他们的飞机全

[1] 民国时称为"昊天关"。

1 号机中间断裂

杜立特坐在飞机上，
神情沮丧

部报销。他的头耷拉下来，靠双手拄起，这是他生平首次经历灰暗的沮丧。”[1]男儿有泪不轻弹，他不知不觉地潸然泪下，口中喃喃自语，这是一次失败，完全的失败。

伦纳德理解指挥官的心情，手轻轻地搭在他的肩上，平和地说，他想请求一种特权，不管今后杜立特被派往哪里，他都想成为机组中的一员。杜立特回答说，上级再也不会给他飞机糟蹋，从此会剥夺飞行权[2]，如果不降职就算大幸。伦纳德肯定地说：“中校，你错了！你知道，当你回国后将会发生什么？将提升为将军，颁给国会英雄勋章。”

[1] [美] 昆汀・雷斯诺：《令人惊叹的杜立特先生》，第 212、213 页。

[2] 杜立特在操练特技时，引起上司的不满，曾被禁飞。

杜立特不敢奢望荣誉，对飞机倒是一往情深，经伦纳德鼓气，他又想要飞机，一旦拥有，伦纳德肯定成为他的一员，他向伦纳德保证。[1] 伦纳德见中校恢复信心，禁不住笑出声来。

天色近晚，在一家农舍借宿，里面鸡舍、餐厅和卧室混合在一起，他们躺在地上。半夜，杜立特被吵醒，感到有东西逼近，要来占据他的地盘，发觉是只猪，猛力一推，赶跑它，保住领地。

21 日要处理的事很多。他们迟两天才赶到现场，当地人早就光顾这里，开始“淘金”。赵福基向贺扬灵汇报：“机上之衣箱、衣袋、用具、食物，以及机上之轻重机枪，已被搬运一空，甚至当地居民及外乡来山参观机体之人民，多以石片敲击机体，将零件携去。当时职除命令当地之副保长吴某负责保管[2]，并禁止人民再行拆毁外，并分别派卫兵严行追究机上遗失之物品及零件。当在啸天乡之乡公所及吴乡长家中，搜出美机师衣服 20 余件，空袋两只，及轻机枪一挺，子弹 340 发。又在该乡人民朱某家中搜出地图、公文一小部分，据杜中校云：‘机上遗失之衣服重要者，计小黑皮箱一只，帆布袋六只，照相机一架，就中一帆布袋系装置重要之公文地图等，希望能觅回。’等语。兹查在啸天乡乡长家中搜出之布袋，均已空无所有，在该乡居民朱某家中竟搜出地图、文件等，所有重要公文及衣服等究竟系吴乡长取去，抑系居民分取，不能究明。”

下午，回到天目山。

22 日，朱学三离山，要去学校教书。临别时，五位飞行员分别在他的笔记本上签名，留下通信地址。布雷默赠送一副太阳镜，波特郑

---

[1] 后来杜立特担任第 12 航空队司令，在北非作战，伦纳德随行。1943 年 2 月伦纳德在阿尔及利亚，德国轰炸机袭击机场，他在飞机里用机枪还击，弹尽，跃入壕沟，一颗炸弹落在旁边，牺牲。

[2] “职”为当时用语，指代我。

重地将一枚腕章交到他手中，腕章上铸有飞行员的姓名和机队编号，质地为铂合金，经过烈火焚烧也安然无恙。1947 年 9 月，朱学三收到布雷默夫妇署名的来信，热情洋溢地感谢中国人民的帮助，把朱学三称为“救命恩人”。

下午，在干训班的大礼堂里举行欢迎会。教师、中小学生、干训班学员、行署部队官兵和僧尼，共有两千多人参加。在一片狂欢声中，美国飞行员进场，频频点头。“几个小女孩过去献花，走到半路上又踌躇不前，你推着我，我推着你地把花塞在杜立特的手里，这种不是训练出来的礼节，更显得真挚动人。”

贺扬灵主持大会，浙江省地方行政干部训练团第一、二、十行政督察区联训班教育长张树德致欢迎辞，杜立特再三推辞，说从未在民众前面演说过，台下更以暴雨般的掌声鼓劲。他带着微笑开讲，说到紧张的地方，几千双手伸在空中挥动，高声呼叫。

介绍轰炸结束，他强调：“这次轰炸是一个开头，我相信以后还要第二次，第三次，乃至无数次地向日本本土施行轰炸，直到敌国无条件投降为止！”每个词都铿锵有力，全场掌声雷动，在草棚的大礼堂里激荡，飞向山谷。他走下台，听众把他抛到半空中，以这种狂热的举动，报答美国飞行员的壮举。事后他激动地说：“中国人民太可爱了！”

大会期间，“满头白发的昭明馆馆长张天方用法语讲话，因张曾留学法国，杜立德（特）亦懂法语”[1]。

散会后，贺扬灵陪美国飞行员游览龙潭、华严洞、太子庵等天目山景点。经过禅源寺，眼前断垣残壁，满地瓦砾，触目惊心。杜立特了解到 500 间僧房的宏伟建筑，在一年前（1941 年）4 月 15 日，毁

[1] 林泽：《接待美国空军杜立德将军》，《第二次国共合作在浙江》，第 308 页。作者当时任行署政务处长。

飞行员参观浙西民族文化馆

于日机的轰炸，他义愤填膺，强烈地谴责说："日本人就是这样的不顾人道。"

晚会仍在朱佗岭举行，大礼堂用茅草盖成，民族剧团演出话剧《雷雨》，招待美国客人。杜立特一行还参加了一对演员的婚礼，感受中国的民风。

西天目山住着不少百姓、僧人，他们献出母鸡、鸡蛋、花生和鞋子。一个小和尚赠送一小竹篓茶叶和笋干，杜立特转身问赵福基："这是不是闻名的香肠？"大家笑得前仰后合。

离山回国

4 月 23 日在潘庄吃过午饭，浙西行署为杜立特五人备好车马食物，他们送给贺扬灵一件皮衣、一双皮手套，还有一些可纪念的零星物品。相见时难别亦难，杜立特紧紧握住贺扬灵的手，似乎有千言万语要说，又难以表述似的。贺扬灵送他们到回龙桥，正要分别时，杜立特从布袋里取出一封信，交给贺扬灵。他们满载浙西人的一片热情，告别天目山。

贺扬灵打开信，上面写着：

浙西行署主任贺扬灵将军阁下：

此次同人到达天目山，承蒙赐予种种招待与协助，鄙人谨代表本人及同伴，对于阁下及赵秘书及其他贵同事表示感谢。此次经过贵国，得获有机会让吾人共同敌人以打击，深感满意。并盼此仅无数打击之开始，更盼于最近期内能自贵国将侵略者驱逐出境，而建立满意与永久之和平。

此颂

大安

美国空军中校杜立特谨启

1942 年 4 月 22 日

杜立特一行到达於潜，被城区民众挽留。浙江省地方银行浙西办事处主任张振华、於潜分行经理徐荫祖，都毕业于上海沪江大学，深谙英语，热情招待来宾。双方互送名片。

位于县城西面的浙江省立浙西第一临时师范学校，把美国客人邀进学校。第三战区第一游击区总指挥陶广、浙江省第一行政督察区专员周俊甫、於潜县长沈时可及县政府人员，都来到学校，飞行员与他们合影，把这段美好的时光带回去。晚上举行联欢会，大礼堂里点起汽灯，师范生登台献艺，以各种节目招待贵宾。“除了学生们在周梦雷老师指挥下唱了些抗日歌外，引起美国战士喝彩的，是美术教师陈新石的断指魔术。”[1]这所战时师范学校建在山上，以原有的道观为主要用房，条件十分艰苦，“欢迎会拉开幕布时，因幕布是几幅被单缝起来的，美国人笑了，顺便讲了句‘poor school’”。晚上住宿，乔殿祥校长将自己的卧室让给客人。对学校的竭诚相待，客人备感亲切。第二天清晨，飞行员跑到山上砍毛竹，师生莫名其妙，后来见他们把

[1] 乔殿祥：《招待美国空军战斗员》，《杭州文史资料》第 23 辑，第 23 页。

竹竿截成几个小竹筒，把照片卷好放进去，说这样不会损坏照片，大家都敬佩他们的精明。[1]

9时，杜立特一行离开於潜县城，往南行进，中午到达麻车埠，在小学用餐。小学生集队献花，邀请杜立特演讲，他表现出为难的神色，说平生只经历过学生对军人的演讲，从来没有军人对学生演讲。为满足小朋友，他破例地在学生面前演讲起来。

麻车埠为於潜的交通枢纽，船只众多，飞行员乘船顺流而下。17时，抵达分水县城，钟诗杰县长到城外迎接，鞭炮声声，更增热烈气氛。吃完晚饭，连夜赶往桐庐。

25日凌晨4时，在县城旁靠岸，黄世杰县长和王局长到船上问候。16时到达建德县的严东关，县长代表杨委员上船拜访客人，杜立特表示感谢。随到还有牧师琼斯·M.伯奇，以后为杜立特安排善后事宜。飞行员没有上岸，休息两小时就摸黑赶路了。

26日9时在兰溪登岸，衢州空军第13航空总站陈站长赶到兰溪迎接，徐志道县长邀请他们到县政府喝早茶，63师赵锡田师长前来陪客。总站派汽车接客，当天到达衢州，16位其他机组的成员拥上来迎接。

通过一路接触，杜立特留给赵福基的印象极深，他的身上充满仁慈、严肃、精明和幽默的特性，言行十分动人。

参观机场时，赵福基也在一旁，杜立特评论道，机场十分完善，可接受美国的任何一种飞机。赵福基与杜立特握手告别，两人内心都有失落感。赵福基折回兰溪，原到兰溪接客的汽车太小，行李仍然留在那里，由赵福基代为处理。因敌机每天轰炸二三小时，白天行动受阻，在金华耽搁三天。重返机场，杜立特已经离开，但他始终惦念赵福基，抗战胜利后，恳请美国政府邀赵福基赴美留学，得到政府的资助。

14号机驾驶员希尔格问杜立特：“‘Lushu hoo megwa fugi’对你没

[1] 1997年采访乔殿祥、吴行泰、吴仲谋。

有发挥作用吧？”

“没有，没有人知道我说什么。”

“我们的其他机组也是这样，”希尔格笑笑，“贾里克教我们的是地道的粤语，但这里是浙江省，他们都讲方言。”地方性语言的隔阂，带来不少麻烦。

衡阳市长朱玖莹赠给杜立特的画卷

27日，杜立特向华盛顿发电，详细汇报各机组情况。他与希尔格前往上饶，拜访第三战区司令长官顾祝同，协商营救6号机被俘人员的事宜。[1] 顾祝同愿意尽力从伪政权手中赎出，反对武力营救，因为敌人的力量过于强大。杜立特要求组织人马搜索落在国统区的飞行员，顾祝同下令搜寻杭州湾到温州湾沿线，告诫海岸线的各种船主，留意落在海中的机组人员。

5月3日，杜立特抵达重庆。在宋美龄接见时，杜立特直截了当地提出要求。他最关心的是16号机组法罗他们的安全问题。她允诺竭尽全力营救或赎回他们。

史迪威的空军负责人克莱顿·比塞尔将军会见杜立特，笑着从口袋里掏出一颗星，说：“你的肩上增添这点东西，会更加壮观。阿诺德来电，让我知道他已签署你为准将的委任状。”准将衔在4月26日就已任命。

杜立特在重庆无法等到全体机组人员到齐，他接到命令，必须尽

[1] 此据《杜立特东京袭击者》第130页内容，6号机组人员被捕后送日本，不过格林将6号机的降落点误为鄱阳湖，书中出现多处。《令人惊叹的杜立特先生》第215页作16号机组。

快回国。5 日，他离开重庆，飞向印度，途经埃及开罗、苏丹喀土穆和南非纳塔尔。15 日，降落在华盛顿机场。

天目山余音袅袅

杜立特刚回到美国，浙赣战役爆发，浙西与浙东的邮路受阻。他写给贺扬灵的信迟迟才到，信的全文如下：

浙西行署主任贺扬灵阁下：

前在贵省，鄙人及各同伴，承蒙盛意招待，兹特驰函前来，敬表谢意。此次若非获阁下之协助与合作，不仅鄙人之同伴，即在附近之其他空军队员，定将遭遇无穷之困难。承派赵福基先生做伴更所感激，赵君见识优良，沿途受益不浅，鄙人希望异日能有机会得以报答阁下之盛意。

此颂

大安

美国空军少将杜立特谨启

1942 年 5 月 23 日

贺扬灵从这封信中获悉杜立特越级擢升为准将，心情更加激动，他在回信的最后部分写道："我希望你能领导你的同伴再度轰炸东京，我更希望你领导你的同伴再作先锋，去轰炸柏林和罗马，使全世界的法西斯暴徒都慑服在你们的面前。"后来杜立特亲自率队轰炸罗马，却无法实现轰炸柏林的宿愿，因为艾森豪威尔坚决不允许他参战，只好作罢。

美国军方了解到浙西行署在救护飞行员中发挥的作用，不忘 1 号机机组人员在天目山的礼遇，第一份汇报电文从这里拍发，更感激与东南地区的联系寻找。驻重庆的美军写来一信：

贺扬灵将军勋鉴：[1]

敬启者，兹谨附敝国空军总司令安诺德上将谢函一件，敬希登照，并深信阁下必将继续与吾人合作，以完成合力击溃共同敌人之坚决工作，实所盼祷。专此，敬颂

勋绥

中国战场美军司令魏德迈

阿诺德在信中写道：

贺扬灵将军勋鉴：

前承阁下暨贵部惠予敝国空军人员珍贵协助，无任感荷。兹仅代表美国空军，申达最敬谢忱，即希登照。由于阁下暨贵部果敢人士之协助，益增敝国空军人员打击敌人之勇气与决心，似此精诚合作，洵为贵我两大国争取最后胜利共同志愿之铁证也！专此奉达敬颂

勋祺。

美国空军总司令安诺德[2]

浙江省国民党党部发文给省政府，报告临安的地方官员有功于救护的实情："苕云区党务督导员兼区长李关安，于（民国）三十一年四月间护送降落县境盟国飞行员，处置妥善，请予核奖等情，省政府准函

[1] 战时实行军事化，县长兼任国民兵团团长，相当于上校；专员兼保安司令，相当于少将；行署成立初期设参谋长，由李楚狂主任兼任，也相当于将军衔，故称贺扬灵为"将军"。

[2] 贺扬灵：《杜立特降落天目记》，第 26、27 页。"安诺德"当为"阿诺德"；"空军总司令"当为"陆军航空兵司令"。

后，除先予传令嘉奖外，一面俟其他各地报到，再行汇请中央核奖。”[1]

那架坠毁在豪天关的飞机，总是萦绕在人们心头，它不应淹没在僻远的丛林荒草中，而应与大家见面，再现轰炸东京的雄姿。1943年，浙西行署动用数以百计的劳动力，将机体拆运西天目山，在浙西忠烈祠前重组展览，同时展出的还有美国飞行员赠送和留下的衣着、降落伞等物。那时浙西行政会议召开，浙江省主席黄绍竑莅临天目山，有机会一睹让日本军阀丧胆的美国战机。[2]

1944年5月上旬，浙西行署在安徽省的抗日重镇屯溪举办文化展览，展品为全国报纸杂志、浙西时事照片和美国飞行员纪念物，人们“尤对美军首次轰炸东京纪念物更感兴趣”[3]。

1990年8月31日，豪天关一带大雨滂沱，毛坦村冲出飞机部件，重212公斤。它经历了大炼钢时代，能敲的已被全部敲掉，后来修公路的泥土将这个残体覆盖，一直睡在地底。露面后，运往宁国县城，又转回云梯乡，现存于乡政府内。

11号机饱受徽州情

领航员凯佩勒垫着45式手枪和水壶，仰天而卧，降落伞的绳索使他动弹不得，他几次想用脚触及地面，却向光滑而漆黑的山脊下坠几步。他决定在这里静守，等待天亮，拉过变湿的降落伞盖在上面，雨点仍敲击着他的脸，这是他一生中最难熬的夜晚。

第二天早上，他把降落伞扔在一边，爬上向上的山路，沿着它走

---

[1]《民族日报》1943年1月29日。

[2] 1997年采访王政、倪跃新，1998年采访陈元善。

[3]《民族日报》1944年5月18日。

进安徽省歙县棉溪乡下由汰村。在这块低地里，遇上一些友好的中国农民，看看不对胃口的异国食物，他表示婉谢。通过自然的手势语，双方有所了解。农民陪他上山找降落伞，他又结识了一些新朋友，一起穿过村庄向西走。不久，队伍越走越大，竟有 200 人之多。他感到自己是阿拉伯的劳伦斯，在队伍前面昂首阔步，却不知道领导他们走向哪儿。

几小时后，看到另一支队伍从另一个方向来会合，领头的是投弹手伯奇和机械师兼射击手加德纳，他俩降落在漳潭乡。当地一位 20 岁的农民方德灶，一大早从阴坑凹姐夫家抄近路回家，途经下源村时，“望见对面小山头一棵树上倒挂着降落伞。走近一看，树下峭壁上蹲着两个外国人。方德灶向他们招招手，两位外国人也十分友好地打着手势嚷嚷着。方德灶见此情景，竟情不自禁地向山下跑去，边跑边高声大喊：快来救人啊！有两个外国人跳伞落在这里啦！少顷，村民们蜂拥而至。方德灶带着几位青年，攀登上峭壁，救下了两名外国飞行员”。“他们又将降落伞从树上弄下来，摊放在不远的一块平地上，让村民看个够。两名飞行员则被暂时安顿在附近的一家土屋里。他们一边喝茶，一边吃着随身带的食物。等他们的身体稍为恢复之后，方德灶便与村民吴国堂、吴春五担着降落伞，扶着两名飞行员下了山。”[1]

三个飞行员走到一起，信心倍增，凯佩勒喝下中国酒，疲劳和伤痛一消而尽。大家继续上路，停下吃些面条之类的东西，在村民的带领下向北行走。跨过一座桥，又折向西北，溯河而上，五六个小时后到达一个很大的村庄。那里驻有中国军队，他们中的一人会说些英语，从村民口中得知格里宁和雷迪已路过这里。

驾驶员格里宁在 19 日清晨朝山下试走，在一片梯田处看见副驾

---

[1] 凌李兴：《五指山高，中美情深》，《歙县文史资料》第 6 册，第 259 页。

驶员雷迪。两人会合后，选择一条小路走，途中遇到一间小屋，门口站着一位农民。他们说自己是美国飞行员，他听不懂。这时山的那一头传来枪声，他们马上掉转方向，朝山溪的下游走去。

大约一小时后，走到小州村，时间约在上午8点，“张荣华等三名十多岁的小男孩一路唱着歌上学，当他们走到村头小木桥上，看见两名尖鼻子、绿眼睛的‘怪人’坐在桥上，惊骇地急忙跑去向校长报告。校长张建华是个有见识的秀才，抗战前他在上海经商，见过些世面。听学生们叙述两名‘怪人’的模样，联想到昨晚的飞机声、爆炸声，立刻做出可能是外国飞机失事的判断。他领着学生们到村头的小木桥上一看，果然是两名美国人，他们各自身上还背着降落伞。张建华迎上去，用英语同他们进行简单的对话”[1]。

他将飞行员接到学校，给他们泡上清茶。“稍歇之后，又将两顶降落伞铺在学校天井底下的‘明堂’里，学生们看到了从未见过的降落伞，快乐极了，一个个奔走相告。张建华考虑到两名飞行员远涉重洋，又饥又累，便将他们请回家中。刚到家，张建华的儿子就给两位客人泡了两杯香茶，张建华的妻子又拿来了两个苞芦馃。两位飞行员望着苞芦馃面面相觑。张建华明白其中的意思，便在馃上切下一小块，自吃给他们看，他们便照着样子，狼吞虎咽地吃起来。这时，前来看望的村民将张建华家堂前围得水泄不通，有的村民高兴地喊了出来：‘美国人帮助我们打日本喽！’两位飞行员心情很激动”[2]，格里宁将自己佩戴的一枚胸章取下来，挂在张建华的胸前，举起手，恭敬地行了个军礼。

两人告别村民继续赶路，格里宁的日记中记录了当时的情景：一位“年轻人同意为我们带路并且护送我们。护送的人中还有一位是一

[1] 凌李兴：《五指山高，中美情深》，《歙县文史资料》第6册，第258页。
[2] 同上书，第258、259页。

中国军人救护受伤的美国飞行员（左侧站立的是希尔格）

只眼睛失明的中国老人。他们陪我们走过了一座座山。莱德由于跳伞时受了伤，膝部浮肿，头部有严重的伤口，因此走起来很困难……我们继续步行，好像没有止境似的。我们觉得发烧，口渴，不能再走了。但是，陪行的中国人一再坚持说，停止是危险的。天就要黑了，我们终于走上了一条河边的公路”[1]。这时驶来一辆从浙江兰溪开往歙县的邮车，浙江第一军邮总视察段视察魏汉民在车上，见到路上的美国人，用英语交谈，让他们上车，共同到达徽州，把他们安排在一家最好的旅馆里。

魏汉民去找上司曾健培，曾健培毕业于上海圣约翰大学，从事邮政工作，“七七事变”后到衢州筹办军邮，1940年军邮站迁到安徽的歙县。他听到来报后，立即赶到旅馆，正好有一位副军长也来看望他们，就在一旁充当翻译。

[1] 万润龙：《营救同盟军》，《杭州日报》1992年2月29日。“莱德”即“雷迪”。

晚上，他在一家餐馆里找到一位厨师，教他烧西餐。又去航空站，把仅有的四副半刀叉借来，让美国飞行员方便用餐。

第二天早晨，他去看望格里宁。格里宁告诉他，他们是11号机上的人员，还取出地图，上面有许多人的签名。格里宁说，他每到一地，便请那里的人在地图上签名。

曾健培为飞行员包扎伤口，他们急于要了解其他三人的下落，他派人开车去寻找。

20日早晨，格里宁刚刚睡醒，加德纳等三人已站到他的房门口。[1]他们与当地驻军的长官、护送他们的人，一起在县城太平桥上合影。吃过午饭，飞行员坐上一辆卡车，“周围有年轻的游击队员保护。开车后，遇到对面有行人过来，总是先停车，士兵跳出车厢，前去盘问，然后开车”[2]。当天通过300公里的地区，来到一处友军驻地。

21日，经过一天的行程，22点到达衢州，得到热茶、热牛奶和饼干的招待。休息一阵后，他们被带到城里唯一的一家旅馆。雷迪跳伞头先着地，头皮下还嵌有一片山石，处在昏昏沉沉的状态。大家帮他把伤口包扎好，到重庆后取出石片。

10号机得到县长的寻救

美国飞机在东南地区失事时，第三战区长官部布置任务，命令各地进行积极的营救。浙江省淳安县县长沈松林回忆：“在当天夜里，我接到第三战区司令长官顾祝同的急电，命令组织搜山，抢救美国盟

[1] 此据格里宁的日记，而《杜立特东京袭击者》第239页，引用领航员凯佩勒的自述，称格里宁和雷迪比他们先离开歙县，他们到衢州时格里宁和雷迪已酣然入睡。

[2] 万润龙：《营救同盟军》，《杭州日报》1992年2月29日。

斯道克在遂安县政府大门前

军。淳安、遂安两县人员各奔深山区寻找。当发现荧光闪闪时，就用英语在喇叭里大叫：‘这是安全地带，不是日军占据地，请盟军放心出来。’”[1]

10号机一人落在遂安啸天龙南麓，一人在霞源，一人在巧塘。

4月19日天亮时，“落在巧塘的飞行员被当地百姓发现，送到鲁村保长詹时扬家里。这位‘天上来客’引起了村里人的好奇，大家纷纷前往观看，有的还和客人说话，无奈根本听不懂。为避免骚扰，保长以手势示意飞行员到客厅。飞行员在客厅看到蒋介石挂像后，顿时面露笑容，似乎放心多了。这时，外面又传来一阵喊叫声，只见枧头保长王理纯也带着一名美国飞行员走了进来。两名美国人意外重逢，紧紧拥抱在一起，万分高兴”[2]。

有人把村里的小学教师詹百一请来，想让他与飞行员交流。他只初晓英语，口语更成问题，说了半天对方还是摇头不懂。热情的主人准备好满满一桌菜，请客人享用，但两位飞行员却不肯吃。主人猜测，一定是不放心，就当着他们的面煮熟鸡蛋，他们才开口吃下两个。保长派人把他们送到乡公所，乡长汪儒富、汪小榜出面接待。汪小榜会说几句英语，与飞行员攀谈一阵，派自卫队员护送他们到遂安县城。

---

[1] 沈松林：《抗战后期的淳安》，《淳安文史资料》第2辑，第20页。

[2] 方浩然：《美机飞行员在遂安降落情况》，《淳安文史资料》第7辑，第52页。

遂安县长高德中通晓英语，“用英语和他们交谈，给每名飞行员发了一套军服，延请医生给他们检查身体，治疗伤痛，并立即和第三战区长官司令部取得联系”[1]。飞行员离开遂安时，赠给高德中一块用中英文写的“盟国良宰”的匾额，匾额下角贴有美国空军的鹰徽。

驾驶员乔伊斯落在浙皖两省的交界处，一个叫连岭语源塘的地方，属于浙江省遂安县。[2]那时，天在下雨，雾茫茫的一片，什么也看不清。他感到别无他法，只能把自己卷在降落伞内，尽力保持干燥，设法睡一觉。

次日早晨，不再下雨，周围仍是雾茫茫的。当雾气收敛，可视度提高时，他开始寻找飞机。他看清降落的山冈高峻，山崖陡峭，不由得捏出一把汗来。飞机就在一公里外的地方，攀过悬崖峭壁，需四个小时才到达。他爬到飞机旁时，已有一些当地人在烧毁的飞机残骸里寻找东西。他向他们打招呼，让他们明白他是中国人民的抗日盟友。

飞机已全部报销，他无能为力，不过看看而已，剩下的事还是走路。农民把他带到村里，让他平安地度过一夜。第二天见到一些中国军人，他们将他护送到安徽省休宁县的屯溪镇，一个星期后到达衢州。

飞行员的一把降落伞，被巧塘人割草时捡到，交给保长处理。飞机残骸由县政府派人拆运。1946年5月，部分残片被一位商人从淳安港口购进，县政府发觉后向空军航空委员会汇报。9月，航空委员会批复：“该项扣获之飞机废料106市斤，准予就地拍卖，所得价款拨即充当地方共益费用。”[3]

[1] 方浩然：《美国飞行员在遂安降落》，《方浩然自选集》，1999年内刊，第88页。

[2] 遂安县在1958年10月并入淳安县，两个县城间及附近地带都没于后来兴建的新安江水库，包括下文的港口和武泉乡。

[3] 淳安县档案馆资料，档号1-9-1123。

12号机曾入无人之境

领航员庞德着地后，过了数分钟才恢复过来，他收起降落伞，卷在身上，想阻挡雨水，暖和身子，等到第二天早上再说。

疲乏的庞德睡得像根木头，醒来又面临生存的问题。他发现原来担心的大海，实际上却是一条河，对它自然产生感激之情。他平时留心细节，人们说一旦迷路，最好的办法是沿河走，他一生中再没有比这时更迷茫了，只好按照别人的经验办，还是顺着河走不错。

行走一小时，撞上副驾驶员布兰顿。两人跨过河，走上一条踩烂的路，进入一个小村庄，决定试试运气，大胆地走进去，却不见一个人影，穿过村庄也空无一人。还是继续赶路，半小时后，投弹手比瑟追上来，告诉他们他在附近村庄里已交上朋友。事情很简单，他给一个小孩糖吃，结果得到了热情的接待。大家转身往回走，村里的人都躲藏起来，不知怎的，他们害怕庞德和布兰顿。庞德打开地图，村民指出这里是浙江省遂安县武泉乡，位于衢州西北大约64公里。

飞机坠落在富江村溪滩里，着地时冲力太大，一只轮子陷入卵石堆中。“武泉乡公所得悉飞机降落后，一方面把他们安顿在富江村的郑允光家里，一面派自卫队员守护飞机，不让人靠近。起初飞行员不知当地是否日占区，不敢进食，只吃整个的鸡蛋。”[1]

领航员庞德回忆说：“（我们）受到欢迎，安排过夜，他们让我们睡下——在木制桌子上。我所见的好处只是使我们离开冰冷的地面，但这是怎样一种睡法呀！”[2]

---

[1] 方浩然：《美机飞行员在遂安降落情况》，《淳安文史资料》第7辑，第51、52页。

[2] [美]卡洛尔·V. 格林：《杜立特东京袭击者》，第245页。

10 号与 12 号机组人员在遂安（前排左起：萨利、布兰顿、高德中、霍顿、斯道克；后排左起：庞德、鲍尔、比瑟、杜奎特）（注：萨利，机队无此人，应是 10 号机克劳奇的别名）

不久，驾驶员鲍尔也赶到。通过手势语，他得到一个信息：机械师兼射击手杜奎特已找到。话音刚落，杜奎特就走进来，脚上受了伤，经检查骨头已断。临行时，几个民夫来抬着他走。

飞行员又得到消息，乔伊斯的 10 号机人员已在遂安。当地官民用降落伞带扎好轿子，派民夫抬走。他们希望与 10 号机组人员会合，一起向衢州前进。[1]

在衢州，日机在白天不断轰炸，飞行员不得不躲在山洞里，这六天都受到热情的接待。等到 20 个人聚齐后，乘坐客车、火车、木船和飞机，前往重庆。沿途即使是很小的村庄，都坚持为“光荣的美国飞行员”庆贺，感激他们轰炸日本，帮助中国抗战的行动。美国飞行

[1]《淳安文史资料》第 7 辑第 52 页称“第三天飞机起飞返航，临去时腾空盘旋一周，以示谢意”。描述有出入，杜立特机队 16 架飞机没有一架返航。

飞行员在防空洞前（三排最右为陈又超）

员一再提到：“我们后来获悉，这种欢乐转变为悲剧，他们中的许多人因为帮助我们，导致日本兵横扫这一地区，把他们中的数以百计的人杀害。”

在浙赣边境

3 号机跌死一人

副驾驶员曼奇降落在浙江省江山县，旧属廿七都乡东积尾村的山上。他落地后到处走动，突然想到乱走会跌入悬崖或者沟壑，摸索一阵之后，找到一块很平的地方，把身子蜷在降落伞内，不让雨水侵入，得到点儿温暖。雨下得很大，他感到很冷。

天渐渐放亮，他看清自己身处群山中，降落点接近山顶。晚上幸好及时止步，不然就会一命呜呼，或跌断腿骨。那些离身的罐头、枪和其他东西在哪儿？寻找一会儿也没有下落。想到迟早需要水喝，他割开伞背，拉出橡皮垫子，设法做成一个水袋，在中间割个洞，可以背在身上备用，不慎小刀滑落，深深地划破左手的食指。

他用水袋灌满山泉，走上一条山间小路。他曾受到指导，这一地区只有一条铁路，找到它就会到达目的地。走着走着，碰上一对中国男女，他们惊惶地看一眼外国人，撒腿就跑。又走很久，遇到一位中国妇女，她正在捡柴火，看见外国人吓了一跳，丢开柴就逃，那双裹过的小脚却拖住她的步子，怎么也跑不快。那晚他露宿在第七个山头上。鞋子破损，雨下个不停，风很带劲，异国他乡度日如年。

4月20日，没有东西可吃，他在草木丛中陷入困境，手、脸都划破了，鲜血淋漓，人困得要命。他坐在小溪边，洗洗手腕，休息一下，试图打定如何办的主意。突然草丛分开，出现一位满脸笑容的中国人，伸手把他拉起。又有一些中国人从草丛中涌出，他们都是江山县廿七都乡东积尾村人。

事前，“村民陈裕有和他的一个亲戚到乌鹰垅的山上去插苗，发现了一行一尺长的脚印，便想循着脚印寻寻看有什么野兽。结果却发现一个勾鼻子、黄头发、蓝眼睛、个子奇高、穿着古怪的‘野人’，顿时吓得扭头就跑。回到村上叫了一批人，带上鸟铳、砍刀等猎具，想再去看看那‘野人’究竟是什么怪物。这事很快传到保长曾高阳耳中，他赶紧叫上高大魁梧、当年 24 岁的毛介富，追赶先头捕‘怪物’的村民，劝他们不要乱来”[1]。

他们看到这个怪人与前几天飞机旁的人一样，全部来帮助这位天外来客，边推边拉，把他引入一条山边小路。他们背着 17 世纪的打击式鸟枪，显然未曾见过橡皮，对他的水袋十分感兴趣。曼奇曾割下一块橡皮垫在鞋子的后跟，他们玩起这块橡皮，在地面上卷来卷去，活像一群顽皮的孩子。

曼奇疲惫不堪，不休息一会儿就走不出 100 米，毛介富主动要背他走。曼奇见眼前的这位只有 1.65 米模样的中国人，对他笑笑，心想自己重得会使他迈不开步子。他坚持要背，曼奇让他试试，他驮起曼奇，曼奇的双脚还拖在地上，叫后面的人托起，沿着山路一上一下，一口气背出三公里。曼奇称他是贝利山羊，背上好像没有重重的美国人似的。天黑时到达东积尾村，曼奇害起羞来，大个子飞行员怎能在小个子背上进村。曼奇几次敲敲他的头，示意放下自己。曼奇自言自语，宁可自己走着进村，也不能让人笑话。

毛介富把他安排在堂前的一个房间里休息，煮成白米饭端上，他

[1] 徐晓军、郑孝飞：《被〈珍珠港〉忽略掉的历史事实》，《联谊报》2002 年 1 月 5 日。

却不敢吃，改上鸡蛋汤，照样不敢尝一口。他只吃自己带在身边的食物，尝过的人都说火药味很浓。双方语言不通，他却会说“重庆”两字，还掏出指南针，朝那个方向指指。大家明白他要去的地方，先送他到五公里外的遂昌县北洋村，委托他们寻找他的伙伴。

21日早晨，曼奇听到中国恩人叽叽喳喳的，似乎在说飞机就坠毁在这一带的山里。他跟着他们向南行走，然后向东拐弯，感到引入一条错路。中午遇到一些自卫队员，身上扛着飞机的部件。他们带他到一个村庄，发现一些行李、衣物和航空器材。又带他到飞机坠毁地——遂昌县柘德乡（今柘岱口乡）北洋村的大坞山，看见飞机撕成条状。再向东走，在一个村庄里找到法克特的尸体。法克特的伞包变形，只张开一小部分，使他断送了年轻的生命。[1]

21日王村口区办事处获悉曼奇在上午到达北洋村，敦促当地官员雇轿送往上定，晚上住在自卫队队部，得知已有两位飞行员曾在这里过夜。22日早晨，曼奇起身想赶上前两位，于16点追上了驾驶员格雷和投弹手琼斯。

格雷和琼斯得到当地民众的及时救护。19日一大早，遂昌县柘德乡坑西两位农民上山割草，“闻到烟味，找到一个美国飞行员，他们一起下山，走到溪边，那里停靠着木筏，水不深，因此无法利用。他们继续往山下走，进入一个寺庙，看到那时统治中国的元首的画像，飞行员能够认出画像”[2]，知道他们都是抗日盟友。飞行员经过第三保，来到柘德，闭塞的村民以为他们是山鬼，呼喊“山和尚”来了。

---

[1] 负责处理法克特善后的米兹，在汇报文中称他“从美国陆军轰炸机上跳伞没有成功”，见《杜立特东京袭击者》第326页。《令人惊叹的杜立特先生》第214页写道：法克特身亡，“他的降落伞正常开启，但降落在陡坡边缘，打破头骨”。《东京上空三十秒》第199页称：“法克特的降落伞打开，但落在山体，可能有过第二次跌降。”

[2] [美] 斯坦·科亨：《目标东京》，第124页。

“有人提出来，如果是日本鬼那就赶快把他绑起来。这时，村里有一位受过中等教育的青年正失学在家，村民把他叫来，他认得几个最简单的英文字，经过一番比比画画，大致弄明白他是美国人，飞行员”，名叫琼斯。

人们把琼斯带到近旁的朱家，他坐在饭桌前，咿咿哇哇说些什么，看到大家茫然不解，他耸耸肩显出无可奈何的样子。围在一旁的孩子们，更靠上前去，飞行员看着几个孩子目不转睛地望着他，挺有意思的，用手指刮刮孩子的鼻子。“不知谁拿来一个小纸盒，上面尽是外文，且有USA，他见了很高兴，接过去看看，又急着说什么。遗憾的是没有人能懂。”“朱家婶婶端了一碗热气腾腾的番薯粥出来请他吃，他闻闻却不敢动手。他们又端来一碟冻米糖和花生，他拿起一片费劲地咬着。可能是理解了大家友善的态度，他从膝盖前一个口袋里拿出几张照片来给大家看。呵，其中一张蓝色的是他的全家照吧？照片中男的就是他，他的右边坐着位女的，身前拥着两个孩子。”[1]他有个温馨的家，自己却孤零零地远处他国，大家的同情心油然而生。

琼斯忽然站起来往外走，大家跟出去，他走到溪边，东张西望，像在寻找什么。眼尖的人发现朱架山顶有块白布似的东西，小伙子争着爬上去取，走近一看，白布很大，是个降落伞，挂在松树上。树下还有不少烟蒂，显然前天晚上在这里度过，小伙子回来一说，大家更觉得飞行员的不易。

保长黄贵德报告乡政府：“昨晚由飞机降落一人，今早由坑西来柘岱口，身穿皮衣，并带有枪支，询其来历，言语既不懂，中国文字又不识。”乡长张志伦“立即亲率警备士将其护送柘德乡公所”，再送王村口区署上定办事处，临行时，乡亲送上茶叶蛋等食物，表示山里人的一点心意。

---

[1] 伯坚：《50年前：山村来了美军飞行员》，《遂昌文史资料》第8辑，第109页。

9点，柘德乡第二保保长黄贵华又向乡政府报告，“今晨本保住民，于本保与柘德乡第二保毗连之小严地方拾得飞机上降落伞一把，因被雨打湿，分量过重”，暂由乡长保存。到10点，“又据民众纷纷谈论，柘德乡第二保北洋山上，昨晚跌落飞机一架，枪弹物品甚多，并有一司机员毙命其上”[1]。乡长张志伦当天就拟成“紧急报告”，立即赶送县政府。

在洋溪乡开展了另一场救护格雷的活动。

格雷起跳的高度大大低于他估计的，身子只转动两下就撞击到地面。他昏过去，醒来时感到全身疼痛难当，走动走动才有好转，那天晚上蜷缩在降落伞里度过一夜。

19日，岩坑一位农民在山上割草，发现一串大脚印，引发好奇心，跟踪寻找，追上一个外国人。他壮起胆，请外国人跟他走，起初这位外国人不愿意走。到达刘家，“刘芳桥的父亲为美国飞行员准备米饭，但美国飞行员不喜欢吃，他父亲拿出一支钢笔和一张纸，画成一只鸡，这位美国飞行员点点头，就烧好鸡和蛋让他吃，飞行员的外衣很脏，上面有血污，因此他的父亲要求飞行员脱下来洗，送上自己的衣服，飞行员身材高大，根本穿不进”[2]。

这位飞行员叫格雷，背部伤情严重，继续翻山越岭十分困难，路上不断停下来休息。刘芳桥一直陪伴着他，为他背枪支和行李，20日送到乡政府。上定办事处去函要求当天送到办事处，与先到的琼斯会合，准备下一天送到曹确岭脚。刘芳桥又起身，再次护送，晚上到达上定。

三人在柴路区长的陪同下，乘小船顺乌溪江前往衢州，下午行进19公里，天就暗下来了，不得不上岸投宿。

23日，继续赶路，行驶14小时，20点到达衢州。

---

[1] 浙江省遂昌县档案馆资料，档号M14-1-336。

[2] [美] 斯坦·科亨：《目标东京》，第125页。

在遂昌县，他们一开始就引起了人们的关注。美国飞机进入遂昌上空，县“教育科长叶萼在家宴叙，晚上7时许，突闻紧急空袭警报，接着机声隆隆，当即熄灭煤气灯，换上蜡烛，大家匆匆吃罢散席。第二天王村口区来电话报告，有一架美国飞机，在黄沙腰地方失事”[1]。王村口区区长柴路带上翻译程君甫赶到现场，弄清坠机的底细，明确机上共有五名飞行员，仍有一名下落不明，多方寻找没有结果。25日才了解到落在江山县境内，19日就得到当地民众的救护。

他叫奥祖克，职务为领航员，降落在长台镇大见坑。“第二天早上，村民朱财和、朱天才两兄弟上山做活，发现大松树尖上有降落伞，不远处看见一个高个子、高鼻梁、蓝眼睛的人，约莫30岁，身上全是刺痕，腿受伤跷着脚。兄弟俩将他背到村里，报告保长廖诗元。廖家拿饭拿茶招待他，他不敢吃；待别人先吃几口后，才敢吃。不会执筷子，只好拿调羹给他用。村里无啥好招待，天天供吃鸡蛋汤，在村里住养了好几天，睡在廖诗清家里。后廖诗元与长台镇取得联系，同另一位保长廖荣根一道”[2]，雇请陈明高和周柏日两人，将奥祖克从田青蓬抬向长台镇。这段路程超过25公里，崇山峻岭，抬扛异常困难。廖诗元亲自伴送，“于23日护送到镇公所”[3]，由人力车夫朱招根拉到江山县城，再送衢州，与其他机组会合。

法克特的尸体在19日早晨找到，当时，黄富根和黄富海上山寻找飞机，发现他死于坠毁的飞机旁。[4]他们把他运到村里，搭起棚子守护两天两夜。柘德乡李祖富购买上等棺材将其收殓，22日雇工抬到

---

[1] 卢炘:《两次飞机失事在遂昌》,《遂昌文史资料》第5辑，第156页。

[2]《浙江方志》1991年第2期，第8页。

[3] 江山市档案馆资料，档号449-1-910。

[4] 遂昌县档案有三种表达法：“其上”“其下”“其旁”，50年后遂昌县的追述文字称死于机舱内；《杜立特东京袭击者》第157页和《东京上空三十秒》第199页，都说他从飞机里跳出。

黄沙腰，用筏运到周公口，送往衢州。30日到达，由琼斯·M.伯奇处理。

伯奇，美国人，1940年到达上海，学成汉语，转到杭州从事教会工作。太平洋战争爆发，日军拘捕美国人，他逃到上饶。袭击东京后四天，他外出在浙江兰溪附近，受邀去见杜立特机组，表示愿意以牧师身份投军，赶走日本强盗。几天后成为陈纳德“飞虎队”的情报员。27日，衢州空军基地发来电报，要他立即到那里。28日，他赶到位于衢县旁的万村空军司令部。29日，上饶的朋友波尔森打来电话，说杜立特留下2000元要他去取，指示在衢县旁买块地，埋葬法克特和可能运来的其他飞行员，收集死亡和失踪人员的信息，担任仍留在衢州的飞行员的翻译。

第13航空总站站长陈又超少校，愿意将葬地无偿奉送，时间100年。伯奇拍电报向军事机关请示，如果5月3日前得不到答复，就要接受这份赠礼。5月3日，没有得到指示，衢县举行悼念活动，仍留在那里的13位美国飞行员参加。陈又超征集工役修墓，要伯奇作指导，墓地选择万村中心点东南800米处。19日，下葬法克特，举行葬礼，陈又超致辞，200位总站基地人员到场参加。

遂昌民众对那架飞机特别感兴趣，19日，数百人涌去，先睹为快，一时道路堵塞。不少人带着刀斧，想获取机上的物件。柘德乡乡长李祖富，派人在路上检查收缴，造册点给区署。区署指导员毛钟彪在21日上午率领队警前往看管，吩咐附近保甲长将搬走的物件一一收回。王村口区区长认为“奈飞机遭人损坏，物件被人窃光，若不严加追缴，如数交还，不特有关一乡一县一省名誉，实大有关于国格之问题在也。职即于21日率队查缴，一面为发动大多数人力起见，乃遍访坑西、柘岱口各地父老士绅，迅速劝导住民，将窃得物件漏夜缴出”[1]。区署郑重其

[1] 遂昌县档案馆资料，档号M14-1-336。

事，严肃纪律，“将失事地之保长周子升予以扣留，交保负责限期追缴物件，并拘得柘岱口盗窃犯秦远恒一名送区署拘留”。

经过一番大张旗鼓的工作，收缴到大小物品870多件，主要有轻机枪、猎枪、手枪、子弹、瞄准器、罗盘、地图、救火瓶、氧气筒、降落伞、救生圈、手表、挂表、美元、手镯、戒指、皮包、衣裤、书本。这些物品列成清单，交给前来拆卸飞机的机械师。飞行员的个人物品，在5月23日送到衢州，由伯奇接收，转送重庆军事机关。

不久，上级又指示遂昌县政府，寻觅飞行员的钢片和人寿保险单，只找到钢片四块，保险单没有着落。另附飞机照片三张，也送往衢州航空总站。总站制成多张照片，送给当地人卢炘，场景很清晰，“飞行员直躺在机旁，可惜这张很有历史意义的照片，在‘文革’初期劫失，经多次追查查不到了”[1]。

4月29日，空军第13航空总站派机械师姚琳、美国人和翻译到遂昌县，柴路区长陪同到北洋村拆卸飞机。5月28日，所有机件都由民工抬到柘德，雇木筏运送衢州。

美机降落遂昌县，从地方到第三战区长官司令部都相当重视。柘德乡第二保村民尹洪信，“招待办理善后人员，协助拆卸飞机”；柘德乡乡长李祖富“护送机师，收拾文件、机件，收殓殉职机师”；洋溪乡乡长刘佐唐“招待机师，调派民夫，寻找机师及降落伞”；遂昌县政府向上级机关汇报情况九次，工作十分细致。

省防空司令部拍发电文，指导工作：

郑县长 × 密查本月巧日晚上，在该县周公源降落美机，应即（一）将飞机降落情形、地点等详细报部，以凭汇转，并将机身伪装，派警保护，听候衢县空军总站拆运。（二）已发现之飞行员即

[1] 卢炘：《两次飞机失事在遂昌》，《遂昌文史资料》第5辑，第156页。

送至衢县空军总站，未发现者速饬各乡保一体找寻，切实护送。（三）已死职之飞行员即埋葬，受伤者速送当地医院治疗，一面报部核夺，除分电外，仰遵照。乐司令宣铁吾，防情，金梗。

5月8日再次发出“快邮代电”，要求“机件完备者应妥为保护，听候拆运，残余机件不堪用者，悉数焚毁，勿稍遗存”。

第三战区长官司令部在4月30日发电，做出指示：

郑县长 × 速将该县下降北洋美机号数及损毁程度电复。乐顾祝同。艳略二。

上下一致，互相配合，顺利完成救护飞行员、收缴机件、拆运飞机残骸的各项工作。

格雷机组在衢州得到很好的照顾，饭食、住宿、医疗样样都如意。共待两天，每天都有空袭。20人乘坐火车，经历三天时间到达桂林，改乘C-47飞机前往重庆。

格雷转到印度继续抗日。他经常写信给美国的罗森，告诉他自己的近况：“我驾驶B-25领导轰炸缅甸任务18次，到过中国一次，也驾驶过P-40机，执行扫射和侦察任务。”

一个月以后，格雷再次写信给罗森，道出心里话：“我现在得到曼奇作为副驾驶员。我们很少感到快乐，听到了很多传言，都是回国的同伴们获取的，希望你能为我提供点内情。曼奇的阶级仍是少尉，我的中尉照旧。请把一切告诉杜立特将军，我们应该得到推荐晋升。关于这点有人说‘他们正外派执行任务’，所以我们不能晋级。”[1]

10月16日，他又给罗森一信，说在8月21日晋升为上尉，那里

---

[1] [美]泰德·W. 罗森：《东京上空三十秒》，第188页。

只剩下 18 个老伙计。信函写成后两天，他不幸在坠机事件中丧生[1]，为抗日战争献出了年轻的生命。

5 号机接近玉山机场

驾驶员琼斯降落在小山边上，身上没有一点伤。他透了透气，割断伞带，爬到山顶。把降落伞铺在树梢上，人睡在下面。天亮时就开始走动，遇到一个当地人，琼斯画出一幅火车的图案，得到大致的方向。他走到江西省玉山县下镇火车站，这儿位于县城以东 29 公里。22 点发现副驾驶员魏尔德。站长会写点英语，打电话给玉山县，派来一辆机车，接走飞行员。

玉山县找来英语教师当翻译，这位教师很为难，说飞行员的话土音很重，无法听懂。另派玉山县立临时中学的英语教师，此人毕业于商校，倒能胜任。他的表现，为他所在的中学赢得了荣誉，大家都赞扬这所学校师资力量雄厚。[2]

美国飞行员受到隆重的接待。中国人怎么知道的他们以及他们的使命，令美国飞行员难以理解，他们肯定所有的人都知道“勇敢的美国英雄的伟大行动”。他们被接到玉山航空站，中国人为他们洗脚，洗衣服，提供饭食，安排住宿。

17 时乘客车前往衢州，半个小时后到达。稍后，机组的其他人员都来相聚，整个机组达到圆满状态。

飞机事件惊动邻近的浙江省江山县，县警察队队长杨春芳向县长

---

[1] 此据《东京上空三十秒》第 189 页的记录，而 206 页却作 1943 年 3 月，《杜立特东京袭击者》为 1942 年 10 月 18 日。

[2] 2001 年 5 月采访吴西震。

汇报:“本月18日夜间有飞机经过本县境内,次日得悉有飞行员由降落伞降下一人,在玉山八都地方。职即率警长徐松林向官溪、茅坂等乡,并会同就地各保长四方探查,职以为此机系敌机防空降落部队,故深夜带徐松林打电话报告县座。事后方知是美机。”[1]

机组中有两人降落在江山县境内。4月19日,在华丰乡贺陈,“飞行员跳伞下来,即得到宽待,紧接被引至驻长台之江山县立初级中学,校长周仁贵会讲英语,他与飞行员进行了谈话”[2]。这天上午,徐尚志等人在贺陈附近发现降落伞两副,下午送到镇公所。

敖平乡湖前,属平川地带。跳伞的第二天拂晓,飞行员走到农户的大门外。“户主见一穿着飞行服的高长个子,好似大门神,吓了一跳。后村民便热情地拿出东西招待他,其中炒熟的苞萝籽与番薯片就有两衣袋。”[3]当天上午,他被送到长台镇,与降落在贺陈的那一位相聚,两人坐在人力车上,前往江山县城,由县政府负责送衢州。

在衢州,20日有关各机组位置的消息传来,晚上四个机组到达。27日,除琼斯和奥祖克等人外,全部前往衡阳。

5月3日,琼斯与另外12人离开衢州。次日早晨,在鹰潭乘上客车,当晚到达宁都。5日,前往泰和,休息数小时后踏上去衡阳的路,6日16时到达。住到14日,一架飞机降落,接走飞行员,将他们运送到重庆。

5号机坠落点难以确定,现有文献可供参考:有架美机进入江西婺源上空,“在梅林乡锡源村坠落,留下残骸”[4]。

---

[1] 浙江省江山市档案馆资料,档号499-1-909。

[2] 冬舞:《来自美国“杜立特飞虎队”的问候》,《浙江方志》1991年第2期,第8页。

[3] 同上。

[4]《婺源县志》,档案出版社1993年版,第23页,时间作1942年5月。

4号机紧挨长官部

驾驶员霍尔斯特伦降落在山边，就地度过一夜，早晨向四周环顾，寻找伙伴，却没有人回应他的呼喊声。他在跳伞时失落手枪，无法用开枪的方式联络，到中午时分，不得不放弃寻找的念头。在山脊上漫行，直到16时，发现小溪源头的三座棚屋，他走下去，马上被七八个中国人包围。通过数分钟的手势语，他得出结论，对方怀有极强的好奇心，但肯定不是敌人，就走进一户人家。他们要他脱下湿漉漉的衣服烘干，却取走袋里的所有东西。他来到走廊，皮带上的东西也不知去向，只剩下一个水壶。晚上睡在这个村庄。

4月20日早晨，他想取回那些物品，没有得到同意，只拥有身份证、网状皮带和水壶，失去手表、刀、手套、丝质领带、急救包、钱包和袖珍指南针。一位村民陪伴着他，沿小路经过许多小小的居住区，每当他停下来想找找手枪，村民就催他快走。晚上进入一个像样的村庄——江西省上饶县甘溪，有军队驻守。他们中没有一人懂英语，却知道他是美国人，招待非常热情。

21日，他们带他到另一个兵营，时间已是14时，那里仍然没有一个人会说英语。驻留一小时，派出一个向导。他画出火车和铁轨，表示要乘火车走。他们送他沿铁路走数公里，遇上一所中学，有位教师会说英语，告诉飞行员这里离上饶只有16公里，并雇来一辆人力车送他。晚上到达上饶，马上被送到第三战区长官司令部。他迫不及待地提起另四位伙伴，指出降落点在上饶以南64公里处，要求帮助寻找。当晚登上火车，22日早上到达衢州。

14号机的希尔格、11号机的格里宁、5号机的琼斯、12号机的鲍尔及其机组已经先到。25日，霍尔斯特伦的副手杨布卢德到达。28日，4号机的另三位同伴不向东走衢州，直接由上饶出发西行，前往重庆。

26日，杜立特赶到，吩咐霍尔斯特伦和琼斯留下，收集信息，等待所有迟到的飞行员。

5月3日晚上，衢州的工作结束，除两个被捕的机组外，下落都已明确。在衢州的飞行员乘火车前往重庆，次日早晨8点到达鹰潭，立即改乘客车。长驱一整天，晚上在宁都住宿。5日4时抵达泰和，一位曾在美国待过时间不长的杨先生出面招待。6日上午2时启程，16时赶到衡阳。9号机的沃特森和他的机组人员已在那里，大家住在旅馆里，接待工作十分周到。14日，一架飞机把飞行员接往重庆。在那里，从他们身上取走的大部分东西都归还原主。

霍尔斯特伦在重庆叙录这段经历时，深有感触地写道："总之，我发现中国人民对我们非常热情，各方面我们都受到很好的接待。在衢州航空总站，翁上校和站长尽其所能，收集各机组的情况，使我们感到放心。在上饶，战区帮助我们，做出相当好的饭菜，举行丰盛的宴会。"[1]

14号机广丰游行

驾驶员希尔格苏醒一看，原来从两株直径五厘米的小树间撕落，躺在45°的坡上，降落伞仍挂在树上。天空漆黑一团，大雨倾盆，风声呼呼。摸摸没有手电筒，只好决定在此忍一夜。

手肘和手都严重扭伤，背部也受伤。他割下降落伞，一部分架在两丛灌木间，搭成临时棚，另一部分卷起来，爬进去睡。在这样崎岖的地段，竟没有跌成骨折，扭伤踝关节，他感到心满意足。

一整夜他总惦记着一件事情，难以睡去。他离机时，看见两件救

[1] [美]卡洛尔·V. 格林：《杜立特东京袭击者》，167页。

生衣还留在出口处，不知同伴们会不会落在海里。第二天早上，风停止下来，三面传来浪涛的声音，更增加他的忧虑。天放亮后一个多小时，雾气收敛，看到下面平坦的低地，两边山溪流澈，原来浪涛的幻觉就在这里产生。四位同伴没有浸入大海，哥伦布的发现也不会比这种发现更兴奋。

正下方的低地里出现一个小村庄，位于江西省广丰县的西北部，他向那里走去，途中遇到村民。他们看见白色的降落伞，纷纷上山看个究竟。为首的身穿黑色长袍，蓄有坚硬的胡须，头戴黑色便帽。他们不知道希尔格是谁，希尔格也不知道自己所处的位置，希望不在敌占区，村民的微笑告诉他这些是朋友，他受到欢迎。那天下午，希尔格了解到他是当地村民看到的唯一一位外国人。

当地的生产力还没有脱离原始状态，人们用水牛牵引木犁耕田，戴着千篇一律的斗笠，穿着蓑衣。他们端饭给美国飞行员吃，他有礼貌地谢绝，尽力使他们懂得第一件大事是上火车或打电话。他画过图，打过手势，还有点效果，一个男孩终于明白，陪他去找电话机。每走一公里，就会经过一个小村落，小男孩就骄傲地把美国朋友介绍给中国人。每次停下来，他们都端上热茶和食物。

走上一条三米宽的大道，驶来一辆过时的汽车，满车的士兵出来搜索日本伞兵，看到外国人，立刻跳下卡车。男孩站到希尔格前面，急得话都难以表达清楚，竭力想告诉他们身后的是谁，但士兵仍不放过他保护的人。小生命明知在枪口下活不了多久，却奋力救护美国飞行员。僵持了一段时间，一位军官认出飞行员的徽章，希尔格的麻烦总算结束。希尔格用图画和手势告诉他们其他飞行员的大致方位，他们一部分人去寻找，另一部分带他到军营，军营离他降落地约 19 公里。

在军营休息一会儿，吃些当地的食物，起身前往广丰县城。部队坚持要他乘坐人力车。车轮在鹅卵石上经过，颠簸不止，每次震动，就好像要把肺摇落似的。广丰城他在书上已读到过，没想到它真的存在。它有1500多年的历史，四周高墙环绕，城门外耸立佛塔。街道两米多宽，卵石铺面，经过几个世纪的行走和日晒雨淋，磨得光溜溜的。城外遇到副驾驶员西姆士、领航员马西亚和机械师埃尔门，只有射击手贝恩没有赶到，他们都得到当地人的帮助。

美机坠落，在广丰成为特大新闻，人人关注。

4月18日晚上，“人们还没有入睡，只听得空中嗡嗡的飞机声，盘旋很久，忽近忽远。霎时，声音突然消失，云缝里闪出一道火光，直射地面，大家明白这架飞机爆炸了，但不知是谁的飞机，掉到什么地方。第二天早晨，这件事轰动了全城，有人说是苏联飞机，有人说是日本飞机，众说纷纭，莫衷一是。还有更荒唐的是县政府技士郑春年，慌慌张张从北门跑来说是日本降落伞部队，弄得人心惶惶。结果查明，确是美国飞机，因油尽机毁，坠落壶桥乡苦坑地方”。“一机组人员降落在吴村乡前村纪家的水坝上，他自己剪离降落伞，到离小水坝几米的路亭内。晚10时许，被一位名叫林国元的老师发现，带到纪家祠堂学校睡了一夜。第二天，林护送他到吴村乡，由吴村乡政府派员用黄包车陪送县府。另一机组人员降落在下溪周村密良坳对面山坡上，飞行员自己将降落伞四角绑在松树上遮着过了一夜，第二天一早到密良坳村庄，村民报告了法雨乡政府，由乡政府派员护送到县府，第二天早晨（由）村民洪礼臣发现，带到杨村洪家祠堂，后护送到观音村，由国民党县党部用汽车送到县府。”[1]

新奇的消息传得快，相邻的浙江省江山县，23日获悉“广丰前村地方降下一人，形家坞地方降下一人，现护送该县政府”[2]。飞行员安排在西街烟叶公司的楼上，县长张任石赶来问候，因语言不通，请来原广丰杉江中学英语教师俞百岩当翻译。俞百岩问到飞机从什么地方

[1] 吴宪生:《美国飞机在广丰坠落》,《广丰县文史资料》第3辑，第80页。

[2] 浙江省江山市档案馆资料，档号499-1-909。

漫步在广丰街头

起飞，执行什么任务。对方很为难，回答是军事秘密，不能泄露。县长让他们洗漱一下，躺一会儿安安神。棕绑床、草垫，希尔格认为这是他从来没有睡过的舒适床铺。18 时，飞行员被叫醒吃晚饭，煎蛋、肉炒青菜、米饭，加上热过的罐装甜牛奶，享受到上宾的待遇。

晚上，贝恩进屋，全体机组人员到齐，大家感觉更好。

20 日，仍然以鸡蛋做早餐。民情高涨，飞行员在地方官员的陪同下游行通过街道。民众目送飞行员的汽车前往上饶第三战区长官司令部。希尔格在日记中写道："我们都美美地睡上一晚，对中国人民的感激之情油然而生。他们在助人中表现出的诚恳、无私和热情，是我们生平所经历的任何事情不能比拟的。"这种感激延续数十年也没有减退，1986 年他从美国寄来一信，再次表示谢意，信中附有一张当时在广丰拍的照片，表示深沉的怀念。

希尔格一行上午 10 点到达上饶，在那里度过一个白天，享用美餐，见到许多军官，当晚登上去衢州的列车。列车慢悠悠的，摇摇晃晃，咔嚓咔嚓，催人入眠，飞行员又一次感觉特好。

21日黎明，抵达衢州，立即前往机场附近的司令部，琼斯、格里宁和鲍尔机组已在那里等候。在异国他乡见到这些熟悉的面孔，他们高兴得心都要跳出来。

6时，空袭警报响起，飞行员全部送上卡车，冲向城外的新掩体。洞穴很大，从坚硬的山岩挖进，紧靠第13航空总站。希尔格第一次经历空袭，想站在外面观看敌机，被翻译一把拖进。炸弹投在机场上，共40枚，没有开花的22枚。

洞中，翻译为飞行员朗读报章，日本承认袭击造成极大的损失。中国新闻媒体大力宣传这一事件，美国飞行员在中国人心目中变成英雄。

日机的轰炸快延续一个白天了，飞行员中午也在洞中用餐。下午很迟的时候，希尔格拜访少将陈又超站长，告诉他袭击日本的技术细节。部分人参观地方小学，孩子们很干净，机灵，训练有素，与美国人没有什么区别，只是表现得更好。每当美国飞行员走过，他们收住脚步，神态庄严，直到飞行员走过。

晚上仍睡草垫，这对希尔格伤痛的腰大有好处。

24日，站长设宴欢迎美国飞行员，来自上饶的炮兵司令汤中将发表主题讲话，高度赞扬美国飞行员的行动。25日，20位飞行员启程前往桂林，准备飞往重庆。26日，天气不佳，日机没有“光临”衢州。

27日，杜立特和希尔格前往上饶了解机场事宜，拜访第三战区司令长官顾祝同。顾当晚设宴招待，菜肴丰盛，白兰地酒灌得人醉醺醺的，两位美国飞行员认为这是他们吃到的最好的酒席。席间四位苏联军事顾问在座。宴会结束，顾祝同交给杜立特2万元中国法币，补偿在飞机上损失的部分用品。希尔格再次感慨万千，中国人已无法为美国人做得再多，已经尽到责任，他们都愿意为中国人民而战斗。

28日，中国雨季开始，整个上午大雨倾盆。15时，杜立特和希尔格到汤将军家喝茶。汤的卫兵行礼致敬，他温和而美丽的妻子作

中国人用轿子抬送美国飞行员

陪。喝过茶，去观看一个反坦克部队的演习，30 毫米直径的炮口，非常准确地打击 900 米外的目标。

半夜，他们登上去鹰潭的车。29 日早晨，到达鹰潭，那里的天主教会招待早餐，有真正的咖啡和黄油，口感极好。当天乘客车离开鹰潭，路面起伏，下午 19 点 40 分在宁里城唯一的旅馆过夜。外面庭院里的一棵大樟树铺天盖地，伸展 60 米，树影倒映在水池里，小桥跨水，亭子翘角飞翔。头顶的一轮满月，光照万里，引发了飞行员的孤寂感。

照明的器材十分简单，一只碗，一勺油和一根灯芯。在微弱的灯光下，希尔格写完一天的日记。

30 日，前往泰和，大河涨水，汽车留下来，他们乘坐以木炭为燃料的渡船过河。走五公里路到达泰和，地方官已准备好盛大的宴会等待他们。饭后泡在浴缸里痛快地洗个澡，浑身十分舒畅。

5 月 1 日，客车的座位上另加垫子，更加舒服。进入衡阳城，格里宁已经先到。蚊子很讨厌，只得罩个大帐篷，阻止它们进攻。

2日晚上，举行招待会，所有行政和军事官员都来参加，他们赠给美国飞行员当地的刺绣，飞行员十分珍视这一艺术品，认为应陈列在博物馆里。招待会后演出中国剧，美国人看不懂，而中国人却如痴如醉。

他们一行由周有光担任翻译。周有光在圣约翰大学与光华大学完成学业，战时在新华银行重庆总行工作，经过浙江金华与上海联络，因车票难求，滞留在金华，想通过军官购票。一天军官突然来电，说美国飞行员缺少翻译，急需人帮忙，搭顺风车自然顺理成章。敞篷的吉普车在崎岖的路上颠簸，风沙很大，杜立特脱下皮夹克给他反穿，一路上大多由天主教堂招待。战后他到美国，联系杜立特，两人在壳牌公司再次相会。[1]

3日上午很早就得知飞机已从重庆出发，10点在机场上空盘旋，带走美国飞行员，12点40分抵达重庆。到机场迎接的有比塞尔将军和E·H. 亚历山大校官，他们把飞行员接到美国军事机关。美美地吃过一顿午餐后，比塞尔将军宣读总统、马歇尔将军、阿诺德将军的贺电。他又宣读了总统的嘉奖令，为每人颁发特等飞行十字勋章，这令飞行员感到意外。重庆人口拥挤，剃个头需要25美分。苏格兰威士忌贵得要命，常常有价无货。香烟每包3美分。

4日中午，到蒋介石住处，宋美龄代表国民政府颁勋。仪式结束，共进午宴，飞行员又享受一次美餐。下午举行报告会，时间不够用，只有一半人发言。

5日，杜立特登上飞机回国，希尔格成为飞行员的领导。飞行员坐下来写报告，详细反映这次行动。次日，全体成员将要飞往印度的加尔各答，人人都想快点到达，驾机到缅甸参战，那里的盟军处在困难中，他们想改变这种状态。

6日，天气成问题，飞机一直等不到。7日，大部分时间在下雨。

---

[1] 周有光:《静思录》，人民文学出版社2012年版，第46页。

宋美龄在杜立特和希尔格面前宣读嘉奖令

日军占领缅甸八莫，如果飞机不赶快接走这批飞行员，时机就要错过。9日，飞往加尔各答，途中在昆明降落，与陈纳德“飞虎队”共进午餐。从这里出发要经过日本占领区，对一架没有武装的运输机来说相当危险。

10日中午到达加尔各答。12日飞往阿拉哈巴德美国第九轰炸队基地。15日，到达德里，希尔格、格里宁和琼斯又回到重庆。

在江西内地

13号机受到礼遇

副驾驶员诺布洛克落地定神一看，在空中看到的银带原来是两条小溪，它们沿着稻田流动。他落入稻田15厘米深的泥水中，没有丝毫抱怨，如果让他再跳一次，仍将欣然选择泥田。他解开带子，把降落伞藏在路边，或许会使发现者成为“富翁”。他检查随身物品，枪支和腰带在开伞时滑落，肩上背包仍在，里面有手电筒、特殊弹药、急救包。打量身上，穿着航空衣和夹克衫。

他抽出手电筒照照，希望得到伙伴的反应，亮光闪现在空中，不需多费心思也会知道五个人不可能聚在一起，他收起手电筒，高一脚低一脚地在泥田中行走，几步就有一道畦垄，稍不站稳就会嘴啃泥巴。一小时左右他走到河边，又困又冷，要想睡一会儿，却颤抖得厉害，只能用躺下的方式对付寒战。

天空中划过一道手电的亮光，有人在发出信号，他也用手电回应。对方的亮光再次射出，来自河的下游。他去追赶那人，直到相距48米。“嗨！”他先打招呼，那人在对岸收住脚步。他压低声音发出“嗨！”没有回音。他改叫名字：“麦克尔罗伊！”

“是你，诺布洛克？”回话低沉，判断是驾驶员麦克尔罗伊。

诺布洛克急于要涉水过河，水冷得像冰一样，深度齐腰，他只得后退。两人约好暂时睡一下，等到第二天早上再说。诺布洛克在旁边发现一垛草堆，爬进去，以草作被，还有点暖和。相反，麦克尔罗伊冻得牙齿直打战，敲击声清晰地传到诺布洛克的耳朵里。诺布洛克无能为力，慢慢地进入睡境，鼾声如雷，让麦克尔罗伊好不嫉妒。

天亮时分醒来。一只约八米长的船，满载着干草，向上行驶。一个汉子坐着掌舵，一个约十岁的男孩在岸上，用小小的肩膀拖引纤绳。诺布洛克大胆地走向他们，脸上带着微笑。他曾接受过相关教育，遇到当地居民，对方咧嘴而笑的，是日本人；微笑鞠躬的，是中国人。这两位二者都不是。汉子将舵转到河心，小孩几乎要弯腰贴地，更有力地拉动纤绳。

男人在草丛中找到一只小船，踢开坐凳作为船桨，划向麦克尔罗伊。

沿河走二三公里，遇到一个村庄。他们不知日本人在哪，决定先让麦克尔罗伊待在离民房一定距离的地方，诺布洛克上前试探。三四十个男人、女人和儿童围上来，对他的衣服和脸十分感兴趣。“蒋介石。”他叫出来，一定是他的人，很简单，他们都带着微笑，向他鞠躬。

气氛十分和谐，他取出打火机，叩击着，中国人像一阵风似的突然消失。不久，他们又一个个从屋里钻出来，他继续开关着打火机。一个老点的人迎上来，诺布洛克把打火机送给他，他领诺布洛克到他家，村民随他进屋。他从一个很大的柚木食品箱里取出一幅地图，认真地研究起来，围观的人水泄不通。

“你说英语还是美语？”英语问话突然传出，诺布洛克非常惊愕，其他人都笑笑，点点头，诺布洛克回到地图边，以为自己出现幻觉了。“你说英语还是美语？”问话再次传来，诺布洛克急速环顾四周，满屋子的人都面带笑容，他想可能是自己心里在说。不多久，他看到一位小个子老人张嘴在说：“你说英语还是美语？”他推开人群，告诉对方说英语，对方笑着点点头，第四次重复那句问话。他明白对方只能讲这么一句英语。

诺布洛克问那位看地图的人，这个村庄位于地图的什么地方，诺布洛克每指一处他总是点头微笑。诺布洛克感到中国人处处说“是”，恐怕永远听不到一个“不”字。他不寄希望于那位看地图的人，那人倒看着地图，村庄里也不会有其他人告诉他所处的位置、日军的驻地。

他退出屋子，走向麦克尔罗伊，两人一起沿河往下走。一位小青年突然冲过来，抓住诺布洛克的手臂，猛烈地摇着头，指指下游，双手比画着，模仿开枪的动作，活像孩子扮演警察和强盗的一幕。他嘴里呼出“嘭嘭”声，手捂住胸口，脸上表情可怕，身子向后倒下。莫非附近有日军，后来证实果真如此，多亏小青年及时相救。

他俩尾随小青年走过田地，再走一公里遇到一座棚屋，一个穿着破外衣，挎着步枪的士兵跳出来，铁一般的屹立在路上。他的翻领上钉有纽扣，可以辨出是中国兵。他把枪对准美国人，拨弄枪机，那小青年朝他呼喊，让美国人继续向前，靠得很近时飞行员一把夺过步枪，枪支立即散架，原来枪管用绳子系在枪托上，退出枪机，枪膛全空。

士兵叫来一个中士，中士又叫来上尉，他叫翁宁，能说点英语，读写功力相当不错，是附近一个分队的指挥员。他告诉美国人这里离鄱阳城约 64 公里，位于南昌东北 160 公里，衢州以西也是 160 公里，降落点距日本军事线仅四五公里。

翁宁带他们到达一个村庄，选择最好的房屋住宿，拆下门板作为床铺。他跑遍全村去找毯子，拿起来先凑到鼻子边闻闻，总是眉头一皱，扔下毯子。他费很大劲，得到一摞没有太大气味的毯子。他又跑遍各家，尝尝汤汁，找到合他们胃口的。但飞行员却难以入口，希望吃点鸡蛋。他交给诺布洛克三个，诺布洛克放在炭火上煮熟。端上的茶水，美国人感到是平生喝到的最难闻的东西，怀疑当地人一年沏一

诺布洛克拍摄的13号机组成员（左起四位分别是坎贝尔、威廉姆斯、麦克尔罗伊、布儒瓦）

次茶，全年的其余时间只加些不干净的水。

一个四十来岁的男子，身高只到诺布洛克的胸部，他为飞行员擦鞋洗脚。飞行员要他洗洗鞋子，他用力刷过，放在火堆前烤。诺布洛克与翁宁坐着谈论三小时，麦克尔罗伊却在打盹。上床前，诺布洛克试试鞋子，看看是否干燥，外面不错，里面却像个小小的湖泊。

第二天早晨，飞行员急于要上路，翁宁说等等，有两人正在赶来。半小时后，投弹手布儒瓦和射击手威廉姆斯走进来。这天很晚的时候，中国人带进领航员坎贝尔，五人全部到齐。大家乘坐毛茸茸的小马前往鄱阳城，马匹个子太小，飞行员的脚总是拖在地面上，诺布洛克干脆下地走。全程16公里，100多个农民一直跟着走，夜晚在一个小村庄度过。

第三天准备“大马”，原来是轿子。翁宁分队的100名士兵，在路的两旁巡逻，并为轿子提供动力。每当轿夫疲乏时，士兵就跑到村庄里去找替代人。不久消息传开，农民不见踪影，巡逻队包围沿途村庄，将找到的农民排成队，翁宁挑出最强壮的，要他们抬到下一个村庄。诺布洛克的重量等于两个中国人，他不愿意连累他们，自己走完大部分路。

下午很迟的时候到达30万人口的鄱阳城外，停下来，等待一个多小时，翁宁也不作解释。前面的嘈杂声越来越大，一支队伍从城里出来，最前面的一人，穿着像样的军装，后来飞行员搞清是位准将。他的身后有一支八人组成的乐队，先前的嘈杂声就是他们发出的。后面两人身着美国服装，一位是来自密歇根大学的艺术家，鄱阳群众集会秘书，名叫蒲秦湖；另一位毕业于哈佛大学上海分校，姓瞿。将军对飞行员表示欢迎。队伍向城里回转，看到每座房屋都飘动着小旗，上面书有英文字，意为：

"欢迎勇敢的美国飞行员，首次轰炸东京，美国和中国主宰太平洋。"

英文下是中国方块字，瞿先生反复申述中文的内涵。

街道上站立着许多中国人，他们为美国飞行员燃放鞭炮，几公里的街上都是这样。天黑下来，队伍还在行进。两小时后，飞行员终于明白，乐队不断演奏的曲调是加拿大国歌。

飞行员跨过一座桥，走到瞿先生的住宅。邻近的鄱阳天主教会组织，照料着200名中国孤儿，送来丰盛的晚餐，有鸡、马铃薯泥和馅饼，还有米酒。宾主间进行数以百次的祝酒，飞行员醉意不浅，连怎么上床睡的觉也不知道。

21日早晨，飞行员前往教会表示谢意，又得到另一次款待。勤杂工烧好水，加满浴缸，飞行员刚爬进去，空袭警报响起，被告知日军正在搜索美国飞行员，对降落地区进行报复性轰炸。水是那样暖和，谁愿离开浴缸躲到掩体里去，飞行员就在热水里度过第一次空袭。

这天晚些时候，两位会说英语的中国人将他们领到鄱阳湖，湖面除鄱阳城附近外都由日军控制。飞行员坐上一只游船，穿行在湖边的

用船运送美国飞行员

沼泽水域。上空出现两架日本飞机，盘旋飞行，胡先生叫起来：“注意你和你的朋友！”大家跃上岸，“扑通，扑通”跳入草丛中，直到飞机消失，才回到船上。

船驶向鹰潭，到达另一个天主教会，教会热情相待。他们的帮助招致一地的灾难，3 万人的市镇在他们走后被日寇夷为平地。

25 日，在鹰潭站，飞行员登上火车东去。白天的大部分时间都遭受空袭，乘客躲到田里避难，机枪扫死一个男人，打伤一个妇女。经过一天一夜的行驶，抵达衢州，九个机组已在那里。滞留一个星期之后，大家乘坐木炭车开往衡阳。

为招待飞行员，上演了一场戏剧，前后数小时。戏剧用中文说唱，陪同的官员解释说，剧情关于一对夫妇和另一个女人。飞行员认为这种格套，全世界大同小异。演出没有布景，为来宾助兴，安排了插科打诨的情节。搞笑人在台上四面走动，打断演员的道白，把茶递去。演员小口啜饮，在嘴里回荡后，喷出去。

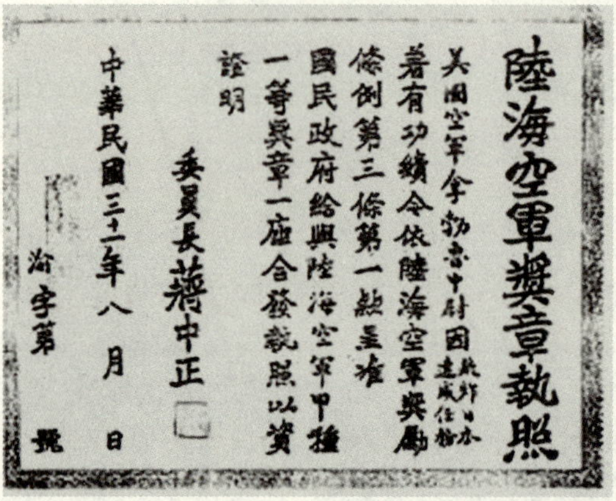

陸海空軍獎章執照

美國空軍拿勃索中尉因轟炸日本達成任務著有功績令依陸海空軍獎勵條例第三條第一款呈准國民政府給與陸海空軍甲種一等獎章一座合發執照以資證明

委員長蔣中正

中華民國三十一年八月　日

渝字第　號

蒋介石签署的奖状

大家乘美国飞机到达重庆，蒋介石设宴欢迎，宋美龄以特殊蜜饯款待，它以月季花为原料。蒋介石发表谈话，美国飞行员听不懂他的满口中文。宋美龄授予飞行员中国奖牌，说他们已是获得云摩勋章的人员。

比塞尔将军授予飞行员美国特等飞行勋章，上面没有“十”字，装载十字的卡车在缅甸公路上被日军截获。

在重庆，勋章不是一切，司令部称中国只有两个月的弹药，比塞尔留有一架飞机，准备在紧要关头撤离，飞行员感到吃惊。陆军要求东京袭击者留下来充实飞行队伍，诺布洛克驾机飞行 50 多次才返回美国。

他们那架飞机，坠落在都昌县的博爱、鼎新两乡交界的平池湖中，一半陷入湖泥里，离岸约 200 米。县长吕琨电告第三战区司令长官顾祝同、江西省长曹浩森等人。就在此时，曹浩森转发顾祝同的命令，要求浙赣各部队机关救护美国飞行员。吕琨又接到博爱乡公所的呈文，当地民众取走机上的物件，有的甚至拆下可分离的部件。县长立即派出自卫队和技师保护现场，驻浮梁的 21 军和波阳石门的第 147 师也赶到平池湖。20 日，征派 100 多个民工打捞，铁丝绳索全都断损，对庞然大物无可奈何。又去征调巨型船只，架设天车，继续起吊。

25日，曹浩森来电，要求从速打捞，不断报告情况。顾祝同和航空委员会都有指示下达：“此次美机迫降我境，务请饬属保守秘密及防范，该地区报章不可公布，至该机内文件及该机件，并转饬各主管该地军警妥为收集，毋令散失。”

前来助捞的单位陆续增加，鄱阳湖警备司令部、水警队、鸣凤区署也到达这里。根据实际需要成立临时办事处，协调各方工作，分派人员打捞机体，寻找失踪的飞行员，还必须防止日军的突然袭击。

5月1日，潜水员下沉到机舱内，因水过冷，返回水面。第二天两位潜水员下水，进入驾驶员机舱，没有发现尸体，却找到航海图和密码本。

潜水员在水下寻找，县政府在当地收缴19日落入民间的物品，数量不少，光是地图就有23幅，其他还有无线电台、收音机、橡皮船、防毒面具、氧气瓶、信号枪、指南针、手枪、轻重机枪、子弹、斧头、地图、航空衣、钢丝衣架、帽子、领带、衬衣、长裤、短裤、袜子、皮靴、书籍、练习本和扑克牌等。这些物品都由博爱乡公所保管，请示顾祝同后，全部送往衢州航空总站。

因缺乏必要的机械，打捞中型轰炸机，难度很大。“百余民工用铁丝套住机头，用两只大船进行拖绞，飞机拖至离岸丈余的地方后，因连日阴雨，湖岸斜陡，机脚受阻，加之机身过重，拖绞飞机的铁丝累拖累断。后来加派人力和船只，岸上又用牛力牵引，终于将一半机身拖出水面。县政府将打捞情况上报后，顾祝同电令航空委员会玉山28站站长施法祖，派出人员来都昌拆卸飞机。28站派出机械士姚希农、杨全柯、蔡学铨前来都昌。哪知正在拆卸的时候，敌情突然紧张。日军于6月2日攻占都昌县城，3日又由张家岭进犯盐田、大港等乡，鄱阳湖湖面日军兵舰、汽艇连日向前推进，欲进犯鄱阳。平湖池地区处于三面环敌的状况，情况十分危急。这时已退至双桥的都昌县政府下令将拆卸的机件分别运藏掩埋，机身仍旧推入水中掩藏，28站三名机械士和其他各单位的人员也都一一撤走了。”[1]

8月，日军退走，机身随水位时沉时浮，反正内脏已经取空，机壳没有多大用场，它就像鲸鱼一般沉入鄱阳湖里。

16号机陷入敌区

投弹手德谢泽落在一个墓地里，附近有些土包，这一带属于丘陵，四周都是稻田，整年积水。着地时有些肋骨断碎了，他感到昏晕，但仍能走动。向空中开几枪，没有什么反应，同伴不知在哪，他取出刀割破降落伞，用几片绸缎盖在头上遮雨，开始走动。田间泥泞光滑，难以找到一条道路。

不知走过多少路，遇到一座小小的砖墙庙宇，当地人用来烧香供神，旁边有水流动。他清理一番，腾出一个空间，仅仅能够坐下，避避风雨。他衣着单薄，竟能睡去，醒来天已放亮，立即开始寻找道路。

他踏上一条路，遇到一些人，但没人对他感兴趣，也没人表现出激动或怀疑。他想这里是中国人控制的地方，应该拦住一个人问问，这里是不是日本占领区，却没人明白他的问题。走进一家商店，在盒子上写几个字，这位店主无法给他一点信息。他又上路，走数小时，转上一条大道，路边架有电话线杆，他想一定会得到帮助，一种鼓舞的力量充满全身。沿途看见屋里的鸡、猪和小孩，人的个子很小，脸上不少皱纹，容颜过老。他不想向他们求食，尽管饿得慌。

看到一群房子，结构像个军营，一些士兵在外面的沟里洗衣服，他想区别中国人与日本人。这些人是朋友还是敌人，是否要上去弄

[1] 罗永生：《记抢救坠落鄱阳湖美机的经过》，《江西文史资料选辑》第18辑，第76页。

清？不能，他打定主意不可轻动。

又出现一座房子，他鼓起勇气，走进去询问。里面有两个年轻的士兵与一些小孩在玩。他用手势和英语谈话，指指自己是美国人，指着一个士兵问是中国人还是日本人，对方回答是中国人。他心存疑虑，顿生恐怖的情绪，握紧45式手枪，枪机往后拉。枪中有七颗子弹，假如是日本人，就准备射击。他感到应该离开为好，开始退向门边，门道上站着10个士兵，腰间挂有手枪和刺刀。德谢泽举起手枪，大声发问："是中国人还是日本人？"对方立即应声是中国人。德谢泽说他不想伤害中国人。

"这些士兵走进来，与他握手，拍拍肩背，竭力表现出老朋友的样子。尽管双方交谈困难，他们让他一起上路，走向兵营。正走着时，他们停留片刻，德谢泽更加不安，他发现一把刺刀正对准他的后背。突然，枪支从各个方向瞄准他。这批人的头头走过来，从他皮套里拔出手枪。"[1]

到达兵营，头头显得有点儿友好，辱骂那些进来观看的士兵，士兵立即缩回自己的房间，像一群受惊的孩子一样。德谢泽坐在桌子边，一个通晓英语的人向他提问，他终于明白这些是日本人而不是中国人，心底一沉，比后来在狱中受刑还要难过。他控制住自己，面部装得仍像没有认出日本人一样，以不知道和不想说回答对方。

他看到墙上一些高级官员的相片，问翻译他们叫什么名字，以便得到一些线索，确定这里的位置。翻译提到一些人名，但对他没有用处。军官意识到德谢泽已明白他们是日本人，要翻译直截了当地点破，德谢泽落入日军的手中。

他被带到另一城镇，获悉其他四人也遭受同样的命运。

---

[1] [美]查尔斯·霍伊特·沃特森：《德谢泽：一位转为传教士的杜立特袭击者》，第49页。

领航员巴尔落在泥田中，水深齐腰。背部轻微扭伤，踝关节瘀血。他在田中摸索，好不容易找到一条路，顺着走下去，碰上一处日军哨所，由伪军把守。为避开它，他再次步入泥田，却难以脱出他们的警戒范围。向前受阻，他决定退回原路，朝相反的方向行进，可能会到达城镇。一公里外横着一条河，桥身被彻底炸毁。他想到达对岸，只能从这个桥墩跳到那个，黑夜中跳跃可不容易。入口处有个很脏的障碍物，他刚走上去，一个士兵向他呼喊，步枪戳到他的背部。他的心像停止跳动似的，是日本人还是中国人，要开枪还是要干其他什么？

对方并没有开枪，逼巴尔到河堤边的掩体内，唤醒其他睡在地面上的士兵。他们对他进行搜身，把他两个肘子吊在后面，押向附近的一个市镇。巴尔仍希望他们是中国人，但进入镇里的一间屋内，看到10～15个日本军官，他们穿着完整的军装，围绕桌子坐着，桌上满是各种酒、香烟和好菜，也不乏威士忌酒。

对他们来说，这是少有的猎物，他们眉飞色舞，立即通过翻译进行审问。巴尔拒绝吃喝，只告诉他们自己的名字、阶级和一些数字。他们带他到一间房屋里去睡。当晚，押进副驾驶员海特。第二天他们得知同伴都遭受了不幸。

1943年12月24日，江西省南昌县政府向省主席曹浩森汇报，对飞行员的救护情况作过具体的陈述：“4月18日晚间12时许，有美机一架坠于南昌市，距章江门外三华里之潮王洲一家村附近。彼时美籍航员三人均安全着陆，只以地形不熟，奔匿瓦窑内。事后，驻南昌市敌宪兵三十余名赶抵该地，找寻机骸，发觉航员在逃，即四出搜捕，当时幸有当地瓦工王水根予便服以航员，更换化装潜逃，并导引路线，绕道脱离虎口，岂知到达圆常寺附近，得悉有敌堵截，遂折回官洲徐村，至下新洲某渔户家中躲藏（即王水根舅父家）。待至19日拂晓，分乘卖菜小划（该小划之菜系送至滕王洲小菜场，供给敌军采买），偷过中正桥下，到达滕王洲后，经敌发觉，而该航员等则匿伏于东溪村附近村落。敌34师团第218联队第37大队第10中队长崎田中尉，率队搜获。”[1]

下午，他们被装上1938年产的福特卡车，送往机场。飞机类似美国的DC-3，里面仅有三排座位。副驾驶员海特以为逃脱的机会降临，可由法罗驾机，飞向重庆。事情并非如此简单，他们被蒙上眼睛，手铐系在座位上，每人由四个卫兵监视。飞行1小时20分钟后降落，又被押上1938年产的四门福特车，送往监狱，两边和前面都有卫兵，司机不停地按喇叭。海特鼻子较大，可以向下偷看，认出到了上海[2]。

罗森根据中国人的说法，写道：16号机坠落在伪政府控制的地方，“忠诚的中国村民立即与重庆取得联系，中国政府设法与伪政府沟通，营救法罗及其同伴，但伪政府最后还是把他们转送给日本人。这个伪政府官员很快被暗杀”[3]。

飞机残骸被敌人运往九江，炫耀战功。

9号机有惊无险

机械师兼射击手司各特第一个跳伞，他将一包香烟和一品脱威士忌酒塞入夹克衫，移开后门，脸朝后，头先伸出。离机后立即拉动线绳，打开降落伞，身体前后晃动。做最后一次前摆时，降落伞碰在树

---

[1] 江西省南昌县档案馆资料，档号05.9-78。同卷又有县政府4月22日电文，称“驾驶员五人，三人被捕，余逃乡间，敌正搜捕中”。结合《杜立特东京袭击者》书中巴尔的回忆，得到当地人救护的似以二人为确。

[2] 《四人归国》第52页作上海，《德谢泽》第52页作南京。

[3] [美]泰德·W.罗森：《东京上空三十秒》，第168页。

梢上，身子像钟摆一样晃荡几下，和缓地滑到另一棵树的杈枝中。

稳稳地停留在高处，司各特等待数分钟，集中一下思绪，想知道离地有多远，他把手伸进夹克衫，抽出香烟和火柴，“嚓”的一声划亮，扔出去，看看下落的深度，火柴很快熄灭。又点着香烟，弹出烟火，烟火下坠又下坠，渐渐消失在眼底。他明白自己处在百把米高的空中。搁在树杈中十分牢固，倒有一种暂时的安全感，他摸摸威士忌，还在，就慢慢地一点一点地吸入，飘飘然进入梦乡。

次日醒来，一看，他所在的那棵树贴在峭壁的边缘，好在爬下不成问题。他爬上山顶瞭望，没有看到一点儿村落。他肯定中国人口众多，就向正西方行进，一定会碰到居民和村镇。15点，出现了一座农舍，主人给他米饭和辣椒菜，让他充饥。通过手势语，他知道有两个飞行员已进村，再走30分钟，遇到副驾驶员帕克和领航员格里芬。格里芬落在一棵树上，雨中不能确定是否挂在悬崖上，不敢动弹，次日才下树。[1]

他俩中有一人降落在梅杏乡官山村，“走到河口村小学门前，见堂前挂着孙中山和蒋中正画像，这才放下心来，此时天已大亮，饥肠辘辘，便向村民买吃的，可惜语言不通，他便指着母鸡做手势，有些机灵的村民明白他要蛋吃，有好心人把蛋煮熟端给他吃，这飞行员拿出一沓美金送给他，表示酬谢，也不知其数”[2]。

三人会合后继续沿着小溪走，断定它会流到另一个村庄或城镇。那天大部分时间都在下雨，他们衣服湿透，人又疲乏。一座农舍闪现在眼前，农民邀进飞行员，让他们脱下衣服，在火旁烤。飞行员把枪放在桌上，身子围着火炉取暖，突然一位中国军官在门前冒出，一只手里握着卷形物，另一只手持有一支短枪。飞行员快速转身，不见桌

---

［1］ 王维在美国纪念杜立特轰炸东京70周年会上采访格里芬。

［2］ 邓友文：《曹水乡马鞍山坠机事件》，《宜黄文史资料》第3辑，第39页。

上的手枪，却见每个窗和门都有步枪对着。美国人成为俘虏。

这些中国军人中没有一个会说英语的，解不开手势语表示“我是美国人”的“Lishua Meguar”的发音，在这一地区也听不懂。县政府接到情报，赶到城区的天主教堂，请莫尔和邓克两位神父做翻译。他们一大早到达现场，认出是美国飞行员，飞行员立即变成英雄人物。县政府马上派轿子接到县城，安排在一位老官员的大宅里。

一两天后，投弹手比塞尔跨进屋子。他也被中国军人俘获，趁没人注意时，拔腿开溜。他起初不知机组人员的下落，最后还是相聚了，感觉非常好。

在比塞尔到达的前后，驾驶员沃特森也来到县城，五人团圆。作为机长，他最后一个跳伞，下落时，抽出手电筒，照向地面，可是光线达不到那样远。他突然感到伞圈不够大，没有承受该负荷的重量，恐怕降落伞没有打开，或者什么地方出了差错。手电向上照照，白色的伞盖很大，问题出在他 91 公斤的体重上。他的右臂缠在伞带上，向上举着。开伞的震动中，他没有觉出手臂被缠扭受伤。他的手往下拉，拇指伸进齿间，维持住下拉的态势。

他落在浅浅的小溪里，背部着地，右臂痛得要命，一动也不能动。流水鼓起降落伞，身子翻不过来，他试着去解伞带，但需要双手用劲才行。左手伸进衬衫，取出管装吗啡，敲开塞子，针管也被打碎了。又取出另一管，针尖戳进衬衫，注射到臂膀。臂痛难当，他渴望昏过去，结果如愿以偿。一直睡到第二天下午，他摆脱伞带，开始上路。看见数百米以内有一座棚屋，走进去，从头到脚打着寒战。主人见状，扶他上床，盖上棉被，在床下放了一盆炭火。

沃特森无法让主人明白他的身份，也不知道该怎么走。20 日，有人带着一篮纸经过棚屋，他判明这是位纸商，觉得行程有望，便将降落伞交给屋主的夫人，道过谢，跟着纸商一起走，来到县城。

“方正鹄县长代表政府和全县民众前往慰问，并设西餐招待。说起来举行西餐宴会又是一件新鲜事，谁也没有见过，还是请董神父指导安排菜谱，有的菜还是亲手做的，很多人都来窥看会餐盛况，美空军飞行员也觉得很满意，望着大家笑。”[1]

飞行员依恋自己的飞机，回到失事的地方，老远就望到较为完整的机体。飞机上的许多设备还保持完好，格里芬的公文箱原封未动，他取回里面所有的东西，包括一套军装。

当地民众也纷纷奔向飞机坠毁处，离县城四公里的曹水乡马鞍山脚下。当时在中学念书的邓友文也加入人群，“只见一架重型轰炸机的残骸，三个庞大的螺旋桨歪东倒西躺在烂泥田里，那螺旋桨的叶片比人还高，机身破烂不堪，我到现场时机身还在燃烧，冒出滚滚的浓烟。县自卫队队长吴勋民，分队长吴畴，县政府科员吴国熙，雇员许发林和曹水乡第七保的保长许顺良，梅杏乡第二保的保长游元生等20余人，从机身上拆下来一挺双管自动机关枪，吃力地往山下拖去，那机枪的子弹足足有竹筷那么长，我们几个学生拾了一些有机玻璃碎片，拿回来刻图章，还捡了一些小滑轮做玩具，飞机上比较值钱的东西早被附近群众拿光了”[2]。一个叫王普芳的理发师，利用飞机上的座椅制成能升降的理发专椅，在山区县城算得上时髦货。

飞机、飞行员，一时成为宜黄的热门，传教士忙得不可开交，招待酒水、西点，赠送鞋子、内衣。飞行员找中学生用英语交流几句，看看他们的英语课本，与他们一道玩篮球。

一周很快过去，飞行员带着感激之情告别宜黄。县政府雇用轿子抬送，邓克神父作为向导随行，路上花费两天时间，30日到达位于南城县的中国空军第12站。南城的传教士迎上来，见沃特森右臂错位，无法恢复，一脸痛苦，竭力想为他的手臂复位。“没有麻醉药，因此他

[1] 邓友文：《曹水乡马鞍山坠机事件》，《宜黄文史资料》第3辑，第39页。

[2] 同上。“重型轰炸机”当为中型轰炸机。

第一批飞行员返回美国

们给沃特森喝点威士忌酒，当他感到很好时，一位传教士问他是否愿意换把椅子。沃特森走向那个房间，开始坐在新椅子上。就在这时，那位传教士抓住他受伤手臂的下方，往上拉起，而沃特森的重量往下沉。传教士希望把它拉到正位，虽然有酒力的镇定，但疼痛如此剧烈，以至沃特森昏迷过去。”[1]经历这场“矫正”后，沃特森伤情依旧。

当天，他们乘坐客车离开南城，途经江西省临时省会泰和。5月3日抵达衡阳，14日飞往重庆。司各特后来写道：“日本人出动军队，在地面和空中搜索我们。每天都有一架侦察机飞临上空，有两天轰炸机随行，把炸弹扔在城里。对我们来说这仅仅是战争的开始，而中国人民付出的代价比我们美国人大得多。”[2]

---

[1] [美] 泰德·W. 罗森：《东京上空三十秒》，第149页。
[2] [美] 卡洛尔·V. 格林：《杜立特东京袭击者》，第225页。

后来，传教士查尔斯·米厄斯把一块飞机碎片带到美国华盛顿，交给南京教区副主教余平。1944 年 7 月 2 日，余平献给富兰克林·D. 罗斯福夫人，他说："为纪念三'七'日，我把这块碎片献给你，七年前的 1937 年 7 月 7 日，日本人把战争强加给我们的祖国。"这块飞机残片，属于右引擎整流罩上的一部分，由北美航空公司制成标本，送给东京袭击者，作为档案保存。截至 1990 年，这是杜立特机队返回美国的唯一一块残片。

曾经救护过飞行员的老教师，指着飞机残骸对米厄斯说："这是个象征，是我们两国人民之间的桥梁。"驻华美国派遣军总司令部发函给中国政府，感谢中国人民的协助，列出"出力人员名单"：

浙江临海恩慈医院副院长陈生业
湖南衡阳刘先生
浙江海游张先生
浙江临海恩慈医院陈新圻医生
浙江海游田燮昌先生
浙江海游张新仁小姐
浙江外舍省立医院沈开圻医生
浙江金华省立医院丁学明医生
江西吉安吉安招待所王先生
广西桂林桂林招待所朱文白先生
湖南衡阳衡阳招待所杨昌芬先生
浙江健跳盐务局局长荣予义先生
浙江健跳朱先生
浙江海游陈县长
浙江临海庄县长
福建浦城周县长

福建浦城海关钟先生

浙江乐清地方政府职员刘先生

浙江乐清地方政府职员汤先生

江西上饶第三战区王上校

浙江海游陈左上尉

贾富昌游击队长

王英游击队员

康安福游击队员

陈大海游击队员

郑财富、周国宪游击队员

浙江临海党政界人员

浙江横溪党政界人员　韩岭市严纪民大队长

浙江仙居海关人员[1]

这份名单发送有关单位，带有附注："表内所列人名、地名，系照英文原稿译出，应由本地政府机关加以考察。"名单内的人物不少，大多数人的事迹现在很难查证，他们只能默默地为神圣的抗战事业做出贡献了。

[1] 宁波市档案馆资料，档号（旧8）1-1-22。

第四章 轰炸余音

轰炸的反响

有人欢喜有人愁

1942年4月18日，是盟国扬眉吐气的日子。有人称杜立特的袭击是“一次成功的精神战”[1]，对盟国和敌国都起作用。

太平洋战争爆发以后，“日本极其圆满地完成了第一阶段作战计划，参与计划的人员也为之目瞪口呆。日本成了香港、暹罗、马来亚以及广大荷属东印度的主人。日军在缅甸正向腹地深入”，菲律宾又告沦陷，在这种天下无敌手的形势面前，“他们认为西方无意战斗到底；这种信念更加巩固了他们对领导人的信心以及对军事胜利的自豪感”。“东京方面在反复考虑之后，采取了野心更大的计划，决定向外扩大占领，其中包括阿留申群岛西部、中途岛、萨摩亚、斐济、新喀里多尼亚以及新几内亚南部的莫尔斯比港。这项扩张威胁到美国的主要基地珍珠港，如果保持下去，也将会切断美国与澳大利亚的直接交通线，并且使日本得到合适的基地从事未来的进攻。”[2]

---

[1] 王昉等:《美国海上力量》，海军出版社1979年版，第150页。

[2] [英]温斯顿·丘吉尔著，北京编译社译:《第二次世界大战回忆录》第四卷《命运的关键》，商务印书馆1975年版，第258、259页。

就在这紧急关头，东京突然遭到轰炸，世界为之一震，盟国垂下的头重新抬了起来。

罗斯福总统得到这一消息，“激动不已，他知道对美国和我们的盟国的鼓舞作用，对日本人名誉的打击”。他推出詹姆斯·希尔顿的小说《消失的地平线》，借用书中“香格里拉”的虚构地名，回答杜立特轰炸机的起飞点，语调诙谐而轻松。

美国报界当天赶排消息，以特大新闻加以报道，《芝加哥时报》赞扬：“干得好！”

美国公众欣喜若狂，祝贺信雪片般的飞向杜立特，礼物以各种方式献给英雄。[1]

杜立特对日本的轰炸，在于打击了对方的军事目标。美国国防部1942年5月19日发布的文告称：“目标极易辨识，被巨力燃烧弹和炸弹准确击中，导致大面积的损毁，有些大火延烧两整天。”[2]“大约906座建筑物被摧毁，包括日本钢铁公司的三菱重工业1号工厂、日本内燃机制造公司、横滨制造公司库房、名古屋飞机制造厂、陆军和海军军火库。”[3]研究美国海军史的内森·米勒评论道：“杜立特的长途奇袭得到了完全的成功，当然，对敌方造成的破坏远不如日本袭击珍珠港之大。”“但是，不管怎么说，这次袭击对提高美国的士气，给敌人造成恐慌都是必要的。这次行动还为快速航空母舰的战术提供了一次有价值的试验。”[4]

杜立特轰炸的成功，证明“美国的长臂可以伸过5000多英里的海洋，打击日本的心脏”[5]。日本军阀不得不面对现实，调整战略，加

[1] 见本章中“荣誉加身”部分。

[2] [美] 斯坦·科亨：《目标东京》，第91页。

[3] 同上书，第48页。

[4] [美] 内森·米勒著，卢如春译：《美国海军史》，海洋出版社1985年版，第248页。

[5] [美] 海莱：《太平洋战线》，大公报馆1945年版，第150页。

强本土的守卫。

这次空袭还是英国的福音。

日军在马来西亚附近击沉皇家海军的象征“威尔士亲王”号和“却敌”号战舰，轻而易举地对斯里兰卡施行打击。在斯里兰卡海域，又重创英国军舰。就英国“东方舰队而言，留在锡兰附近乃是自找灭亡”，海军部授权萨默尔上将把他的舰队撤到非洲沿海蒙巴萨躲藏起来。萨默尔与两艘航空母舰等舰继续留在印度洋活动，稍后又感到不安，退往东非海岸的基林迪尼。“此时除了非洲海岸以外，暂时全部放弃了印度洋。”

英国首相丘吉尔寝食不安，无奈之下，“急于要求美国舰队进行一次牵制性行动”。4 月 7 日，他致电罗斯福总统：“日本战列舰五艘，也可能是六艘，其中二艘或许有 16 英寸大炮，肯定还有五艘航空母舰，正在印度洋作战。我们自然无力正面抵抗，特别是如果这些舰只集中在一起的话。你是知道我方舰队的成分的。四艘‘皇家’级战列舰与其他舰只配合，同我们相信已在这里的三艘‘金刚’级战舰交锋是有余的。不过，它们当然不能与现代化的日本舰只对抗。”他渴望美国舰队在太平洋出击，“迫使日本在印度洋的海军力量回到太平洋去，这样一来，他们就会放弃计划中的进犯企图”[1]。

美国特遣队逼近日本，东京等地遭到轰炸，在印度洋活动的日本庞大舰队回向追击，接着太平洋爆发一系列海战，直至第二次世界大战结束。日本舰队穷于应付，根本无暇西顾，造成印度洋的空虚，英国海军得到喘息和重整的机会。丘吉尔首相欣然写道：“美国在太平洋上东山再起的海军力量是决定的因素。除了几艘潜艇的个别出动与伪装的袭击船只以外，日本海军再也没有在印度洋海面上出现

[1] [英] 温斯顿·丘吉尔著，北京编译社译：《第二次世界大战回忆录》第四卷《命运的关键》，第 192、193 页。

过。”[1]日军考虑到本土利益，不得不放弃穿过印度、与德国会师中东的计划。

就苏联而言，日本在中国的东北陈兵百万，随时都有可能按照德国的旨意，从东部进攻苏联。这时，日本不敢轻举妄动。

在太平洋海域，日本顾虑重重。“在本土防空需要的名目下，约1400架飞机被死钉在日本本土，无疑起到了减弱战地空军力量的效果。从1942年到1943年，海军航空部队在所罗门群岛苦战中，虽曾屡次要求陆军航空部队前往增援，都被拒绝。”[2]

同样，这次行动对中国十分有利，美军的出击，迫使日军分出大量兵力，去对付美国劲敌。“陆军立即削减在中国大陆的前线空军力量，把战斗机群调回保卫本土岛屿。”[3]

日本局促在海上，向外扩张的野心日益膨胀，经过中日甲午战争、日俄战争，跻身于强国的行列，更加胆大包天。每次战争获胜的消息传来，狂热的日本人手舞足蹈。攻陷南京后，“国民都手持旗帜、灯笼，欢欢喜喜地列队庆祝”，“攻占武汉之后，国民欣喜若狂，祝贺行列从宫城之前直到三宅坂昼夜不断。欢呼万岁之声”不绝于耳。[4]偷袭珍珠港成功，联合舰队司令山本每天收到20厘米厚的信件。寄信人中，有曾经恨过他的老将军、右翼中坚分子，连他们都纷纷表示赞扬祝贺。一位在乡间执教的中学老师，病入膏肓，仍写信要山本题词，作为奖励乡下教育的象征。“在太平洋大战爆发

---

[1] [英]温斯顿·丘吉尔著，北京编译社译：《第二次世界大战回忆录》第四卷《命运的关键》，第198页。

[2] 李庚辰、赵尚朴：《魔性的战争：太平洋战争日本战败内幕》，四川人民出版社2001年版，第151页。

[3] [英]约翰·科斯特洛著，王伟译：《太平洋战争》，第286页。

[4] [日]崛场一雄著，王培岚等译：《日本对华战争指导史》，军事科学出版社1988年版，第81、191页。

以后，因为初期的幸胜，一般日本人沉醉在胜利的美梦里，也以为‘战争已经完了’。”[1]

美国轰炸机突然出现在日本上空，如晴天霹雳，引起日本极度恐慌。18日起，“日本全国顿呈恐怖悲惨情景。公安部即晚下令疏散，所有各街市人口物资，赶运移至郊外。东京驿、水道桥、上野、高田马场各车站，候车者人山人海，惊惶万状。皇城一带的各机关，定于廿日起，一律迁往郊外办公。大阪各工场亦择地疏散，横滨的樱木町及神户车站，避难者妻离子散，啼哭之声到处可闻！”[2]

军方恐怖不安，命令每天早晚搜索空际，生怕美机的来袭。

杜立特的空袭，让日本军阀吃到一记猛棍。他们自知难以抗拒美国的反攻，开始打心理战，颁布特别法令，严惩空袭日本的飞行员。一旦抓获，不以战俘对待，而要视为战犯，枪杀虐待，进行“特别处理”，以此来恐吓盟国官兵。

心理战的主要对象还是国内民众。日本军阀吹嘘“他们的城市绝不会遭到轰炸”，杜立特机队投下炸弹时，“整个东京处于一片恐慌中，日本民众四处逃窜，推撞的，呼喊的，嘶叫的，乱成一团”[3]。民心失去镇定，战争机器就难以开动。为了稳定局面，日本当局急切利用新闻媒介，宣称击落美机九架，日本的防空仍然相当强大。他们急于从中国找到坠毁的B-25轰炸机残骸，火速运到日本，向民众炫耀。4月25日，展览会上出现“来自美国B-25的弯曲机翼和着陆装置，还有一把从盛花期的银杏树上拉下的降落伞”。广播电台又来帮闲，编出一首诗，像唱经班似的一遍遍播送：“我们怕什么空袭，广漠的天空坚如钢铁。老少挺身的时候已经来临，我们负有卫国的光荣，来

[1] 民国太平洋问题研究会主编：《第二战场与太平洋》，1944年版，第13页。
[2] 麻生哲：《倭都被炸后混乱、惶恐笼罩着东岛》，《前线日报》1942年5月8日。
[3] [美]泰德·W.罗森：《东京上空三十秒》，第210页。

吧敌机！哪怕无数次！”[1]

这种自欺欺人的做法，难以掩饰军阀们内心的恐惧。“空袭过后，在军令部的作战室里，总长永野修身绕着会议桌踱来踱去地说：‘这怎么能行！’”5月2日，联合舰队司令山本在“写给古贺峰一的信中这样写道：‘上月18日的空袭一事，给人一种感觉是，好像一个自鸣得意的人，突然上了别人的当那样的尴尬。虽说损失并不大，但帝国首都毕竟蒙受了耻辱。更遗憾的是，连一架飞机也没有击落，实在有失国体。此也无异于给“一次拙劣的攻击胜过巧妙的防御”，作了恰如其分的说明。’”[2]一位负责日本空防的官员，无法承担空袭的责任，在惶恐中自杀了结。

欺骗只能蒙住一部分人，不能迷惑所有的人。一位名叫三郎佐纪的王牌飞行员指出，空袭使他的队友沮丧，美国强大到足以粉碎他的国家的地步。惩罚性的空袭，引起人们对未来的担忧。

军事当局的蒙骗术，在民众中也难以完全奏效，他们心中的阴影挥之不去。三郎佐纪收到一位女同学的来信，信中说：“对东京和其他城市的轰炸，极大地改变我们的民众对战争的看法。现在，情况发生巨变，炸弹落在我们的家乡，战场的前线与本土的前线没有截然的不同。”[3]日本避暑胜地轻井泽的多枝小姐，与朋友聊天时谈到东京的空袭，直抒胸臆地说：“一只燕子飞来了，更多的燕子连续还要飞来，不是谁都明白吗？”她的耿直，马上招来横祸，地方警察署审讯她，导致她和丈夫遇难身亡。

空袭给日本军界很大的压力，他们孤注一掷，发动了浙赣战役，投入的兵力越来越多，一发不可收；加速进攻缅甸，设法切断中国的

[1]［美］卡洛尔·V. 格林：《杜立特东京袭击者》，第340页。

[2]［日］阿川弘之著，朱金等译：《山本五十六》，第505页。

[3]［美］斯坦·科亨：《目标东京》，第84页。

军火供应线，要致中国于死地；攻击中途岛，诱歼美国太平洋主力，欲彻底击败美国海军。日军四面出击，兵力捉襟见肘，战机朝着相反的方向发展，太阳旗开始下沉。

各种报道

敌伪方面

杜立特轰炸日本以后，日军及其走狗汪精卫政权，歪曲事实，信口雌黄，极力缩小轰炸的影响，以此壮胆，欺骗舆论，反映出他们的虚弱本质。他们把珍珠港的袭击放在一边，硬说美机不炸军事目标，光炸学校、医院等民用设施，借以挑起民愤。他们开动谣言机器，挑拨盟国间关系，企图孤立美国，达到离间的目的。日本军国主义者不放弃任何机会，散布扩张理论，把侵略硬说成是解放，推行强盗逻辑；还装出一副不可一世的姿态，要进行疯狂的报复，非征服世界不可。

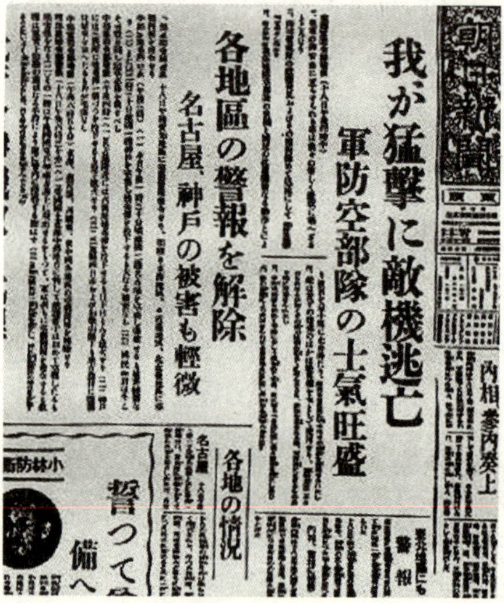
朝日新聞

我が猛撃に敵機逃亡

軍防空部隊の士氣旺盛

各地區の警報を解除

名古屋、神戸の被害も輕微

各地の情況

《朝日新闻》1942 年 4 月 19 日关于东京被轰炸的报道

日本东部军司令部在4月18日14时发布消息：“0时30分左右，敌机从多方面来袭京滨地方，受到我防空、航空部队反击，逐次退散。至现在查明，敌机坠毁九架，我方损失轻微。”不久又改为三架。司令部转述幕僚的谈话：“落下的燃烧弹，经平常训练有素的消防队沉着灭火，燃烧弹的威力也算不大。”[1]

小林防卫总参谋长出面胡说，声称美机几乎不进攻军事设施，而是对无辜民众狂轰滥炸，谴责美军的暴行惨无人道。

陈公博在南京印行的《国民新闻》，亦步亦趋，援引日本的新闻，在中国制造假象，下面选登一篇：

空袭日本国土残存敌机

似向我国大陆方面遁走[2]

[东京20日电]中央社讯：日本大本营20日下午5时50分发表：(一)4月18日拂晓，西太平洋洋面，出现敌军部队，以航空母舰三艘为基干，深恐我军反击，未及接近帝国本土，即行退去。(二)同日前来空袭帝都及其他各地者，系美国北美B-20式轰炸机10架左右，分散飞到各地，约一架至三架不等，其余残存敌机似已遁中国大陆方面。(三)各地损害均极轻微。

又讯：18日敌机空袭日本国土，因日军防空当局与全体国民沉着应付，未能得逞，敌机或被击毁，或逃往中国方面。兹据××飞行家之战斗经验报告称：18日0时12分，接获情报，谓有敌机二架，出现水户上空，遂立即出动至东京、横滨地区上空，伺机邀击。1时过后，发现有北美25式双发动机敌机一架，

[1] [日]《朝日新闻》1942年4月19日。

[2] 汪伪陈公博主办：《国民新闻》，1942年4月22日。

向西进行，高度约1000米以下，至品州海面，遂开始攻击，敌机将高度降下，此时地下高射炮队，亦猛烈射击，敌机更将高度减低，竟欲逃避，一方面以机枪应战，沿××河遁入海面。时高度在百米以下，敌机深恐日机追赶，急将残存炸弹数枚抛去后，开始上升，日机追赶，猛烈攻击，不使逃逸，直追至伊豆大岛附近海面。敌机有发动机喷出黑烟，徐徐将机首朝下，突然冲入前方断云中，则隐匿不见。由当时状况判断，敌机绝无法逃远，当已坠入海中，可无疑义。

又据××部队梅川少尉谈当日空战情形称：18日午后0时50分，吾辈正在水户机场上空飞行中，发见有敌机在低空向南行进，立即开始猛攻，敌机中弹漏出汽油，逃至千叶县飞机场上空，终至起火焚烧，遂渐降至低空，向海上遁去，我方因燃料关系，不克继续追击，空深遗憾。由当时状况推测，该机当已坠落海中，毋庸置疑。

美国方面

轰炸东京的时间，正值美国华盛顿17日18点半，消息传来，群情激奋，新闻界尤为忙碌。“夜间各报均赶速以轰炸详情刊于首版，各报以大字刊载‘东京被炸’之标题，首先出版之晚报亦以显著地位及大号标题刊登此讯，电讯之首句横跨全页，一般民众均以飞机如何出袭为问，日方消息使各方想象袭日之飞机分由三路飞至日本，美国人士忙于检视地图，寻觅已被炸之东京、横滨、神户及名古屋等地之所在云。”[1]美国日报在晚间赶排消息，18日及时刊出，《纽约时报》的标题“日本报道东京、横滨在白天遭到敌机的轰炸”，以首行大字横贯第一版版面，《哥伦比亚晚报》的标题“美战机轰炸日本帝国主

[1]《民族日报》1942年4月20日。

要城市”也是这样。这两份报纸都援引日本的电台进行报道，没有直接表达，《哥伦比亚晚报》18日的消息如下：

东京、横滨、神户、名古屋遭三小时攻击

（美联社）

东京消息（据日本广播），4月18日，日本指挥官宣布，今天敌机轰炸东京、横滨、名古屋和神户，引起日本四个主要岛屿中的三个警报繁仍。观察员称，袭击东京的飞机上有美国空军的徽章。

（日本驻阿根廷首都布宜诺斯艾利斯大使发布公告，毫不掩饰地声称战机来自美国，公告说，袭击从东京时间的12点半开始，直到3点20分后才没有声音。）

这是日本首次遭受空袭。

（袭击者以一种惊人的气势，具有历史上最勇敢的空战胆略，打击拥有700万人口、世界上第三大城市的日本帝国首都东京，140万人口的飞机制造中心名古屋，120万人口的供应西南太平洋日军的帝国主要海港城市神户，95万人口的东京门户横滨。）

从北海道的北端到南面的四国，包括本州这样的主要岛屿的大部分，空袭警报不时作响。

帝国司令部宣称，午后半小时，不同方向的轰炸机飞临东京、横滨地区上空。两小时后，两架飞机袭击名古屋，有一架飞

（美联社4月18日重庆消息）据今晚最权威的媒体称，今天对日本的空袭不来自中国，这就令人确信有航母在运行。

机在神户投下燃烧弹，神户位于东京以西376英里。

官方媒体称："因此可以进一步证明在东京、横滨地区有九架敌机被击落。"总之，损失相当轻。

（击落九架轰炸机的说法表明，所有时间内就是这些飞机入侵。）

"观察员宣布，毫无疑问，轰炸东京、横滨地区的飞机是美国生产的，"东京电台广播，"他们说从地面上可以清楚地看到美国蓝色星形徽标。"

位于东京的东部防卫司令部和大阪的中心防卫司令部的报告，显示下列地区午后不时有警报声：

整个北部主要岛屿北海道，东京以上本州东海岸的东北地区，东京、横滨地区，东京和大阪间沿本州东南海岸人口密集的东海道，帝国的工业中心京都、神户、大阪，冈山四周延伸到本州南端的中国地区，本州南端的四国岛。

同日，《纽约时报》的内容略有不同，主标题为"损失轻微"，副标题三个，分别为"日本声称轰炸机攻击学校、医院，而不是军事目标""他们的公众满腔义愤""日本的广播华盛顿不作证实"，前两题都来自日方的报道。

19日，《纽约时报》继续援引日本的消息，咬定"在两小时内袭击四个城市的非军事目标"，打击神户的海港、名古屋的工业、日本的主要飞机制造厂，他们怀疑航空母舰参与行动，预测还会有新的攻击。

20日，《纽约时报》的标题指出，"当日本宣布空袭的细节时，美国继续保持沉默"，文章转述柏林的广播："东京、横滨、神户和名古屋在星期六受到的打击，比日本所承认的更大。""140人被炸死，另外30人受伤。"

到5月份，美国报端在不影响军事秘密的前提下，有分寸地开始吐露真情，澄清事实，戳穿日军的骗局，让急于了解轰炸内情的人得

The New York Times.

LATE CITY EDITION

Section 1

KOBE AND NAGOYA BOMBED, JAPANESE SAY;
FIRE DAMAGE LAID TO 60 'AMERICAN' PLANES;
U.S. PLANES RAID RANGOON, CHINESE RETIRE

FOE IS HIT IN BURMA

Japanese Fail to Halt Demolition of Oil Wells in Yenangyaung Area

PLACES JAPAN SAYS WERE BOMBED AND POSSIBLE AVENUES OF APPROACH

TOKYO ADDS DETAIL

Insists Raids on 4 Cities Hit No War Targets in Two-Hour Assault

《纽约时报》1942年4月19日关于轰炸东京的报道

到点线索，把握大致情形：

合众社19日华盛顿电：……杜立特声称，美机于空袭日本中，无一架被击落者，亦无一架受创而不能飞达其目的地者。彼所率为“B”式中型轰炸机，装备特别优良，杜立特称（一）飞行员均奉命不得轰炸日本皇宫。（二）飞行人员直至预备起飞时，始知其所负使命。（三）在出击前数星期，即将出击计划反复试验。（四）美机速力，除日本零式战斗机外，较其他战斗机迅速。（五）日本之高射炮击落其本身之阻塞气球甚多。杜立特又称，此次空袭之成功，尚在乐观之预测之上，每一架飞机均指定若干特定目标，轰炸员亦多以极正确之技术执行其任务，我机在东京上空投弹时，曾降落略高于屋顶之高度，投弹时离地仅1500英尺，敌方未先行预防美机之往袭，因吾国人并未遭遇若何抵抗故也。[1]

[1]《民族日报》1942年5月21日。

一年后，美国陆军部才真正透露实情，公布一直保密的“香格里拉”谜底、训练的细节、提前起飞的原因、设想中的困难、各机坠落的概况和轰炸的战略意义，只有登舰地点没有说明。浙西《民族日报》立即译成中文，题为《陆军部宣布去岁轰炸东京经过》，向世人细述。[1]

[1] 见附录。

轰炸引起的战事

中途岛海战

空袭日本本土，日军在4月19日中午还莫名其妙，大本营陆军部得知18日夜半在南昌俘虏五名美国飞行员，立即命令中国派遣军查明飞机起飞地点。美国飞行员受到严格的训练，在航空母舰脱离日机的危险以前，不能说出起飞的位置。他们胡乱编造，有说从中途岛西面的法属海哀尔岛，有说从西班牙所属的莫莱尔岛。根据审讯报告，大本营陆军部怀疑美机从中途岛、阿留申群岛和澳大利亚等地起飞。20日，得到“审讯的结果，才弄清楚是从航空母舰起飞的”[1]。

日军原以为美国舰队遭受珍珠港的重创，一年以后才能喘过气来，想不到这样快就恢复活力，进行反击。如不赶在美国海军完全恢复以前消灭，后患无穷。

4月初，日本军令部第三次讨论进攻中途岛的方案。作战部第一课课长富冈定俊和课员三代表示坚决反对，山本站出来声明：“如果他的计划不被采纳，他可能辞职。”考虑到山本的地位和威望，军令部只好十分勉强地撤销反对意见。“山本原计划集中全部兵力攻打中

[1] 天津市政协编译委员会译校：《日本军国主义侵华资料长编》（中），第209页。

途岛，而军令部的意见是同时也对阿留申群岛实施攻击。攻打阿留申群岛不仅是一次牵制性行动——渡边很喜欢兵分两路的方法，而且也是海军对建立‘大东亚共荣圈’的一个贡献。”[1]他们企图将美国仅剩的太平洋舰队引诱出来加以歼灭，但出兵的时间和具体作战方案却迟迟决定不下来。陆军明确表示严戒扩大战线，不参加这次作战。杜立特的空袭引起日本的恐惧，他们急于要采取行动，摧毁美国海军。

20日，田中第一部长就空袭拟定对策，要“从太平洋防空作战观点出发占领各岛屿”，“重新研究中国大陆占领地区”。“重新考虑不败态势的气氛，在作战当局之间突然出现。因为海军攻占中途岛、阿留申如果失败，后果不堪设想。因此无论如何陆军也应参加作战的意见占了上风。”[2]陆军改变立场，决定统一步调，配合海军行动。

5月5日，日本军令部总长永野修身下达进攻令，各部队开始准备。

美国太平洋舰队司令尼米兹早已觉察到日军的意图，加紧情报搜集。1月24日，日本一艘潜艇被美国军舰击沉，获得日本海军和商船密码，到5月初美军破译人员已掌握日本进攻的大致日期。他们捕捉到一个特殊代号，日军电文中经常出现的“AF”，是否确指中途岛还有待落实，破译专家罗彻福特让中途岛用明码向珍珠港发电，报告岛上蒸馏水的机器发生故障，用水困难。

日本海军的侦听中心“截听到美国的这份电报后，信以为真，认定‘AF’上缺乏淡水，并把这一情况用密码电报通报给了准备参加中途岛作战的各舰队。为此，日本海军为进击中途岛的机动舰队，特意增派了淡水供应船”[3]。真相大白，“AF”就是中途岛，日军作战计划

[1] [美]戈登·普兰奇等著，王喜六等译：《中途岛奇迹》，上海译文出版社1991年版，第39页。渡边为作战参谋。

[2] 天津市政协编译委员会译校：《日本军国主义侵华资料长编》(中)，第216页。

[3] [日]山川弘之著，朱金等译：《山本五十六》，第519页。

的所有通讯都泄露出来。

5月27日，以“赤诚”“加贺”“飞龙”和“苍龙”四艘航空母舰为中心的舰队，在南云长官率领下驶向中途岛。其他各舰队都先后出发，数量几乎包括联合舰队的全部，比偷袭珍珠港的规模还大。

31日，派出水上飞机到珍珠港侦察，路程太远，必须在中途的珊瑚礁上加油。那里，发现美国的舰艇和飞机在巡逻，侦察中止，无法了解珍珠港实情，还一直以为美舰仍留在那里。

美军预计日军从西北方向进攻，严阵以待。

6月3、4两日，日军向阿留申群岛发起进攻，尼米兹没有过多理会，他明了日军在牵制美军，掩饰攻击中途岛的企图。

5日，南云舰队发起第一攻击波，3个编队的108架飞机离舰，水平轰炸机、俯冲轰炸机和担任护航的制空战斗机一起扑向中途岛。到达中途岛上空时，跟踪上来的美国水上飞机升到日机上方，投下降落伞照明弹，整个机群暴露无遗。基地的美机一哄而上，避免在地面横遭轰炸的厄运，仍抵挡不住日机的攻击，损失惨重。

日军决定发动第二次攻击，将对付舰队的鱼雷和穿甲弹卸下，改装对地普通炸弹，前往中途岛。正忙碌中，接到侦察机的报告，发现中途岛一带海域的美国舰队。日军指挥官命令继续侦察，准确查明敌情，52分钟后，侦察机报告似乎还有一艘航空母舰。日军大吃一惊，慌忙决定卸下陆用炸弹，装上鱼雷和对舰炸弹，飞机再次回到甲板底下的机库中装卸。甲板上，又要回收第一波攻击的机群，抓紧加油，装弹。一片混乱中，来不及将卸下的普通炸弹送回安全的弹库，顺手放在机库的角落里。

离起飞只有5分钟，却遭到美机的轰炸。8点左右，美国152架轰炸机、鱼雷机和战斗机，从“大黄蜂”号、“企业”号和“约克城”号航空母舰起飞，不少迷航，或被击落。“从‘企业’号起飞的33架‘无畏’式俯冲轰炸机，在预定海域没有发现目标，搜索了一个小时也一无所获，由于燃料不足，正准备返航时，却意外地发现了一艘日军驱逐舰。美机飞行员认为，这艘驱逐舰或许能够帮助他们找到日航空母舰，于是他们紧随日舰而行，果然，在6000米高空中，他们发现了由四艘航空母舰组成的蔚为壮观的南云舰队。从‘约克城’号上起飞的17架俯冲轰炸机也发现了目标。这样，‘企业’号的33架轰炸机以‘赤诚’和‘加贺’号为攻击目标，而‘约克城’号的17架飞机，专门攻击‘苍龙’号航空母舰。”[1]投下的炸弹，又引爆日舰上的炸弹，三艘航空母舰浓烟滚滚，向海底下沉。

日军中途岛海域只有“飞龙”号没有损伤，它躲过26枚鱼雷和70枚炸弹幸存下来。舰上10架鱼雷攻击机和6架战斗机向美国航空母舰冲去，突破美军舰载战斗机的拦截，向“约克城”号攻击。舰身起火，后又遭日军潜艇的打击，沉入水下。“约克城”号航空母舰在5月份的珊瑚海交战中受重伤，它的出现使日军大惑不解，他们认为不经三个月的修理无法参战，实际上抢修不到三天就投入使用了。

“飞龙”号准备发起第二次进攻，美军一支俯冲机队出现在上空，四弹落在舰上。“大黄蜂”号上的俯冲轰炸机连续投弹，从中途岛、夏威夷起飞的B-17式飞机也来助战。“飞龙”号下沉，司令官山口多闻将自己捆在舰桥上，一起沉入大海。

山本见南云主力倾覆，下达撤退命令。整个战役，日本出动航空母舰8艘、战列舰11艘、巡洋舰23艘、驱逐舰65艘、潜艇21艘，飞机396架；美国出动航空母舰3艘、巡洋舰13艘、驱逐舰28艘、潜艇25艘，飞机233架。力量对比，美国处于明显的劣势。结果相反，日军损失航空母舰4艘、重巡洋舰1艘、战列舰1艘、驱逐舰2艘，飞机322架，飞行员3500人；美方损失航空母舰1艘、驱逐舰1艘，飞机150架，飞行员307人。“日本海军经过长期训练、富有战斗

[1] 王帆:《海上骑士尼米兹》，第145页。

经验的舰载机飞行员损失大半部。这是它在短时间内难以得到补充的。此后，由于缺少舰载航空兵的掩护，日军舰队的活动难以超出岸基航空兵的作战半径”[1]，制海权转到美军手中，胜利的天平倾向盟国。

跨洋气球战

遭受杜立特轰炸机队的打击，又在中途岛覆灭，日军变得歇斯底里，绞尽脑汁要寻机报复。日本面对浩瀚的太平洋无可奈何，他不拥有跨洋的远程轰炸机，根本没有能力攻击美国本土。在太平洋战争爆发以前，日本人发现日本与美国之间的上空有一条“喷流”，厚度 8 米，流速每小时 200 公里，方向自西朝东，放飞一个飘行物就可以抵达美国。如果飘行物在美国西岸降落，那里森林成片，燃烧弹将引发火灾，消耗森林资源，引起美国人的心理恐怖，在后院打击美国的士气。

这个发现正好解决了日军的苦恼。日军用土豆提炼出“魔鬼糊”，黏合三层纸，制成密不透风的气球，直径 10 米，下穿金属环，系上 5 枚燃烧弹、1 枚炸裂弹、1 圈小沙袋和适当的控制设备。

“日本人将风船武器发向空中，到达喷流的高度后，风船武器随着这条气流向东飘去。在飘动过程中，气球里的氢气不仅不会变冷，还会有一些泄露。这样，气球就会开始下降，气球内部的气压计会注意到气压的变化，于是点燃电子引信，扔掉一个小沙袋。重量减小后，气球自然再度升高。

“气球就这样高低相间地前进，直到沙袋（压舱物）用完。日本人计算得相当准确，沙袋扔完后，气球也刚好飘到美国本土上空。整

[1] 赵振愚：《太平洋战争海战史》，海潮出版社 1997 年版，第 237 页。

个过程长达三四天。这时气球下降后往下扔的就不是沙袋了，而是携带的燃烧弹和炸裂弹了。燃烧弹扔完后，气球进入自毁阶段。可谓来无踪，去无影，难怪美国人将其称之为‘神秘气球’。”[1]

每个气球的造价仅220美元，制作简易，算得上是世界上最省成本的洲际武器。

几个气球飘到洛杉矶上空，空袭警报随之拉响，市民一片恐慌，谣言四起，称数百架日本战机前来袭击，更是火上浇油。洛杉矶的四个防空连慌乱发射1600发炮弹，夜间实行灯火管制，急于赶回家的汽车撞在一起。在俄勒冈州，几个正在野餐的小孩发现一个气球，好奇地冲上去，轰隆一声，五人丧生。在华盛顿，一个气球落在汉福特工厂，炸毁一根电线。这里有生产原子弹的钚原料，幸亏防范措施严密，没使生产陷入瘫痪状态。

美国官方对外表现得十分镇定，严密封锁消息，一边告诫百姓，不要轻易接触不明飞行物，一边命令空军拦截气球。气球让雷达变成瞎子，飞行速度又快，飞机攻击难以奏效，只击毁20只左右。为控制森林大火，抽调由黑人组成的“555”伞兵营，进行专门训练，建立消防性质的队伍，哪里出现情况就冲向哪里，随时扑灭火灾。

美国决定变被动为主动，从根本上解决问题。军方派出情报人员，刺探生产基地，进行毁灭性的打击。情报人员发现生产地在日本的北方，制造工艺简单，各个家庭都可参与，小学生也是工人，打击无从入手，建议铲除氢气工厂。这个主意得到官方的认可，立即组织实施。

日本在1942年11月到第二年4月，耗费200多万美元，共制造出9000个气球，向东发送，部分飘到墨西哥、阿拉斯加和加拿大，美国登记在案的共400个。这段时期，恰逢美国的雨季，燃烧

[1] 杨教:《二战时日本向美国投9000个气球炸弹》,《杭州日报》2001年7月6日。

弹难以发挥作用，加上美国封锁消息，日本无法了解气球的效果，寄予的厚望没有达到。氢气厂被毁后主要材料断档，气球生产只好中途停止。

气球的电池在高空容易冻坏，导致失去控制力，飞不到预定目标，日本人发现不了这一问题，没有做出改进；那时日本正打算研究生物武器，直到战争结束也没如愿以偿。不然，生物武器加上电池技术的更新，这种气球造成的危害将不堪设想。

浙赣战役

战役梗概

中途岛战役进行时，日军进犯中国的浙江、江西，企图摧毁衢州机场，消除轰炸日本本土的威胁。战役以浙赣铁路为纵轴线展开，东起浙江的宁波，西至江西的南昌，长达650公里，历时三个多月。日本出动上海的第13军和湘赣的第11军，纠集华北、南京等地的军队，投入兵力十万余人[1]；中国集中第三战区的第10集团军、25集团军、32集团军、23集团军，调入第九战区的第74军、26军、79军、4军、59军等共14个军，加上江南挺进第一纵队、两省的地方团队，人数约30万。这是第三战区自淞沪战役以后规模最大的一战。

浙赣军民营救美国飞行员以后，“日军调动频繁，根据情况，判断有蠢动西犯的企图。顾祝同司令长官要参谋处作应战的准备。4月底，奉军事委员会急令，坚守衢州、玉山、丽水国际机场，加固既设

[1] 田和勇《江西抗战大事记》作“10万余”，参见《江西文史资料选辑》第18辑，第157页。宋瑞珂《浙赣战役概述》作“14万余”，参见《第二次国共合作在浙江》，第75页。

工事，诱敌深入，以衢州为核心，捕捉战机，与敌决战，粉碎敌人西犯企图”[1]。

日军在浙江首先发动，然后在江西配合，造成东西夹击的态势。两地日军都分三路进犯。

“5月14日，绍兴柯桥敌南犯慈古镇，翌日集结奉化、上虞、萧山、富阳、余杭之敌全部蠢动，进行已历百余日之战事，于焉揭开。”[2]

日军左路以大城户的32师团为主力，从绍兴、上虞沿曹娥江经嵊县，攻陷东阳，直犯金华；内田70师团、池田独立20旅团为另一部，从奉化向磐安、永康、武义进犯。中路以酒井的15师团为主力，从萧山、绍兴、富阳出发，扫过浦江、诸暨、义乌，指向兰溪。右路以井上72师团为主力，从余杭、富阳进陷新登、桐庐、建德，窜犯兰溪。28日攻陷兰溪，29日侵入金华。

日军分东南北三路向衢州进犯，兵力5万，南路由大城户指挥，攻陷汤溪、龙游，迫近衢城；北路由井上指挥，从寿昌、兰溪窜犯常山，侧攻衢北；中路酒井师团沿铁路进攻衢州正面。中国军队在衢州四周数十里外驻有第49军、25军、74军，衢州城防由第86军两个师担任，拖住敌军，让友军围歼。第86军16师守卫衢州西面、西北、西南，67师守卫衢州东面、东北、东南，军部在衢州城内。6月27日敌军猛犯16师北面阵地，到6月初，“西伯垅阵地经过三次丢失争夺，终于稳住，使敌军遭受较大伤亡。后敌军继续以一部向西伯垅地区进攻，其主力由石室街、上叶渡过乌溪河，迂回到衢州以南地

[1] 岳星明：《浙赣战役回忆》，《第二次国共合作在浙江》，浙江人民出版社1987年版，第67页。

[2] 浙江省情报处1942年10月编《五月战情》初编，浙江省档案馆资料，档号29-1-1069。

区，与双江口之敌会合，对衢州形成四面包围，企图歼灭我守城部队。两天来的战斗打得很激烈，我伤亡官兵1200多人，第67师的团长石补天，副团长汪忠民，营长戴锐、徐隆铁、阎思柱、朱正秋先后英勇牺牲。我阵地屹立未动，士气和信心仍很高”[1]。6月3日，衢江北面堡垒被攻陷，16师渡江南撤，因连日大雨，江水上涨，1000多官兵淹死。当天最高军事当局改变战略，下达“避免衢州作战”的命令，第86军继续固守衢州，吸引敌人，主力撤离。6日，接到撤退指示，晚间突围，留谢士炎部分人马据守。敌机轮番轰炸，大炮震天动地，46团团长谢士炎、二营营长宋汉武阵亡，日军突入城内，但西城仍掌握在中国军队手中，继续与北路敌人隔江对射。7日，江水退落，敌军扑入，衢州沦陷。[2]

敌军急速向西推进，占领江山、常山，越过浙江省界，攻占江西的玉山、广丰、上饶，7月1日与南昌东进的日军会合，浙赣铁路全线打通。

南昌日军第34师团、第3师团在5月31日开始南下，进占临川、崇仁、宜黄、南城、金溪，部分向东攻陷进贤、东乡、鹰潭、贵溪、弋阳。早在赣敌行动前的5月21日，中国统帅部命令第79军、4军从湖南急驰江西，第79军在6月4日以前赶到临川，后又命令第58军从江西上高推进到丰城。经过多次奋战，在6月21日形成对临川的包围态势，敌军烧平西北门附近民房，堵塞西门外堤坝的水门，用水阻挡中国军队，拖延时间，等待援兵。敌华中派遣军司令调用浙赣西线的兵力，企图牵制第98军，包围第4军，解救临川之围。中国军队进行反包围，攻入宜黄，粉碎敌人聚歼第4军的阴谋。日军从南昌增援

[1] 陈颐鼎:《衢州保卫战亲历记》,《第二次国共合作在浙江》，第93页。

[2]《衢州市志》、《衢县志》、《第二次国共合作在浙江》、陈诚《八年抗战经过概述》、何应钦《八年抗战之经过》均作7日，1942年10月编的《五月战情》作10日。

崇仁，以重兵进迫第58军。58军渡过富水，转移到樟树市的铁路头、荷湖山地，展开反攻。“新编12师、新编20师早已在清江南北沿赣江西岸占领阵地，至是遂予敌迎头痛击。酉刻，敌不支，仍退回东岸。戌刻，樟树敌之主力3000余，乘夜回窜店下街，旋以小股窜犯蚕园里、王家巷。8日拂晓，我孙军迅将肋山附近右翼，移集河湖圩西北地区，对敌攻击。午刻，敌千余附炮三门，又向我大姑脑、上挂、夹里一带进犯。有顷，上库庄亦窜到敌300余，企图向右侧迂回。至是全线激战，搏斗愈烈！血战至酉，敌伤亡数百，仍不稍退，我乃派队冲锋。亥刻敌势稍挫，大部回据店下街，我跟踪尾追。9日拂晓，遂与敌又在陈庄附近发生血战！辰刻，敌再倾全力向我大姑脑、金华山猛烈反攻。我欧、夏两军已步步紧逼，然我官兵已经欣闻崇仁（8日克复）南城（9日子夜克复）相继克复之捷音，故争先杀敌立功，甚至一再裹创冲锋。于是，敌渐不支，未刻，遂向西北溃退。”[1]江西保安纵队向永泰敌军出击，敌军纷纷向南昌溃逃，临川及附近县份全部收复。

除主战场外，敌军四出窜扰。浙境敌南犯丽水、青田、永嘉、瑞安、遂昌、松阳，有打通丽水至福建浦城的企图。赣境敌舰沿鄱阳湖和信江窜扰，占领都昌、波阳、余干。

敌战线拉长，兵力捉襟见肘，8月开始，中国军队全面反攻，收复失地，到月底，除浙赣线东段的嵊县、新昌、诸暨、东阳、浦江、武义、金华、兰溪以外，全部恢复战前状态。据统计，赣东“伤敌6136名，毙敌7325名，共伤毙敌军13461人，毙马3342匹”[2]；整个战场“敌死伤45661人”[3]。

---

［1］ 宋瑞珂：《赣东会战》，《江西文史资料选辑》第16辑，第89、90页。“孙军”为孙渡的第58军，“欧、夏两军”即欧震的第4军和夏楚中的第79军。

［2］ 同上书，第91页。

［3］《抗日战争时期国民党战场史料选编》第1册，1985年刊行，第325页。

摧毁机场

中国的空军力量十分微弱，陈纳德召集美国志愿人员，驾机出现在中国上空。侵华日军警觉起来，关注东南地区的空军基地。他们认为，自从1941年起，美英与中国合作，计划空袭日本本土。[1] 1942年3月下旬，日军第一飞行团摄影侦察，发现衢县、丽水、玉山扩建工程大致完工，陆续储备炸弹、汽油等。进入4月，机场的附属设施逐渐完备，玉山以南200公里的福建省建瓯机场也修整完毕。

日军特别注意，各机场夜间着陆设备的加强、气象预报的增加、被炸设施的修复。他们认为这是“异常迹象”，这些地方可能作为轰炸日本本土和海上交通的基地。3月下旬，日军出动大批飞机对机场进行连续性轰炸。

据目击者记录，“25日下午3时，日机3架空袭玉山机场，投弹14枚。同月31日上午9时30分，日机1架，中午12时15分，又有日机3架，连续轰炸飞机场，投弹17枚，玉山机场到处弹痕累累”[2]。

28、29两日，丽水从早到晚，受炸不断，浙江省主席黄绍竑十分焦急，立即“乘车到丽水去视察，并带一些款去急赈。到达时已是深夜了，十多里外就见到烛天的火光。到了城里，即赴火场巡视。余专员森文、朱县长毅生，正督同团警在那里抢救，大火仍燃烧着，火舌由窗门壁缝里不断的伸出来，全城只有见燃烧的火光，而不见住户的灯光。燃烧的爆炸声与围墙的倒塌声，相间而作，更显得恐怖！抗战以来，丽水城不断地遭受敌机的轰炸，城里的精华地区，已被毁损过半，再经过这次的大轰炸，真是满目凄凉了！”日机的轰炸目标包括建瓯在内，“他们以为美军将利用这两处的机

[1] [日]《朝日新闻》1942年4月26日。

[2] 俞福麟：《日军在玉山的滔天罪行》，《玉山文史资料》第6辑，第137、138页。

场，作为前进基地来轰炸日本”[1]。

经过一段时间的轰炸，日军判断这些机场被摧毁，空袭日本的计划已被粉碎。[2]

4月18日14时30分，日军“中国派遣军接到大本营发来的特急电称：敌大型飞机空袭东京等地后有向中国方面退避模样。随后又收到神户也遭受轰炸的电报。于是命令第一飞行团对早已监视的玉山、衢县、丽水等机场设下罗网。第一飞行团不顾天气恶劣，立即以侦察机、战斗机拦截敌机可能通过的航路，并轰炸了玉山、衢县两机场”[3]。

日军认为飞向中国的杜立特机队，有可能对日本西部、中国台湾、法属印度支那开展游击式的袭击，日方必须保持警戒。4月19日决定对东南，特别是浙江机场，要以重型轰炸机加以摧毁，剪除心腹之患。

浙赣战役中，日机没有放过江西的吉安、南城两机场，用轰炸来阻止中美飞机的使用，目的基本达到。对丽水、衢州和玉山机场更是志在必毁，前两处有数字记录在案，投下的炸弹分别为107和204枚。[4]玉山机场，“遭日机轰炸数十次”[5]。

日军唯恐轰炸难以达到彻底摧毁的目的，又派出大军，占领机场。初到衢州，日军企图长期占据，将中国军队撤走前破坏的机场抓紧修复，到8月被中国军队击溃，又竭力加以破坏。先后掳掠民众数万人，在大暑天，强迫出工，终日不得休息，饥饿得不到饭吃，口

---

[1]《黄绍竑回忆录》，广西人民出版社1991年版，第389页。

[2][日]《朝日新闻》1942年4月26日。

[3] 天津市政协编译委员会译校：《日本军国主义侵华资料长编》(中)，第207、208页。文中“中国派遣军”指侵华日军。

[4]《五月战情》初编，浙江省档案馆资料，档号29-1-1069。

[5]《玉山县志》，第200页。

渴得不到水喝。见老弱病残和疲惫不堪、胆敢要食的人，就用刀枪对待。到处躺着尸体，幸存者不足十之二三。机场掘成土坑数百处，马路、跑道、隐蔽线，一点不留。附属建筑和近旁营房，一律烧毁。五公里以内树木，高达 1.7 米以上、可以遮蔽人身的，全部砍掉；那些需数人才能合抱的大树，埋入地雷炸翻。[1] 整个机场密布地雷，通炸一遍，留下壕沟 122 条。从此，衢州机场无法启用。

丽水机场的命运与衢州机场不相上下，"跑道两边掘成纵横沟渠，深宽皆约 1 公尺（米），长短不一，面积甚广。隐蔽线每隔 20 公尺（米）掘成横沟，宽深约半公尺（米），机场中部掘成大沟，宽约 4 公尺（米），长约 1 公尺（米），机场四周树木均被砍伐，房屋全毁，跑道破坏，大小穴 14 个"[2]。

"日军入侵玉山县境后，除将机场周围民房烧光毁尽外，在撤退前，还用飞机投弹和埋地雷进行了爆炸，整个机场被炸得千疮百孔，满目弹坑。"[3]

日军在浙赣战役中败退后，死死守住武义、金华和兰溪，对衢州、丽水和玉山时时构成威胁，迫使这些机场不能发挥作用。

疯狂的报复

日军在浙赣战役中，对中国军队和平民施行毒气战和细菌战，惨无人道的行径，激起美国人民的愤慨，罗斯福总统得知这一消息后，在 6 月 4 日"警告日本称，如果日本坚欲在中国使用毒气，则美国将予以最严厉之报复"[4]。

---

[1] 徐映冀：《衢州飞机场记》，《衢州文史资料》第 3 辑，第 41 页。

[2] 中国第二历史档案馆资料，档号 787-10496。

[3] 胡光虹：《玉山飞机场》，《玉山文史资料》第 3 辑，第 21 页。

[4]《中央日报》（重庆版）1942 年 6 月 6 日。

在细菌战方面，日军“采用的方法，是拿伤寒菌和副伤寒菌来传染水井和食品，同时还散播过鼠疫和跳蚤”[1]。

他们嗜杀成性，“在200平方英里的范围内，实行‘三光’政策，犁毁机场，并把所有协助杜立特轰炸机的嫌疑人统统杀掉。美国飞机经过的村庄的全村村民，不分老小，全部杀光，房屋全被烧掉”。“25万中国士兵和平民，死于这场三个月的战役中。”[2]一位加入中国国籍的比利时传教士，名叫查理斯·L.米兹，走访浙赣两省的受害区，估计的数字也是25万。惨烈程度与南京大屠杀不相上下。

“蒋介石对日本的屠杀行径十分痛恨，电告美国政府：‘日军受到美国轰炸东京的意外打击，进攻中国的沿海地区，那里有美国飞行员降落。他们屠戮那个地区的每一个男人、女人和儿童——让我重申——这些日本军队屠戮那个地区的每一个男人、女人和儿童。大规模的恐怖事件，是全世界都看到的利迪泽惨案的翻版。’”[3]

米兹于1943年从中国逃到美国，谈起在中国的所见所闻：“杜立特成员不太会知道，他们为感激营救者的一片热心，送给一点小小的礼物，如降落伞、手套、美元和角币，几个星期后都成为迫害的证据，导致为他们的朋友受刑和砍头。”陈纳德指出：“日本人在1942年初杜立特轰炸东京之后进行的报复性大‘扫荡’中明确提出，凡协助美国飞行员的人，不但本人将被处死，还要株连家人和保甲。”[4]

1943年，国民政府军令部电告有关省份，确定美机降落地，日寇“残杀居民时间、姓名、人数及被焚房屋、财产损失情形，克即详

---

[1] 佛洋：《伯力审判》，吉林人民出版社1997年版，第359页。

[2] [美]陈纳德著，王湄等译：《飞虎将军陈纳德回忆录》，第239页。

[3] [美]卡洛尔·V.格林：《杜立特东京袭击者》，第320页。“利迪泽”即利迪策，在捷克斯洛伐克，1942年德国法西斯屠杀全村村民，烧毁所有房子。

[4] [美]陈纳德著，王湄等译：《飞虎将军陈纳德回忆录》，第343页。

查，制送报告书，并附要图以便说明，并供美方调查”[1]。

6月15日，浙江省政府转发军令部电文，送交三门、象山、鄞县、江山等县：

> 上年4月，浙境美机降落地点日军屠杀人民一案，据华盛顿4月29日专电称：蒋委员长致电美财长摩根索，宣布美飞行员轰炸东京，归来中国沿海，降落区民众俱遭屠杀，美氏获悉震讶，各报均显著刊载是项消息，等情。查委座确曾告美财长，宣布并得广大同情，美方调查详情，或有意救济灾区，故凡关美机降落地被占后，一切有关残杀我民之事实与资料，均希速查复，等由。除分电外，仰速详查复，候接转。

鄞县县政府在7月17日向省政府汇报：“敌于（民国）三十一年八月七日进扰本县东南乡时，迁怒于当地民众，当将朱绣芳等七户民房30余间纵火焚毁，用以泄愤。总计损失约在50万元以上。”[2]

象山县政府报告：日军“窜入爵溪村中，大肆搜索，奸淫，掳掠，无所不为。杨乡长虽经闻风逃避，临时得免于难，终于被吓后暴亡，而家中衣饰又被洗劫一空，损失之巨，为数惊人，被害之家，指不胜屈”[3]。这份报告由浙江省第六区专员公署送交第三战区长官司令部，转送国民政府，跨洋送到美国，成为美国学者查阅利用的档案资料。

三门县游击队写信给在临海治伤的罗森，告诉他日军抓住一些帮助7号机组脱险的岛民，施以毒刑。[4]

[1] 浙江省档案馆资料，档号29-6-156。

[2] 宁波市档案馆资料，档号（旧8）1-1-22。

[3] 浙江省档案馆资料，档号29-6-156。

[4] [美]泰德·W.罗森：《东京上空三十秒》，第129页。

遂昌县“被日军炸死，烧死，杀死，打死118余人，其中失踪230余人；被奸污妇女98人，其中被奸而死1人；被迫流亡8780人。被日军炸毁，烧毁，捣毁机关、团体、学校、民房、祠庙共5517间。全县损失价值（按民国三十一年价格计算）共计1416.8万元”[1]。

江山县的湖前、下陈两村被害27人，死的方式多样，有被机枪扫射死的，步枪打死的，棍棒敲死的，烈火烧死的。湖前的徐贤杰24间房屋作为校舍，被日寇一把火烧尽；徐氏宗祠31间，化为灰烬；吴福禄、徐超郭各有13间，都付之一炬。湖前一村的房屋被焚近440间，加上下陈，两地“房屋财产损失409000余元”[2]。全县“杀害平民百姓873人，其中男629人，女244人，有开膛剖腹、绑手砍头、刀戳阴户，被掳失踪者达3850人，被强奸、轮奸妇女200余人，被劫耕牛3672头”。“被烧毁宗教慈善教育机关及有价值的建筑物68所，被烧毁居民屋宇5339所、44638间。城内文庙、城隍庙、商会、道姑寺及精致堂皇的祠堂庙宇被炸毁，中街一段店房、城西一带民房被烧成平地，机关房屋被毁2000余间，住宅被毁5000余间。”[3]

日军占领玉山县，离县城“20公里内的村庄，房屋几乎被烧光。路边、池塘、水井、溪河等处丢人头、死尸。政通、玉虹、长生、三渡等桥梁及七里街义渡，全被炸毁。城内一片废墟，城外大西门到七里街的店房有2423栋被烧毁或烧坏”[4]。古城姜家村40多户人家，被杀绝10多户，还把七八个老人关在房子里，点燃四周的柴草，将他们活活烧死。

上饶既是美机降落地，又是第三战区长官司令部所在地，日军的

[1]《遂昌县志》，浙江人民出版社1996年版，第751页。

[2] 江山市档案馆资料，档号0-1-542。

[3]《江山市志》，浙江人民出版社1990年版，第424页。

[4]《玉山县志》，第209页。

淫威得到充分的宣泄。有株大樟树上，“挂着一无辜农民的尸体，他身受七刀宰割，先割舌头，挖眼睛，后切耳朵，最后破腹取心，惨不忍睹”[1]。

广丰县在日军占领期间，“死伤7740人，烧毁房屋35300间，损失耕牛2500多头，粮食45万担”[2]。

波阳县的日军，“见一个歪脖子的锯木工人，开玩笑似的把他打入水中淹死了。高门有个妇女，被三个鬼子轮奸了，五六条巷有两个老妈妈，也被鬼子轮奸了。此外，在柳树巷、张王庙等地也强奸了十几个妇女”[3]。

南昌县政府向省主席曹浩森的汇报函中称：日军将美机降落地“附近民房焚毁11村，140余栋，又被劫去牛猪牲畜等共300余头，估计损失总值500余万元，并残杀当地民众郭顺根、江秀石、刘宏滋、张达三等700余人”。全县民众“遭屠杀者计第一区933名，第二区2457名，第三区124名，第四区856名，第五区472名，第六区545名”[4]。

宜黄县在短短的一个月内遭受日寇的两次蹂躏。6月8日，日军侵入县城，搜遍天主堂，查寻帮助过飞行员的美籍神父，他在城陷之前已从附东桥逃出，隐藏在大鹿村民众家里。他们捣毁这一带31个传教机构中的29个，找到救护过9号机驾驶员沃特森的村民，将他卷在毯子里，浇上灯油，强迫他的妻子点燃。另一位80岁能说英语的教师，也救助过飞行员，日军烧毁他的学校、课本，杀害他的妻子和三个儿子，把他和他的孙子投入井中。晚上，他从井里爬出，鬼

---

[1] 吴道刚：《上饶象鼻山阻击战》，《上饶县文史资料》第2辑，第10页。

[2] 《广丰县志》，1988年内部印行，第273页。

[3] 李铁：《日寇轰炸和侵入鄱城史实》，《波阳文史资料》第6辑，第45页。

[4] 南昌县档案馆资料，档号05.9-78。

子正喝得烂醉，他不顾一切地亲手击毙了他们。这件事由米兹采访获得，发表在 1944 年的美国《读者文摘》上。

这个县的其他灾难，当地的文史资料有详尽的记录。

日军第一次窜入县城，用手提式喷火器，烧毁龙泉寺、孔庙、下马市、坪尔街、治前街、许家港。躲在山上的黄华姑等人，看见自己苦心经营的店屋被烧，悲痛得神志昏迷，举止失常。屋宇的焦味未散，日军在 29 日再次杀入，又“焚烧了学前街、熊家巷、横街、大南关、南门十字街、官巷（部分）、岳岭背、树架下（大部分）、杨家巷、中和坊、西边教场巷（部分）、河东桥头等，两次共计烧毁民房 432 幢，商店 2370 爿，祠庙 20 幢”[1]，按当时折算币值近 350 万元。人口由 8000 减到 5000。

烧杀是日寇的双能。宜黄县城街头巷尾、门前屋后，尸体横七竖八，血浆四溅。在南大路，黄六仔的头颅不知去向，尸体用棉被裹着抛在菜园里。邓贵华被绑在树上，刺刀戳肚，肠流满地，血染黄土。“附东桥头，南昌难民周氏，因抱小孩走慢一步，被日机扫射，倒在血泊中，身边一周岁的婴儿啼哭惨叫，还吮吸母亲尸体乳头，叫人目不忍睹。可是毫无人性的鬼子兵竟用刺刀挑起婴儿，狠（狠）地往地一摔，婴儿惨叫一声，死在母亲的尸体上。”[2]

强奸更是日寇在宜黄的“杰作”。“敌寇陷城后俘虏一批男女学生 100 多人，分两地囚禁，一囚禁于宜黄中学（龙泉寺），女生遭奸淫后，撤退时被枪杀，然后放火，死尸与龙泉寺俱付之一炬。另一批男女学生囚禁于益宜造纸厂内，遭奸淫后，被残酷杀死，抛尸河中和饮水井内。”[3]江西葆灵女中在迁往宜黄的途中，被捉 30 余人，有 3 人

[1] 曾翔：《宜黄县城沦陷记》，《宜黄文史资料》第 3 辑，第 73 页。

[2] 同上书，第 70 页。

[3] 杨贤廉：《日寇两次陷城的前前后后》，《宜黄文史资料》第 3 辑，第 87 页。

被轮奸致死，尸体裸露，小肚子上插进竹子。一位50岁的妇女，被8个鬼子轮奸后，枪刺阴部而死。逃入玉贤寺的大批女子同样悲惨。鬼子冲进殿堂，100多个妇女吓得抱成一团。一个鬼子抓住一位来自潭坊的妇女，拖到厨房，摔地强奸，那妇女不从，猛咬一口，被鬼子一刀捅死。鬼子开始集体行动，饿狼般的扑向妇女。老方丈僧明净暗念“救苦救难观世音”，也得不到保护。“后来日本鬼子竟开展了奸淫比赛，一批妇女（被）强奸完了，又挑选一批所谓‘花花姑娘’的年轻妇女。”鬼子走后“玉贤寺男女悲号，凄惨的哭声地动山摇，老方丈派男人埋葬寺内寺外尸体，老尼姑心酸落泪奉劝女人不要死，要活下去……在男拖女劝之下，折腾到黄昏，最后老尼姑心领佛经提出：‘凡是被鬼子玷污的信女，到观音大士神龛香炉里抓一把香灰，到河下擦洗自己的身子，让观音菩萨化解你，还原你本来洁清的玉体。’这话倒也很灵，只听得话音刚落，哭声悄悄终止，被辱的妇女相互搀扶，下河洗洁去了……”[1]

事后，一连几个月无人烧香拜佛，经玉贤寺也绕后而行，寺院名声一落千丈，僧尼化缘无着。老方丈僧明净一气病倒，临终前嘱咐弟子：“我没有对佛祖尽忠尽责，死后不必火化超度西天，而愿引渡寺后黄泉，魂游四面八方，告诫善男信女千年万载，千世万代，永不忘记玉贤寺被日寇的残害。”老僧一死，僧尼散走还俗，玉贤寺只有菩萨空守。

日军在浙赣战役中凶相毕露，妄图以血淋淋的行径来恐吓中国人民，帮助美国飞行员必遭疯狂报复，但中国人民对侵略者同仇敌忾，不断救援陈纳德“飞虎队”成员，继续为战胜法西斯尽力而为。

---

[1] 伍澄:《日寇在玉贤寺的兽行》,《宜黄文史资料》第3辑，第96、97页。

迫害战俘

押送上海和日本

上海受刑

16号机的飞行员被关进单独牢房，里面除马桶外一无所有，卫兵在外面来回走动。他们被迫盘腿坐在地面上，又冷又饿，不住地打战。德谢泽的手表被“代为保管”，从此没有见到过。不久，他被带入审讯室，眼睛仍然被蒙住，一群日本军官开始发话，要他以说为好，免除皮肉之苦。他们提出各种问题，德谢泽总是以不愿说回答。他们紧贴他的脸，咧嘴大笑。

他又被带到另一个房间，蒙布解开。他们提问“大黄蜂”号航空母舰、杜立特指挥官，他一概不答。法官的手猛敲桌子，用日语呼喊。翻译要他回答时，眼睛看着法官，德谢泽直视法官，法官却移开视线，不敢正对。翻译说在日本，法官砍下囚犯的头是种荣耀。

法官用英语对他说：“明天早晨太阳升起时，砍下你的头，我光荣无比。”德谢泽坦然相对，告诉他如果一个最仁慈的法官要割下他的头，对他是种极为光彩的事。在场的人无奈地笑笑，把他送回牢房。他躺在地上，眼睛仍然被蒙住，手铐没有去掉，毯子也没有。

半夜过后，两个卫兵来到海特的牢房，拖住他的脚，叫他赶快起来。将他带到一个大厅，揭去蒙布，连拉带推地来到楼上。一个少校、一个翻译和四个卫兵已在那里等候，翻译要他坐在他们前面的椅子上。

“你想抽烟吗？”翻译边说边把白鹰牌雪茄和香烟推到他跟前，他伸出戴镣铐的手，香烟却被抽回。翻译说以后会拥有的，海特天真地问什么时候，对方说要到彻底坦白时，他仍拒绝回答。翻译突然叫起来：“你必须交代得更多，否则就要把你枪毙在座位上。”

海特还以为日军会用战俘的身份对待他，只不过装腔作势罢了，实际上他们并不知道美国飞行员的一切，他只打算回答自己想说的。他盯住翻译，翻译等待军官说什么。军官将一沓纸推到他跟前，用标准的牛津英语说：“看看这些。”海特一看，是一份完整的 80 位袭击者的名册。他们提到杜立特和“大黄蜂”号，声称杜立特和其他人员全被捕获，问他从哪儿起飞，他说阿留申群岛。军官显出得到什么的神情，中止审问。

4 月 20 日早上，德谢泽被带出牢房，蒙布揭去，手铐卸下。他扫视一下，见法官握着行刑的武器，随行的带着照相机，每个人都面带微笑。拍过照片后，他被装上一架双引擎的日本飞机，眼睛重新被蒙住，手又被铐上。他听到同伴的声音，却无法与他们交谈。飞行两个小时后降落，加油，整修机尾轮子。继续飞行两个多小时，德谢泽看到富士山，他知道已在日本上空。海特窥见一个大城市，立即明白身处东京。

后到上海的 6 号机组，命运比 16 号机组更惨。

尼尔森的手指被绑住，中间插入铅笔，上下抽动，导致皮肤破裂。“他说不出话来，就把他摊在地上，进行臭名昭著的‘水疗’。四个士兵分别坐在他的手臂和大腿上，第五个人把一块湿毛巾盖在他的脸部，在上面倒水。每当他拼命呼吸时，更多的水倒向毛巾，受害者像淹在水里一样。”[1] 水疗共持续了大约 20 分钟。

---

[1] ［美］卡洛尔·V. 格林：《杜立特东京袭击者》，第 348 页。

卫兵带进一根直径约八厘米的竹竿，置于膝部的弯曲里，他跪在地上，两个卫兵各架一只胳膊，另一人的脚踩在他的大腿上，上下跳动。他感到膝部像断开一样，五分钟后，麻木得失去感觉。用刑15～20分钟，他们才停止。

他被带到一个小房间，安置在桌子上，每边都有绞车般的刑具。皮套子放在他踝关节和手肘上，一个衬领放在下巴和后脑上。腿和臂挂起，转动绞车，身子抬高，感到头像断离一样。他真想还是昏迷或死去更痛快些，不过仍决定不告诉他们实情。

衬领使他呼吸困难，头部血液循环受阻，他们看到将变黑时，停止用刑。血重新流向大脑，眼睛和耳朵恢复看和听的功能。翻译说他太笨，其他人都已招供，他们已知道全部事实。尼尔森要翻译说说知道的事，他拒绝回答，翻译故意出示参加袭击者的名单。四个凶手又开始动刑，比之前更加残酷。他们扭过尼尔森的手臂，直至身子弯到膝盖，他们又踩又踢。每隔数分钟，进行拖拖打打，军官在一旁大笑。凶手不断拷打，翻译不断问他感觉如何，要不要如实招来。

用刑一个半小时，他汗水满身，军官也有点倦意，翻译说尼尔森将面对行刑队的枪口，只是有点可惜，他家乡父老不能目睹现场。他被蒙上双眼，从牢房出来，脚下是条卵石路。他的双腿痛得不能走动，卫兵紧紧抓住他的胳膊，一言不发。尼尔森感到有些人跟在后面，从走路的声音判断，他们是军人，一定是行刑队。行走约1000米，他听到颚音的命令，士兵的枪托敲击地面。士兵止住尼尔森的脚步，旋转身子。尼尔森的汗水渗满脸部和脖子，他想揩一揩，但双手反剪，只好作罢。他又听到颚音的命令，还听到步枪举起的细微声音。军官在下达命令，随后发出脚步走动的声音，翻译笑起来："我们是武士道壮士，执行太阳升起的命令，不会在日落时处死人命——只有在太阳升起时。现在太阳西落，所以你的处死要在早晨进行。如果你铁心不说，那时我们就要枪毙你。”[1]

两个卫兵把他带回牢房，揭开蒙布。一小时后，进来三个卫兵，一再检查手铐和链子，把他的手举过头顶，推到墙边。墙上有个结实的木桩，他们把他抬起，手铐的链子挂在桩上，脚尖仅能触地。卫兵二话没说，看他一下，转身离开。几分钟后他的手腕痛得要命，胃里恶心，胸部刺痛。跳伞时负伤的左臂开始肿胀，血液变黑，痛得无法形容。他不知什么时候昏死过去，只知那晚的大部分时间里不省人事。

25 日早晨，他们把尼尔森放下，他站也站不住，手臂无法移动。口渴得要命，身体疲倦无力。卫兵又蒙上他的眼睛，带到接待室，蒙布掀去。同机的霍尔马克和梅德尔已先到，两人都蓬头垢面，满身瘀血，气质犹如久病过后似的，胡子纷乱，像个流浪乞丐。吃过早饭，蒙布重新遮住眼睛，带上飞机，双手铐住，系在座位上，运往东京。

杜立特获悉两个机组人员被捕的消息，尽力营救，他写道：“我们机队 80 人中的 8 人落入敌手。当我到达友好的中国司令部，试用各种手段，设法救回他们。提供过巨额款项，中国人动用部队进行营救。但日本人因袭击而遭受重大的心理打击，把八人当作极有价值的俘虏，金钱无法买来他们的释放，中国人没有足够的武力把他们救出。”[2]

赎回无望，武力营救不现实，美国飞行员经历死死生生的狱中 40 个月的折磨。

日本受审

日军从坠毁的飞机上发现海图和地图，掌握所有重要的机密。“大黄蜂”号的名字显然出现在一些纸上，肯定有些人没有销毁一切资料，为此杜立特对每个人并不都放心。有关这些纸上发现的航空母

[1] [美] 卡洛尔 · V. 格林：《四人归国》，第 61 页。

[2] 杜立特为《四人归国》写的序言，见此书 vii 页。

舰和其他资料，德谢泽和他的同伴被细致盘问。[1]

经过不断的磨炼，飞行员学会了应付。巴尔说降落时，头先着地，从那以后失去记忆。海特顺势回答他们想招供的一切，遇到离奇的更好。他们提问题，他也反提一个，看看他们想要什么答案。他们拥有其他航空母舰的照片，对“大黄蜂”号一片空白，却拿来它的轮廓图，问尺寸、炮位和甲板下的布局。海特估计日本间谍还来不及拍摄这个新产品，凭着想象，勾勒出一艘荒唐的船来。不久，他们画出一幅“大黄蜂”号的细图，向他炫耀。

审讯四周后，允许飞行员晚间睡觉，白天继续审问。本来两个机组都不知道多少人被俘，到日本后也互不了解对方，大家十分困惑。6 月的第一周开始，情况已明朗。他们成双关在一起，巴尔与海特在 1 号牢房，法罗和尼尔森在 2 号，霍尔马克和梅德尔在 3 号，斯帕兹和德谢泽在 4 号。开始时不允许交谈，卫兵在外面一听到说话声就叫他们住口。

他们心里明白，越狱的可能性不存在，他们这些给日本带来心理挫伤的“重犯”，面对的不是杀害就是折磨，幸存十分困难。每人每天只有六块面包、三杯茶。不能洗澡、剃须、换衣。地面上挖个洞权充厕所，里面的尿臭，加上人体的气味、空气不流动的闷味，叫人发腻。光线又差，人人患上痢疾。数小时的审问，反而是唯一的透气机会。

5 月 22 日，不再审问，他们坐在桌子边，塞过一支笔，要在一张写有日文的纸上签字。大家惊异地问是什么内容，说是坦白书，如果不签，将在太阳初升时被枪决。他们犯难时，立即遭到布满四周的警察的耳光和脚踢。在威逼之下签署的坦白书，他们中没有一人知道里

[1] [美] 查理斯·霍伊特·沃特森：《德谢泽：一位转为传教士的杜立特袭击者》，第 55 页。

面的内容，到抗战胜利后审判日本罪犯时才揭示出来，原来是要他们承认轰炸和扫射学校、医院，而不是军事目标。下面是霍尔马克和斯帕兹的审讯答词：

> 问：杀害和伤害这么多无辜的人民后，你的感想如何？
>
> 霍尔马克：因为我们决意轰炸东京，快速逃往中国，也把炸弹扔在选定的目标外的地方，然后匆忙逃脱。因此，我们也轰炸民房，打死打伤许多平民。

> 问：轰炸名古屋以后，实际上你有没有扫射过？
>
> 斯帕兹：这是一种无法饶恕的行动。离开名古屋不久，沿着海岸向西飞行时，驾驶员立即发现一个学校，降低高度，命令我们戒备。我瞄准校园里的孩子，扫射一梭子，然后我们飞向海域。我当时的感觉是“这些该死的日本人”，真想给他们吃一阵子枪弹。现在我明白，这是天地难容的，一个正直的人不会干出这种勾当的。

其他人的书面材料也如出一辙，都构成天诛地灭的罪行。

6月15日，他们的鞋子和袜子被物归原主，又一次脚上镣手戴铐，两人系在一起，带到院子里拍照，分别押上一辆雪佛兰和三辆福特车，送往火车站。火车上挤满人，每对飞行员由两个卫兵看守，乘客冷冷地看看美国飞行员。邻近车厢的人通过门缝观望，警官要他们离开。警告没有发挥多大作用，警官干脆用报纸把玻璃窗糊上。经过两天的行驶，到达长崎，关进监狱。

监狱水泥墙，草顶，小牢房一角的厕所臭气熏天，仍受痢疾的困扰，他们却有另外的快意，自从被捕后首次聚在一起，谈话不受卫兵的干扰，可以了解各自的经历。德谢泽与梅德尔一番交谈，得知梅德尔在大海里救护同伴的情节，深受感动。机会难得，大家聊得很晚。

第二天早晨，仍然可以自由谈论，他们为国家的命运而担忧。日本有 500 万人服役，美国只有 100 万，经济没有军事化，能否赢得胜利？水上的两天在谈话中度过，19 日重返上海。

上海三人被害

提篮桥监狱

上海的提篮桥监狱，原是英国人经营的旅馆，日本管制后改为司令部和牢房。美国飞行员关押的牢房长 4.6 米，宽 3 米，里面还有 15 个中国人，1 个苏联人。中国人中 3 个是妇女；苏联人会说英语、汉语和日语，他不愿说出狱中的一切内情。

房角安置一个马桶，粪便漫到外面。仲夏季节，天气十分炎热，24 个人挤在一起，如在蒸笼里一般，仍不让人洗一次澡。一位妇女昏倒摔伤头部，卫兵笑起来，说她假装有病，用棍子打她的头。一个中国老人就要死于痢疾，他躺在中央，其他人只有坐的权利。晚上被吵醒，站着过夜更觉舒畅。几天后，其他囚徒移出，只剩下八个飞行员，有空间可以伸展手足，躺下休息，也不必提防里面有间谍告密。

八人每天两盎司水，早饭每人一碗米粥，中饭和晚饭都是四盎司面包。发黄的米饭中杂有沙子、蛆虫，飞行员看看，递给中国人，他们挑选干净，带着感激地笑笑。尼尔森首先感到不吃不行，他对同伴说："这些东西不是我们在家里吃的，但它具有食物的价值，如果我们吃不到其他东西，我准备吃下去。每粒肮脏的米，都有我们身体所需的营养，甚至虫子也含有维生素。我不知道你们这些同伴们的想法，我打算活下去，有朝一日告诉全世界，日本人在这里怎样虐待我们。”[1]大家纷纷响应。海特风趣地说，虫子至少能增加些脂肪。

饭量不足，营养不良，人越来越憔悴，脸部瘦削，裤带越系越紧，须发蓬乱，更显得非人非鬼。霍尔马克人高马大，需要一定的食量填充，他撑不住而昏倒，体重不断下降，从 91 公斤减少到 64 公斤。他还身患痢疾，每隔 15 分钟，就要坐一次马桶，大家轮流服务，后来服务的人都有气无力，瘫倒在地上，爱莫能助。

臭虫、虱子和老鼠十分猖獗，手和脚都被咬得肿起来。他们只好在大热天的晚上，将裤管塞入袜子里，扣紧领子，扎实袖子，防止各类虫子的叮咬。白天，在衣缝里寻找虱子，捉到“俘虏”后就狠狠地把它掐死。一群老鼠生活在地板下，晚上在缝里钻来钻去，一点点地啃咬露在外面的东西，闹得人难以安睡。他们被迫采取应对措施，轮流值班，驱赶老鼠，让另一部分人睡觉。

整天待在监狱里，不允许到外面做操。坐的姿势有规定，盘着腿不能动，面部必须朝向牢门。平顶上高悬着灯火，一天 24 小时通明，不让人好好睡觉。

狱中生活单调得让人难以忍受，他们以谈话来充实，卫兵听到声音，敲敲门叫喊着，制止发出声音来，幸好没有冲进来强制执行。一天，韧性十足的海特示威似的向卫兵反叫，外面的卫兵从两个增加到六个，里面发出更多的吵声，门上的敲击声也相应增强，双方没有发生什么事情。

新来的卫兵想按规矩办事，强制不让说话，飞行员投以鄙夷的目光，发出嘲笑的声音。卫兵恼羞成怒，拼命吼叫，海特进行反击，要他到自己的营房里去喊。卫兵咆哮起来，海特用拳头猛力敲门。门突然飞向两边，冲进一个日本军官，用刀鞘抽打海特，留下了可怕的伤

[1]［美］卡洛尔·V. 格林：《四人归国》，第 70 页。尼尔森在 1946 年审判日本罪犯时，前来上海作证，信守诺言。

痕。海特怒发冲冠，抓住刀鞘扭开，军官拔出闪着寒光的刺刀，准备戳进他的上腹部。其他人屏住气，如果军官鲁莽行事，就赶在卫兵涌入前结束他。法罗站在海特旁边，已做好动手的准备。海特额上的血流下来，军官感到不妙，溜出牢房，关上门。此后，有些卫兵态度变好起来。

飞行员发现进餐的洞口送入一些新鲜食物，它由上海地方警察提供，主要是英国人，他们在太平洋战争以后，仍然允许行使部分权力，在租界执法。他们为被日军俘获的英国人和美国人供应食物，飞行员得以尝到新鲜的玉米、鸡蛋、肉、水果，热的咖啡和茶。15 天以后，这些“高贵”的食物从进餐洞口消失，就像当初送入时一样，飞行员都感到莫名其妙。

有人提出想法，用美钞收买卫兵。飞行员的手表、戒指之类东西，在刚做俘虏时就被没收，纸币倒保留下来。有个卫兵略知英语，同意到黑市去兑换通行币种，购买飞行员想要的东西。飞行员吃到了排骨、新鲜蔬菜、草莓酱和法国面包，柄糖谁也舍不得吃，留下来，以备食物短缺时补充，等到要吃时，揭开糖纸已不可入口。他们到四楼客房的浴室洗澡，涂上香皂，换上新的衬衫、短裤、袜子。人人理过发，刮过脸。这是被囚 120 天以来的第一次。

8 月 28 日，他们被装上卡车。霍尔马克无法站立，法罗和海特把他放在担架上，抬上车，运往“江湾”军事监狱。

江湾监狱

江湾监狱位于上海的北郊，有时称为市中心，实际上是要犯的关押处，受日本中国派遣军总司令的直接控制。

美国飞行员一到江湾，看见五个日本军官站在高起的平台上，前面横着一张长桌，飞行员站在下面，他们的后面另有 10 个作为听众的日本军官。一个被判有七年刑期的囚徒充当翻译，他是半葡萄牙半日本人，会说汉语、英语，还会说葡萄牙语和日语。霍尔马克躺在担架上，巴尔突然晕倒在地，被允许坐在椅子上，其他人想站稳都十分勉强。

位于桌子中间的法官用日语夸夸其谈，历时很久，结束发言后，走向飞行员，用英语对飞行员说话，要他们介绍履历。除霍尔马克外，他们都用微弱的声音断断续续地讲述，对于袭击东京的那一段，没有人提到。法官并不介意这一切，显出不感兴趣的神情。这一程式完结，法官又在读什么，翻译解释说是宣判。飞行员问宣判的内容，翻译发出淡笑，回答说不可奉告。

这次判决已酝酿三个月之久，日本当局要以特殊手段惩处特殊人物。日军参谋总长杉山元对袭击日本一事非常震怒，力主由东京的军事参谋部捉刀处置，敦促立即处死这批“战犯”，不能稍有延缓。“但是，在日本的军事当局和上海的占领军内，许多人认为这种惩罚超过必要性。这一想法，毫无疑问地出现在战争刚开始阶段，人民对待战争的心理不像以后一样。那时，这种惩罚显得过于严厉，到战争后期，人民对此事的观念肯定不同，因为憎恨美国胜利的情绪在上升。”[1]他们认为美国飞行员是“战俘”，而不是“战犯”，以此来量刑。东条英机首相处于两者之间，先于杉山元赶到天皇那里，要求宽大处理，得到批准，只将三个被认为犯有杀害学生罪的人处死。[2]

那时日本还没有现成的法律，规定空袭者要处以死刑。“尽管东条首相具有宽容心，他却立即命令日本政府立法，实施死刑，以便应用于一旦抓获杜立特这类飞行员。这是一种方法，东条将军用来威胁

[1] [美]查理斯·霍伊特·沃特森:《德谢泽：一位转为传教士的杜立特袭击者》，第68页。

[2] 这是东条英机战后受审的供词，参见《德谢泽》，第70页。东条英机作为战犯受审后，被盟军判处死刑。

其他盟国飞行员，如果他们成为俘虏。”[1]一部新的法律在炮制，在赶时间出笼。

7月28日，国防部副部长木村兵太郎把编号为2190的秘密军事命令交给陆军司令部，由帝国大本营参谋部助理田边盛武转达给中国派遣军参谋长后宫淳，又附上内容，要求判决延长到8月中旬，“军事法律”正式公布时。“军事法律”规定，敌国飞行员袭击日本本土、“满洲国”和日本军事行动区域，轰炸、扫射或进攻平民、平民财产和非军事目标，酌情处以死刑、无期徒刑或10年以上有期徒刑。此法从1942年8月13日开始生效，也适应于以前的“罪犯”。[2]

日军已强制获得美国飞行员的“坦白书”，他们的“暴行”与新的立法相合，“战犯”的命运在劫难逃。

判决后，霍尔马克被送回提篮桥监狱，进入6号牢房，里面有20个不同国籍的人，包括1个苏联人。霍尔马克的体重降到54公斤，只站起来一次，没人搀扶，像个醉汉东倒西歪。法罗等七人被关进单人牢房，此房每间长2.7米，宽1.5米，墙上没窗，近屋顶处有个小洞。德谢泽手按在一垛墙上，脚蹬在另一垛上，爬3.7米，接近屋顶。从洞里向外张望，感受1公里长的景致，也算是一种眼福。他很幸运，这样做从来没被卫兵发现过。

每天6点钟起床，8点吃早饭，10点半到11点之间出操，12点吃中饭，17点吃晚饭，21点睡觉。每餐递进一碗很脏的米饭和少量汤水，不比提篮桥好一点，一小时过后就饥肠辘辘。到江湾20天以后，才允许到外面锻炼，有一天，法罗和斯帕兹不见人影，其他人开始疑虑起来。那位半葡萄牙半日本人的翻译说，官方告诉他法罗他们被带到另一

[1] [美]查理斯·霍伊斯·沃特森：《德谢泽：一位转为传教士的杜立特袭击者》，第56页。

[2] [美]卡洛尔·V. 格林：《四人归国》，第77页。

座监狱。在进一步的谈话中，他透露，他们就要被处以死刑。10月15日，“其他五人被叫出牢房，走到8月份对他们进行可笑的审判的地方，一本正经地排列成行，法官用英语告诉他们曾被判处死刑，但是由于他的帝国崇高的天皇的怜悯，以‘特殊处理’的方法将判决改为无期徒刑。没有提到另三位美国人，也没有解释所赋予的‘特殊处理’”[1]。

宣判结束，允许五人取回自己的物品，法罗、霍尔马克和斯帕兹的衣裤都在，大家更怀疑他们已被杀害。

美国飞行员的命运，在10月10日定局。那天，日本参谋总长杉山元电告中国派遣军总司令畑俊六将军，经过复核，两个驾驶员和射击手斯帕兹仍按死刑判处，对其他无期徒刑的人剥夺其交换战俘的权利，不享受其他战俘的待遇。

10月14日，霍尔马克被带到江湾监狱，单独关押。晚上，他与法罗、斯帕兹押到一间毗连的库房，宣布被判处死刑，在下一天执行。半葡萄牙半日本人仍担当翻译，他告诉飞行员在两张纸上签字，一张签在中间，另一张签在底部。飞行员问为什么要签，他解释说是他们个人物品的接收单，日本人还要在空白处填上日文。又有两张白纸交给他们，一张用来给亲友写信，将通过红十字会传递，另一张书写狱中的待遇。

法罗在给未婚妻的信中说：“你是我唯一的恋人，具有充实我生命的意义……请安慰母亲，因为她需要你……设法找到自己应得到的男人。”

斯帕兹写信给单身的父亲，对只留下一点衣裤而没有其他东西感到歉意，他又加上一句：“我想让你知道，我像一个斗士，为我们的国家奋战而死。”

霍尔马克为父母亲和姐妹写信，坚信他是个战俘，本来可以活到

---

[1] [美] 卡洛尔 · V. 格林：《杜立特东京袭击者》，第364页。

战争结束。他提到原来的职业想法，如果太平洋战争不爆发，他要从事商业运输。他希望母亲坚强些，为他祈祷。

上海郊外的1号公墓里，割平一些草，竖起三根木制的十字架，旁边安放一张小桌子，作为祭坛用。15日16点半，他们戴着手铐，押上重兵监守的单独卡车，运往公墓。手臂系在十字架上，双膝下跪，眼睛用白布蒙住，中间点上黑色标志。

九人组成的行刑队走进公墓，三人担任保卫工作，另六人在离飞行员六米处停住，排成两列，两人对付一个飞行员，第一人开枪不中，第二人马上补枪。随后又有一批人走进来，他们是地区检察官、本案检察官、看守长、法庭官员，还有三个法医、三个上海警备司令部人员和一个翻译。最后一人到场，行刑队身后的祭桌上燃起香火。

本案检察官宣判飞行员为死刑，立即由译员传达。看守长说些安慰性的话，飞行员要求转告家乡父老，说他们死得非常勇敢。看守长告诉他们，骨灰会通过国际红十字会送回他们的家。行刑队队长抽出指挥刀，举过头顶，向他的队员发出面向目标的命令。

“准备！”

前排的三个士兵举起步枪，打开保险。

“开枪！”队长的手臂向下一挥。

三颗子弹射进三个黑点，鲜血喷向蒙布，淌到地面上。三名法医冲过去按脉，报告都已停止跳动，不需要补第二枪。三具尸体放入棺材，抬到祭桌旁，按照武士道礼仪，全体人员站在祭桌的另一边，脱帽，鞠躬，默哀。然后戴上帽子，向棺材敬礼，离开墓地。

尸体立即火化，骨灰放入小盒子，贴上标签，带回江湾监狱。在接待室里设祭桌，骨灰盒放在上面，前面点燃香火。一个月后移到上海“国际殡仪馆”，直到抗战胜利。

对被俘飞行员的下落，美国极为关注。8月15日，他们从瑞士驻上海的总领事馆获悉，法罗被关在提篮桥监狱，其他情况无法得知。

三名飞行员被枪杀之前

10月19日，日本政府广播，杜立特的两个机组人员被判处死刑。美国国务卿赫尔与瑞士驻美国的使节联系，要他询问东京的广播内容是否真实。1943年2月17日，日本政府又扬言判以死刑。赫尔告知罗斯福总统，建议发文给日本，罗斯福大为震惊，指示要以严厉的口气、特别的警告，申明必将报复美国手中的日本俘虏。3月12日，美国政府得到日本政府的通电，明确美国飞行员已受审讯，宣判为死刑。

4月21日，罗斯福总统向新闻界宣布："本政府发给日本政府正式的电文，强烈谴责这种暴行。在那份电文中，本政府正告日本政府，对所有日本政府官员犯下的滔天罪行，美国政府将给予民间的和官方的惩罚，以适当的程序将那些官员正法。"[1]

在江湾监狱，剩下的五人在判决后，可以洗刷内衣内裤，每星期洗一次澡，定时修剪须发。看守中有一个同情心很强的人，大家叫他

[1] [美]卡洛尔·V. 格林:《杜立特东京袭击者》，第345页。1946年4月12日在上海华德路，盟军军事委员会将直接造成三名飞行员冤死的罪犯推上法庭，原江湾监狱看守长等三人，被判处五年监禁，罚做苦力；律师和光因谙习法律，被判处有期徒刑九年。

"汤姆"。他偷出铅笔，抽出笔芯，送给每个人，要他们写上各自的住址、出生日期和其他材料。他允诺要带出去，交给他们的家人。他送饭的手伸进时，他们把纸条塞到他的手指缝里。他塞进两本书，一本题为《困难》，充满幽默感，他们正需要这种精神食粮，背下不少内容。他带进一则消息，威克岛的坎宁安指挥官和巴特尔士官，也关在这里，他们曾在吴淞监狱逃跑过。他也把美国飞行员的情况告诉坎宁安，为两年后他们的获释创造条件。汤姆的友好，对飞行员的信心是种鼓舞。他们振奋精神的方法在于出操的片刻，大家趁看守不注意时，抓紧谈几句话，给对方一点温暖。

牢房里终日不见阳光，冬天冷得可怕，两条毯子不足以抵挡冷酷的地面。12 月 5 日，汤姆竭力使看守长相信，如果不采取措施，飞行员的性命可能保不下来。他的话起了作用，大家被集中到一个大牢房，每人给了三条毯子。

长期蹲狱，健康每况愈下，痢疾、营养不良、水肿和脚气时时威胁着他们的生命，这些病症很大程度上来自水果和蔬菜的缺乏。海特表现出一种焦躁不安的情绪，控制不住脾气，说话冲撞他人，对别人的不同观点动辄发怒，其他四人都小心翼翼，避免激怒他。1943 年 1 月 25 日，他昏倒在地，几分钟后才苏醒过来，不能走动，眼睛看东西有双重图像。其他人呼叫卫兵，给他打一针，昏睡 48 小时。醒来后，巴尔、尼尔森、德谢泽转出去，留下梅德尔一人照顾他。他身边还有数美元，给了卫兵买来面包和草莓果酱，两周的特殊享受使他的身体有所好转。

1943 年 4 月 18 日[1]，袭击东京一周年的这一天，他们又一次被蒙上眼睛，戴上手铐，腕上再加绳索，系在卫兵身上，押送飞机场。手铐牢牢地

[1] 此据《杜立特东京袭击者》第 364 页的时间，《德谢泽》第 77 页为"袭击东京重大日子后一年"，《四人归国》第 96 页作 17 日。

铐在座位上，两边各有一个卫兵，后面还有一个看守，将他们送往南京。

南京再折一员

飞行员到达军事监狱，蒙布揭去，按个子大小安排牢房，巴尔在1号，尼尔森2号，梅德尔3号，海特4号，德谢泽5号，前两个牢房大些，最后一个最小。

一个月后，送进一张桌子、一把椅子，全部钉死，不能按各自的想法布置“房间”。他们仍睡在地面上，以草蓐作垫，每人四条相对新的毯子[1]，饭食稍微多一点。新落成的监狱还没有虱子、跳蚤和老鼠，大家可以安心一些。

每天有15分钟的操练，可以晒到阳光。一个看守自称是运动员，要与飞行员角力。他施展脚功，用踢绊的方法，扳倒身体虚弱的飞行员。见到飞行员倒地，他在头顶晃晃手帕，呼喊：“日本胜利，日本胜利！”飞行员注意到，每次他获胜，下一顿饭就会稍稍多一点。

有几个看守与飞行员谈些话，不断声称日本人的生活水准高于中国，脸上显出沾沾自喜的神色，以为自己是世界上的头等民族。涉及战争，“总说日本获得全胜。他们不断告诉美国人你们不会有任何希望，一切都有利于日本。像成规一样，在这种谈话中，他们总是最后转动身子说：‘嗨，如果日本失败，美国胜利，俘虏不会获得自由，而是头颅落地。’他们坚持日本人要战斗到最后一人死去为止”[2]。飞行员把看守的片言只语拼凑起来，得出日本舰队大部被歼的结论。

---

[1] 此据《四人归国》第98页，而《杜立特东京袭击者》第367页作一条。

[2] [美] 查理斯·霍伊特·沃特森：《德谢泽：一位转为传教士的杜立特袭击者》，第79页。

夏去冬来，他们的身体又磨损一些，担忧难以度过艰难的冬天。12月11日出操时，梅德尔只能摆摆手，弯弯身，无法加入跑步的队伍。他像平时一样对同伴竭力笑笑，同伴在返回牢房前说几句安慰的话。晚饭时，巴尔得到特许，走出牢房，把饭推到各个牢房内。他对梅德尔说几句话，里面没有回音，就呼叫卫兵，打开牢门，梅德尔直挺挺地躺在地上。

梅德尔在9月下旬痢疾加重，由一天拉三次发展到五次，体重从77公斤减到50公斤。出操时，他只走到院子里，与其他人交谈几句，仍保持幽默，不让自己的痛苦影响他人。11月底，脚气病导致肢体肿胀起来。他知道自己的日子屈指可数，就利用出操的机会提醒尼尔森，他们曾私下订有君子协定，一旦发生不幸，活下来的人要访问对方的家庭。一位暴虐成性的卫兵，见尼尔森擅自退出跑步，停下来与梅德尔私语，大叫一声，命令停止。尼尔森见梅德尔病入膏肓，卫兵叫得越响，他越要继续谈。其他卫兵连忙打发巴尔、德谢泽和海特回牢房，尼尔森不慌不忙地扶起梅德尔，帮他回到自己的牢房。为首的卫兵勃然大怒，等尼尔森经过时，拔出老拳打在他的脸上。尼尔森平静地放下便桶，全身力气涌到右拳，猛击那个卫兵的下巴，卫兵脚跟站不稳，身体向后仰去，退撞到墙壁上。其他卫兵非常惊愕，用牙齿呼吸，他们遇到突如其来的情况时总是这样。那个卫兵挥动刺刀，尼尔森以攻击性的马步相对，相持几分钟，卫兵退走，尼尔森饱受一顿毒打。以后，尼尔森受到凌辱，做出马步的姿势时，对方就要退让三分。

这天，海特听到梅德尔与一个友好的卫兵在谈话，要求死后把他的个人物品带回家。海特请求那个卫兵去喊医生，医生给梅德尔注入维生素B，以后又来看过几次。但他病情过重，长期得不到医治，成为狱中牺牲品，他的家人再也见不到这位田径健儿了[1]。

---

[1] 梅德尔在大学学习期间爱好田径运动。

巴尔无法将送饭时遇到梅德尔的情况告诉其他人，同伴还不知道梅德尔已默默地告别他们了。第二天出操不允许他们经过梅德尔的牢房，后来卫兵带四个飞行员进去，让他们看最后一眼。第三天，他的骨灰安放在12号牢房，旁边有他的个人物品。

梅德尔的死引起了狱方的注意，看守长来到牢房与囚犯交谈，竭力讨大家的欢心，问他们需要些什么。大家抢着回答，要面包、黄油、果酱、排骨、鸡蛋、牛奶和其他美国食品。他们知道狱方不可能办到，只不过是长期的关押渴望回味这些过去的食物而已。饮食确实有所改善，由每天两顿增加到三顿，米饭供应两碗半，早饭有汤，偶尔能喝到热茶，中饭有时能吃到蔬菜和半条鱼，晚饭包括咖喱菜，还加入难以说出名称的碎肉，但不经常。

他们每逢一个较有同情心的卫兵值勤时，就提出要些书读读，由于梅德尔的死，看守长转变观念，认为书也可以改变人，消磨意志。他有选择性地送进五本神学方面的英语书籍，其中一本是《圣经》。德谢泽读得入迷，在仅能拥有三周的时限里，晚上很少睡觉，利用暗弱的灯光拼命读，读完一遍又一遍，背诵尽可能多的内容。他深受《圣经》的影响，决心做一位基督徒，为基督事业竭尽全力。释放后考入神学院，一毕业就偕妻子远渡重洋到日本去布道。

德谢泽是个气血方刚的人，遇到不平容易动怒。读《圣经》前的一天，他正要清理牢房，一个卫兵走进来，叫他快点。他火冒三丈，用英语回敬："滚开，跳湖去吧！"卫兵开门冲进来，一拳打在他的头上，他毫不示弱，用光脚踢向卫兵的腹部，卫兵用刀鞘敲击，他拎起擦地板的水桶泼去，卫兵不敢随意开杀戒，只好不了了之。《圣经》教他去爱敌人，以后受辱不再反抗，与看守结为朋友。

《圣经》对其他人的影响，没有像德谢泽那样深。尼尔森有意无意地发现另一件令人心动的事。他翻过一只铝制茶杯，看到"巴特尔，美国海军"的字样。他得到启发，用指甲也刻上自己的名字。他把这事告诉出操的同伴，大家都为狱中有美国难友而惊愕。杯子传到巴特尔手中，他也知道同狱还有杜立特袭击队成员。飞行员出操时交换意见，认为有必要留下线索，在器皿上刻下各自的名字、番号、编队、被捕时间和其他能辨认他们身份的材料，日后让美国人知道他们还活着。

狱中的日子实在漫长，自然界的季节周而复始。1944 年夏季，南京特别炎热。牢房有洞无窗，门由坚实的木头做成，空气不能流通。海特高烧不退，生命进入危险的关头，卫兵不得不加以重视，他们需要他活下来，不能成为梅德尔第二。平板门换成栅栏式的，叫来医生到狱中照料，把冰块放到他的额上。天气转凉，海特渐渐痊愈。

秋季一过，又是严冬。12 月的第一天开始到 1944 年 3 月初，三个月的大雪，三个月的冰冻，这些“特殊处理”的囚犯，又面临生存的考验。他们的老军装被发还，罩在日本囚服外面，其他条件仍丝毫未改。德谢泽患上感冒，并发大量皮疹，有时出现在脚上。天气转暖后，皮疹消失；夏天来临，皮疹又卷土重来，折磨他的病躯。

大雪降临的第三周，他们把各自的牢房清理完毕，正准备出操，卫兵命令不允许脱掉拖鞋。跑步时要使拖鞋不掉落，极不容易，在雪地里更难。他们跑过三圈后，很想用点力暖暖身子，把命令忘到脑后，脱掉拖鞋跑。雪地里光脚跑已可怜之至，卫兵认为这是违反成规，勒令停止跑步，返回牢房。他们脚上沾满泥雪，想到里面去冲洗，卫兵又喝令止步，要他们到雪上去擦干净。他们一再说明到里面的水龙头下洗，卫兵仍要他们非照办不可，巴尔觉得太不讲情理，一怒之下径自往里走。卫兵二话没说，一剑打在他的腿上，他见伤处马上发红，怒火中烧，不知哪来的力量，拳头向卫兵的鼻子击去，那人痛得躲开去，另一个卫兵跑过来助威。巴尔自感处于弱势，选一个有利位置站好，应对强敌，这一招让卫兵难堪。十来个卫兵横在他前面，不让他进入牢房。面对拷打，他没有显示丝毫的屈服，出乎卫兵的意料，这个身材高大的美国人机灵有力，难以随便对付，他们不得不暂时把他推进牢房。

看守长要教训教训这个倔强的囚犯，以便贯彻狱规。卫兵只让他穿一件单衣，双臂绑到背后，绳子勒得脑袋要开裂，眼冒金星，血像停止流动一样。同伴听到他凄惨的叫声，担心他会死于酷刑。一个带有恻隐之心的卫兵不忍看，不忍听，劝告其他卫兵松开巴尔。用刑一个小时，他们才住手，声称便宜了巴尔，他们内部动刑，要持续四至六个小时。巴尔的手拿不起毛巾，一个卫兵递过来，擦去他脸上豆粒大的汗珠。

漫漫的痛苦中也有激奋人心的时刻。圣诞节这天，他们听到隆隆声，看见久别的飞机掠过监狱上空，竟是美国轰炸机！接下去热闹非凡，各种枪炮声齐鸣，日军在向美机开火。紧随其后又有爆炸声，浓烟腾空，远近都能看到，一定是击中炼油厂和油库。狱中的飞行员得到这份意外的圣诞礼物，精神为之一振，而卫兵仍在兜售老一套，说什么日本占领旧金山和纽约，士兵在那里和其他城市昂首阔步，向美国人民发号施令。他们又说美国飞机把炸弹扔在河里，让一大片鱼倒霉。几个月过去，又风平浪静，卫兵的话在飞行员的脑际重新泛起，他们再次担忧国家的命运和自己的前途。

此时无声胜有声，美军在太平洋节节胜利，攻占菲律宾和冲绳岛，日本已处于美国轰炸机的往返航程以内。中国派遣军在6月制定对美作战计划大纲，“预料美军主力为攻占上海附近要地，有可能在长江沿岸或杭州湾登陆”，“令在南京附近的部队在南京周围构筑坚固的复郭阵地”[1]。火药桶般的南京，随时可能爆炸，重要囚犯不可久留，必须转移出去。

---

[1]《中华民国史资料丛稿》(译稿)，昭和二十年中国派遣军，第二卷第一分册，中华书局1982年版，第9页。

1945年6月15日，他们被带出监狱，戴上手铐，用绳子加固，系到卫兵的手腕上，还扎头巾，捂大口罩，穿长袍，不让世人看出他们是谁。火车上又闷又热，飞行员渴得难以忍受，提出要喝水，一个会讲英语的卫兵解释说，不让喝水，可以免除带他们到厕所去的麻烦。经过三天带渴的行驶，火车开进北京站。

北京最后的日子

北京火车站外，他们在等军用卡车载运，看见到处是人。不少人躺在阴凉处，卫兵喝令这些流浪者："开路，开路！"一位老太太带的行李过多，无法快速避开，军官嚷起来，要她快走。老人已尽力而为，但军官还嫌太慢，两个耳光甩过去。飞行员注意到，这种出手时时处处都会发生。

卡车把四人送进北京城内的军事监狱，它占地很大，里面关押着100多个日本囚犯。五六个日本军人关在一起，被迫长跪两小时，一动不能动。过后坐在地上，两腿前伸，腰板挺直，后面不能有一点儿可依靠的东西。他们经常被带出去拷打，德谢泽利用机会告诉卫兵，在美国不会发生这种事情，他们说不可能，下级接受上级的拷打是司空见惯的事，不这样不足以维持军纪。

飞行员的牢房位于监狱的里面部分，单独关押，不再外出做操。每周洗一次澡，四人才可以相聚。每天必须坐在地上，面向里面那垛墙壁，与墙始终保持一米的距离。日本人习惯于席地而坐，美国人可领受不了，再三要求解除这种变相的折磨。他们得到"恩准"，赐予一只长15厘米、宽10厘米的小凳。他们整天坐在这个不舒服的座位上，不能起立，不能走动，唯恐他们看到对日本士兵的施刑。

狱中条件不如南京，饭的质量变差，数量减少。他们锁在狱中已38

个月，饥饿、疾病和刑罚交织在一起，再加上死坐，精神和身体都垮了下来。德谢泽的皮疹重新出现，一时共冒出75颗，不能坐，只能躺在垫子上。他想：“我与梅德尔中尉在天堂相会的时间已经不远。心痛得要命，记得梅德尔中尉死前说他的心怎样痛，南京的有些卫兵告诉我，梅德尔的死在于心脏病的突发，估计我很可能死于同样的病因。”[1]

他开始祈求上帝，双膝着地，面向门口，两手做出祷告的姿势。恰好一个卫兵经过，用剑敲敲门，要他回到凳子上。他无动于衷，尽管知道日本囚徒这样做，免不了皮肉之苦。卫兵转身走开，重新出现时随行好几个同行，他们打开门走进来，没有打他，也没有叫嚷。一个医生过来，让他躺在草垫上，注入维生素。吃饭时，送进牛奶、煮鸡蛋、精制面包和富有营养的可口汤汁。这种饭食一直供应到出狱，他终于转危为安。

8月中旬，飞行员注意到外面有烟灰向上飘升，在中国一般的纸都很珍贵，不会轻易焚烧，日军一定在烧毁文件之类的东西。他们还扔掉旧的衣服，捣毁一些设备，值勤的卫兵换上新装。不同寻常的迹象表明，时局在发生变化，大家等待着。

20日，卫兵打开飞行员的牢门，脸上带着笑意，宣布战争已经结束，他们可以回去了。

卫兵的话很简单，要他们说出口却不简单，里面有着深层次的一幕。飞行员见到狱中的异象，一方面，日本面对败局，正在安排后事；另一方面，驻华美军着手调查战俘集中营的工作，准备在日本投降后尽早逼迫释放。

几周以前，美国战略情报局三人特遣队潜入北京城，侦察到一个关押数百人的大型监狱，位于丰台，另一所军事监狱在城里，很多美

---

[1] [美]查理斯·霍伊特·沃特森：《德谢泽：一位转为传教士的杜立特袭击者》，第117页。

国人在坐牢。美国官方在8月6日接到情报后，决定派出营救队，冒险进入战俘营，在日本可能做出危及俘虏的险招以前，救出他们。

一个六人小组，由医生、翻译和报务员等人构成，在尼科耳少校的率领下，从昆明出发。8月17日，美国B-24飞机盘旋在北京上空，撒下数千张传单，告诉日军战争已经结束，不能伤害美国人。六人在一个机场跳降，那里有数百名日本官兵，都全副武装。营救组每人带有远东美军指挥官魏德迈将军的手令，告诫日军不能危害特派人员，他们明白深入险境，随时都可能发生意外。突然枪声大作，子弹在美国人头顶"嗖嗖"飞过，他们义无反顾地向前走去，一辆卡车迎面开来，接走他们。

机场指挥官接通电话，请来瑞士驻北京的领事和日军在该地区的高级将官高桥。尼科耳直截了当地告诉高桥，他受魏德迈的委派，专门安排释放盟国战俘事宜，挑明高桥手中有威克岛的战俘，强调必须立即释放。高桥回答说，战争还没有正式结束，只有高层官员知道和平谈判在进行，美国人全副武装地在街上走动，十分危险，一些"忠诚"的日本军人仍以为击毙获胜的美国人，会得到天皇的称道。尼科耳申明他带来魏德迈的信件，任何伤害营救者的日本人，都将受到惩罚。高桥清楚大势已去，固执没有什么作用，同意当天释放丰台的战俘。

20日10点，尼科耳与高桥继续会谈，丰台监狱指挥官及其同僚在座。尼科耳问高桥，很多战俘从南京转到丰台，怎么不见了两人。翻译抢答，说已经死去，骨灰仍在。尼科耳痛骂他一顿，说他没有资格回答，借以弹压日方的气势。稍后，他又心平气和地提到赫顿的情形，丰台监狱指挥官感到尼科耳知道的底细比他们料想的要多，只好如实相告，说他死于该月的15日。刚释放出来的威克岛守将坎宁安，在一旁观察进程，感到时机成熟，应该走下一招，示意尼科耳，尼科耳要高桥立即释放杜立特轰炸队成员。

飞行员被释放

“日本人显然发愣了，原以为除他们自己以外，不会有人知道他们在北京。尼科耳不眨眼地盯住日本将官，等待他回答。场内没人动一动，将官紧张地解开领子，在椅子上不安地微微蠕动。尼科耳耐心地等待答复，做出一个惊人的手势，比语言表达更为有力。他小心地合上一度用过的扇子，递给将官，高桥伸手接应，扇扇他自己。在那种场合，这个手势就是极好的表述。高桥认识到眼前这个美国人真正掌握着谈判主动权，立即向助手下令，安排释放这些人。”[1]

一个小时后，四位被关押了40个月的飞行员走出牢房，营救组马上向战略情报局发电，美国随军记者捷足先登，当天就报告全世界，四位失踪的杜立特轰炸队成员还活着，美国报界以头版大字标题刊发这一新闻。

尼尔森、海特和德谢泽被带到浴室、理发室，他们不想把囚犯的发型带回美国。狱方倒也慷慨，个人物品归还原主。巴尔没有露面，他们担忧他跟梅德尔走了。过了一会儿，巴尔在卫兵的搀扶下走进

[1] ［美］卡洛尔·V. 格林：《四人归国》，第8页。

来，又瘦又弱，不成人样。

他们乘卡车前往英国人的宾馆，里面有很多从集中营里释放出来的人，热衷于讲述他们的经历，相比之下，他们的条件大大优于杜立特飞行员。那里可以在限定的范围内走动，能够收到红十字会的包裹，一些英国人因得到美国红十字会的赠物而欣喜。杜立特飞行员尽情享用英式食物，医生给他们服维生素药丸，注射维生素药水。他们将吃不完的食物藏起来，生怕日后会挨饿，其他人不禁发出笑声来，问他们是否在迎接荒年。

8月24日，三人告别巴尔，乘飞机前往重庆。25日，举行记者招待会，他们回答各种提问。随后飞印度，跨大西洋，9月5日抵达华盛顿。

巴尔从8月9日开始处于半昏迷状态，从洞口送进的饭食也难以爬过去取，到达可望而不可即的地步。没有食欲，吃不下，也不想吃。天天送饭的卫兵，机械地执行任务，不管碗中的鱼肉、汤水和米饭少掉没有。20日，牢门打开，久违阳光的眼睛张不开来。卫兵把他架到一个小房间，海特等三人快步迎上来，叫他醒醒，告诉他不幸的日子已经结束，自由的一天开始了，他仍在怀疑是否真实。

他被送到宾馆的第五层，一个刚从丰台监狱出来的英国医生为他治病，另一个荷兰人担当助手。第二天，美国飞机送来药品，医生立即给他输血。他醒来见管子在滴液，害怕得狂叫起来，医生赶来安慰。他要求移到同伴的房间，三人走后，留下空床，他又叫起来，问医生他们已去哪儿，完全忘却他们与他告别的情景。他怀疑一切，看到日本士兵仍穿制服出现在街头，宪兵还在指挥交通，心底在问战争到底结束没有。血浆这东西从未听说过，护士都是中国人，说不定还是日本人。都说自由了，可他的行动仍受人监督，这些人一定都是日本特务。

监狱的淫威一直阴影不散，他的精神严重损伤，思绪紊乱如麻，暂时不能送回国，还需医治一段时间。

9月12日，巴尔被送往昆明，安排在单人房间，受到严格的监控，他又觉得回到了狱中。忧虑、不安、焦躁、烦乱，时时表现出来，有时想到越狱，甚至还问医生为什么不枪毙他。

10月初，转移到印度的加尔各答，7日，飞回昆明，改换飞机，在夏威夷降落。见到不少东方人的面孔，又以为日本人占领该地。12日，到达旧金山，见病房里一把小刀，猜想日本人要他自杀。他往胸口刺去，没有血涌出；想跳楼，只有一层高，跌不死，只好作罢。看到吊灯，将挂绳套在脖子上，踢翻凳子，绳子承不住，掉了下来。

11月，杜立特出现在他面前，约他去参加轰炸东京前定下的聚会，他的心境才开始转好，渐渐康复。脚上的伤痛和无名指的伤害，经常困扰他。1967年7月12日，他死于心脏病，有幸比梅德尔多活24年。

轰炸续曲

荣誉加身

杜立特来到华盛顿，鉴于有些飞行员仍下落不明，他还不能露面，必须隐藏几天，他的妻子也不让知道。

5月19日，马歇尔和阿诺德驱车来接杜立特到白宫，阿诺德笑着问：“为什么我叫你到白宫？”

马歇尔认真地接过话题：“总统将要把国会英雄勋章佩在杜立特的胸前。”

杜立特转向马歇尔说：“我不想要它，将军，我失去16架飞机、11个人。这枚非常珍贵的勋章对我来说十分重大，我真诚地认为不配这种荣耀。”

杜立特继续推让，还举出以前不该授予的人名。

马歇尔开始动怒：“我提议授予你英雄勋章，目的在于让勋章回升到应有的水平。”

“噢，那是你的想法，不错。我感到不该受勋，但是，”杜立特直视对方，“我可以对你说，我将在余生中竭力去获得它。”

“那当然。”马歇尔笑起来。

13点，他们四人来到总统的办公室，罗斯福为杜立特授勋，这

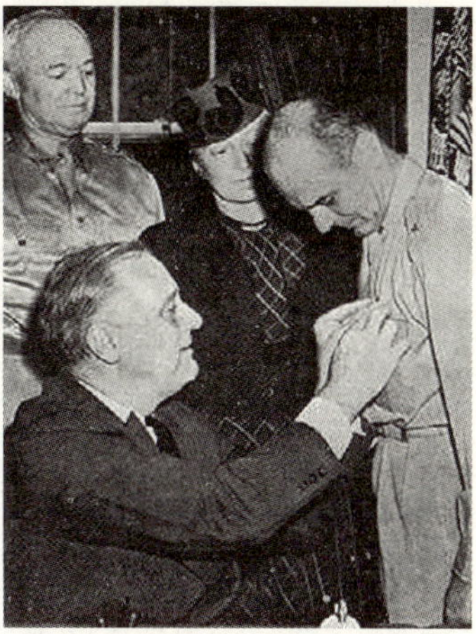

罗斯福总统为杜立特佩戴勋章

是美国的最高奖项。他的妻子应邀参加这一仪式，观赏激动人心的时刻。国防部当天向外界发布消息，赞扬杜立特英勇无畏，敢于冒生命危险。文中说："面对必将会降落敌区或沉亡海底的命运，杜立特领导一支志愿者组成的陆军轰炸机队，对日本本土进行极具摧毁性的打击。"[1]

6月27日，在博林机场，25位飞行员参加了隆重的授奖仪式。阿诺德将军和杜立特将军到场为他们佩上特等飞行十字勋章，罗森要艾伦跟随其他夫人一起去分享这份光荣。

一周后，在华盛顿沃尔特里德医院的三人分别擢升，沃特森、罗森晋升为上尉，麦克鲁成为中尉。根据杜立特的建议，各位参战人员提升一级，负伤人员获得紫心勋章。7月25日，驻华盛顿的中国大使馆武官朱世明少将，授予全体人员中国军事奖。

杜立特领导轰炸东京的消息在新闻界传开后，表示祝贺的书信和电报纷至沓来。各地的学生、老兵协会、工会和制造商寄来钱物和战

[1] [美] 斯坦·科亨：《目标东京》，第91页。

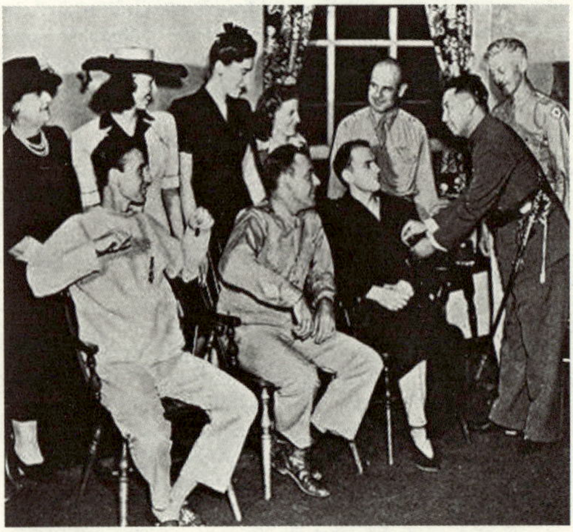

中国驻美大使馆武官朱世明将军为伤员麦克鲁、沃特森和罗森授勋

时公债，杜立特立即转给陆军航空兵后援会，有些寄给杜立特夫人的，她也交给陆军航空兵后援会、救助中国联合会、海军救济会和美国红十字会等组织。

4月18日，合众社就发布了消息："在东京投掷炸弹之飞行员，可获全国奖金3295美金。此项奖金之赠予，尚待政府查明该轰炸机中投弹之姓名，奖金中有1000元为战时储蓄公债，系芝加哥卡车巨商吉欣所赠，吉氏之公司为协助中国政府办理滇缅公路亦捐6000元。橘州造船厂工人300名赠415元，奥占尼地方第一次世界大战退伍军人多兰赠100元。"[1]

伯明翰的一位先生寄出1000元的汇票，西雅图一个11岁的小孩掏出25美分的零用钱，献给心目中的英雄。

旅美华侨、美籍华人，一个个扬眉吐气，也加入慷慨捐献的行列。在伊利诺伊州的昆赛，某中国饭店主人王某，"以价值1000美元花瓶，置于保藏器中，以待船只运寄领导轰炸东京之飞行员杜立特夫

[1]《民族日报》1942年4月20日。

人。数星期前，王君曾许愿该花瓶及现款1000元，赠送轰炸东京之第一名飞行员，事后彼接得陆军部通知，谓美国士兵不能接受任何奖赏，现得知系杜立特将军领导轰炸，乃将该物赠送杜立特夫人，杜立特夫人表示十分感谢之意。于是王君将此重30磅之花瓶，置于一条藏器中，并曰：'此物为杜立特夫人所有，与我无关矣。'王君在昆赛城曾为中国难民救济金捐得20万"[1]。

重聚活动

杜立特在"大黄蜂"号上允诺，行动结束后到重庆聚会，设宴招待大家。后因奉命急速回国，无法等全所有的人，就匆匆启程。不能兑现诺言，他耿耿于怀，总想报答这批生死与共的飞行员。

回国不久，他被提升为第12航空队司令，在北非指挥作战。1943年4月18日，杜立特荣升为少将，麾下也有一部分参加袭击东京的老友。这天，大家聚拢来，在一个小农舍里频频举杯，庆贺一年前的壮举，为缺席的老友祝福。他们的祝酒声，迎来一个佳音：他们的宿敌，袭击珍珠港的主谋，联合舰队司令山本五十六遭美机攻击，机毁人亡。

1944年，在战时条件下，继续举行非正式的聚会。

1945年11月，杜立特看望从中国回来的最后一位老友巴尔。巴尔在狱中遭受日军的野蛮摧残，神经错乱，积重难返，杜立特力图用友情来唤醒巴尔。他重新提起过去的诺言，巴尔倒也记得一清二楚，他当即表示要举办一次巴尔没有经历过的最庄重的聚会。[2] 12月14日，杜立特利用自己生日的机会，召集当年的东京袭击者，给巴尔一

[1]《浙西日报》1942年5月27日。

[2]［美］卡洛尔·V.格林：《四人归国》，第155页。

份温暖，促成他恢复健康。杜立特派出飞机，将巴尔接到佛罗里达州迈阿密市，送进一家宾馆。四面八方的老友们能来的都来了，大家十分放松，气氛热烈愉悦。巴尔仍然显得有点拘谨，毕竟心意有所转移，敌视一切的念头渐渐淡化。能为巴尔换来一种新意境，杜立特何乐而不为，他慷慨解囊，掏出2000美金支付活动费。

1947年，仍在迈阿密老地方聚会，大家放开手脚，一个个活像老顽童，无所顾忌地闹腾。笑声阵阵，祝酒声此起彼伏，到深夜仍在进行。他们将白发强栽到夜班值勤人员的头上，当班人加以控制，完全无效。吵闹一阵还不过瘾，一些人泡到游泳池里，当班人告诉他们，游泳池晚间不开放，他们毫不理会。到次日的两点半才爬出游泳池，穿着泳衣在房间里追逐，一直到5点钟才停息下来。当班人向经理汇报，经理非常理解他们的心情，特许杜立特这些老顽童享有特权，在他的宾馆里可以为所欲为地吵闹。

聚会一次次举行，地点随着赞助人的不同而变动，有礼物不断献给他们。1958年，B-25飞机的制造商北美航空公司，赠送了一架同类飞机，留作永远的纪念。1959年，他们在亚利桑那州的图森市聚会，市政府赠送他们展柜和银杯。

被选中聚会地的人们感到的是一种自豪，激动的心情溢于言表。1981年，聚会在俄亥俄州哥伦布市举行，州长签署了一份公文，文中称：

> 鉴于吉米·杜立特中校率领名声卓著的“杜立特东京轰炸队”，用他们英勇无畏的冒险行动，改变第二次世界大战的进程，俄亥俄州的哥伦布市将成为第39次重聚的地方。
>
> 鉴于大约40位轰炸队成员将在4月17～19日在海厄特里金西宾馆聚会。
>
> 鉴于他们的杰出领导，根·詹姆斯·哈罗德·杜立特将出现在节日里，他曾荣获国会英雄勋章。

因此，现在我，詹姆斯·A. 罗兹，俄亥俄州的州长宣布，1981 年 4 月 18 日为“杜立特东京轰炸队日”。[1]

能参加聚会也是一种自豪，在清一色的东京袭击者中却有一位美籍华人，名叫刘同声。他在回忆文章中写道：“1948 年 4 月，忽在报纸上看到杜立德（特）将军当年率领的轰炸东京飞行队队员在明城举行每年团聚年会，我便到他们的旅馆拜访。分别六年后他们在美国又见到我，大家都很高兴。当晚我与内子请胡佛（服）和另两位机员吃了一顿中餐，席间回忆当年情形感慨万端。原来他们回国后，成立了‘轰炸东京飞行队协会’。每年都要聚会一次。第二天，协会开会通过，选我做他们的名誉队员，我成为这个组织中唯一的一个中国人。后来，他们每年都发请帖通知我与会，我也尽可能地去参加，仅有不多的几次未能成行。”[2]

每次聚会，都要举行新闻发布会，开办宴席，公众人物应邀出席。

随着岁月的流逝，聚会的内容不再仅仅局限于畅叙友情上，而是扩大到对国家的贡献。他们设置奖项，颁给创造最佳安全的空军单位，推动空中和地面的安全运动，减少事故。从 1967 年开始，设置“杜立特奖学金”，奖给聚会所在城市的高年级大学生，鼓励有志于从事航空科学的青年。奖金由不记名的捐献人和私人企业提供，第一次数额为 1500 美元，授予加利福尼亚大学的一位学生。

聚会一年一度，1946 年经费无着，1951 年朝鲜战争，留下两年空缺。岁月不留人，当年叱咤风云的青壮年，一个个步入老年，健在的为先逝去的祭奠。到 2001 年，29 位杜立特成员聚集在一起，为有幸跨过一个世纪而干杯。他们驻留人间的时光已经不多，但那种勇往

[1] [美] 斯坦·科亨：《目标东京》，第 109 页。

[2] [美] 刘同声：《我与奇袭东京的美军飞行员的故事》。

直前的冒险精神，必将随青史而彪炳于世。

纪念杜立特壮举

1975年11月，轰炸东京展览在俄亥俄州空军博物馆举行，曾经帮助2号机脱险的刘同声到场剪彩。展厅里陈列参与者的各种照片和实物，头顶上高悬的圆形降落伞，属于14号机副驾驶员西姆士，他在中国上空跳落时就用的这把伞。厅里还有手工织成的中国锦绣，上面织有古代人物，富有民族特色，为展厅增加了异国情调。

博物馆里停放着一架巨型轰炸机。1958年4月，杜立特东京轰炸者协会在拉斯维加斯举行第12次重聚时，这架飞机在等候他们。飞机由一架极为罕见的B-25D机改造而成，付出的代价不小，由北美航空公司出资捐献。杜立特要驾驶这架飞机从拉斯维加斯飞往俄亥俄州附近的帕特森机场，4月12日的暴风雨迫使他降落在贝勒维尔的司各特空军基地。第二天，他的袭击东京副驾驶员科尔完成余下的航程。起初几年，飞机安置在室外，经过修整后移入室内，作永久性展览。

华盛顿国家航空航天博物馆也展出轰炸东京的史料，陈列杜立特获得的奖章和奖品，供人们观看。这些物品包括荣誉勋章、带有两张橡叶的特等飞行十字勋章、铜星、带有三张橡叶的空军勋章，以及许多外国授予的奖章。博物馆里有两件实物取自上海。6号机和16号机被捕人员关押在上海时，他们用指甲在监狱的地板上写字，字痕较轻，不易被日本卫兵发觉。一块木板上书有C·J. 尼尔森、R·J. 梅德尔、GEO. 巴尔、R·L. 海特、J·D. 德谢泽五人的名字，另一块由梅德尔和尼尔森书写，以最简洁的词语记下一连串事件：

1942年4月18日轰炸东京

俄亥俄州的空军博物馆，上方展示的降落伞原属 14 号机副驾驶员西姆士

飞机坠毁在黄海
1942 年 4 月 24 日被捕
1942 年 10 月 15 日被判处无期徒刑

1946 年审判四个迫害美国飞行员的日本军官时，两块木板在法庭出示，用作战争罪的实证。

科罗拉多州斯普林斯市美国空军学院的陈列别具一格。1959 年，亚利桑那州图克森市献给杜立特东京轰炸者协会一套礼物，为银质高脚杯，共 80 只，每只刻有一个人的名字，各代表轰炸机队的一名成员。组杯配有供展览的精致竖箱，内分 80 格，每格放置一杯，形成引人注目的橱窗。这套礼物移送到空军学院，加上新的组合，供人观赏。橱窗的前面安放着 B–25 轰炸机模型，右侧挺立一尊杜立特的塑像，橱窗正中顶端放置一瓶高级白兰地，酒在杜立特出生的 1896 年酿制。当飞行员谢世时，他代表的那只杯子就要倒置过来。1992 年 3 月中国五名老人访问空军

图克森市送给杜立特东京轰炸者协会的礼物

学院时，饶有兴致地数完杯子，共有 39 只倒放着，表明在世的还有 41 人。剩下最后两人时，他们打开酒瓶对饮，举杯祭奠先去的战友。

除展览馆外还有一些其他纪念物和纪念形式。靠近 1942 年训练点的埃格林空军基地，佛罗里达州瓦尔帕莱索的一个公园建有袭击东京的标志物。在伊利诺伊州沙努特空军基地，一间军营取名“法克特”，纪念牺牲的 3 号机的机械师兼射击手法克特，法克特曾于 1941 年 4 月在伊利诺伊州沙努特机场的空军技术学校毕业。军营在 1978 年 5 月 20 日落成，杜立特、格里芬、奥祖克、诺布洛克赶去庆祝，四人合影留念。得克萨斯州的“格雷”空军基地，以 3 号机驾驶员格雷命名，格雷于 1939 年 10 月在得克萨斯州的布里斯要塞应征入伍，1942 年 10 月在印度阿萨姆附近空战中牺牲。

位于堪萨斯州的北美航空公司制造厂，生产八架 B-25 轰炸机，表示对八位被捕飞行员的敬重，每架飞机上印有“纪念轰炸东京的英雄查尔斯 · J. 尼尔森”这类字样。[1] 这些飞机用作训练，培养新一代飞行员。

[1] [美] 卡洛尔 · V. 格林:《四人归国》，卷首插图说明词。

1982年4月18日，四架B-25飞机在华盛顿上空飞翔，纪念轰炸东京40周年。观众情绪激昂，要求杜立特在轰炸东京的书上签名。

记录轰炸东京的书籍

不少图书

《东京上空三十秒》，7号机驾驶员泰德·W. 罗森著。他从中国返回美国，囊中羞涩。他的妻子艾伦就要生育，他想孩子出世后妻子得到最好的照料，答应她在家陪伴，叙写轰炸东京的经历。《东京上空三十秒》叙述罗森的个人经历，从训练、轰炸写到治伤、逃难、回国，主要部分是受伤后的遭遇。他提到周围的人物除同事、中国医生外，还有西方传教士，他的妻子和母亲也经常被提到。全书由一种情感维系着，威武当中不乏柔情。作者以第一人称叙事，真实可信。出于安全的考虑，飞机坠落附近的地名、人名用首字母代替，不写全名。全书不分章节，主体部分一篇到底，书尾附有国防部公布的轰炸情形、各位参战飞行员1943年的境况、中国学生和法院院长的来信、传教士给他母亲的信。书中插图16幅，从各个角度反映轰炸的前前后后，大多为以后的书籍所引用。此书于1943年出版，1999年2月再版，这部书最早描述了轰炸东京这一历史事件，引发后来美国多部书和剧本的诞生。

《德谢泽：一位转为传教士的杜立特袭击者》一书，1950年出版，书中叙述德谢泽从杜立特袭击者转变为基督教宣传者的10年历史，后者篇幅占三分之一以上。书中叙事不蔓不枝，许多细节具有独特性。训练时的低飞程度、16号机掉队的原因、日本处置飞行员的矛盾、飞行员在狱中的反抗、日军的残暴，都清晰地展现在读者的面前。飞行员梅德尔受折磨而死，日军不得不“改善”狱中待遇，搬来一部《圣经》让飞行员阅读，德谢泽看后，世界观开始转变，决心奉行基督教义，去爱自己的敌人，态度由强硬变为温顺，在胜利前夕还得到神的预告，释放后立志到日本去布道。书中插图更形象地表达这一观念，扉页后紧接着的一页，刊登着两位飞行员促膝交谈的镜头，左侧的一位是轰炸珍珠港的日本飞行队长，右侧是轰炸东京的投弹手德谢泽，他们在基督教的召感下，由死敌化为好友。

作者查尔斯·霍伊特·沃特森，是德谢泽就读的神学院院长，布道是他的天职。全书贯穿基督教义，显得很自然。

《令人惊叹的杜立特先生》，昆汀·雷诺斯著，1953 年出版。书中叙述杜立特从童年到退休的数十年经历，突出“令人惊叹”四字，细节层出，跌宕起伏，表现主人公对航空事业和反法西斯战争做出的巨大贡献。作者以英国首相丘吉尔访美点名要见两人开始，让杜立特出场，显现他的非凡身份。杜立特的童年时代也是飞机的童年期，人们跃跃欲试，有人首次跨越英吉利海峡，14 岁的孩子自制飞机飞行 13 公里。杜立特也卷入这一热潮，制成滑翔机，却飞不起来，用拳击的奖金购来 30 匹马力的引擎，又被风折损。他母亲担忧飞机和拳击会使儿子伤亡，特地购置一台引擎让他侍弄。没有燃油，杜立特力图以拳击来维持，成为加州大学拳击冠军。他曾向姑娘求爱，对方却说嫁给一位拳击手是发疯行为。

1917 年正处于第一次世界大战的烟火中，他投身空军，操练特技，不时出事，造成飞机损毁，遭受上司的不满。他与队友的创纪录集体表演，令英国行家咋舌。外滚翻是个禁区，他踩进去，获得成功。从佛罗里达州到加利福尼亚州的跨大陆飞行，他是第一人，美国报界在首版进行报道，以后他一直是新闻界的热点人物。他在洛杉矶到纽约的竞赛中，比原纪录快了一个多小时，遥遥领先其他参赛者。在世界性的水上飞机比赛中，他以 375 公里的时速夺魁，大大超出英国和意大利选手，显示出美国空军的实力。他参加过海空较量，为幼弱的空军赢得地位。

杜立特在麻省理工学院攻读航空技术，获得博士学位。他接受新的课题，研究出飞机和人能够承受的强度，扫除一直悬而未决的空难问题。当时雾气困扰飞机的正常飞行，在其他行家的协助下，他研制高度仪和回转仪，成功地实行“盲飞”。民航出现升降事故，他组织调查研究，得出结论：速度越快、翼部负荷越重，起降时受风的影响越小。他应邀在壳牌石油公司工作，高瞻远瞩地提出大量生产100辛烷油的战略，为盟国“二战”飞机的提速和载重做出非凡的贡献。

袭击东京后，他升任第12航空队司令，彻底摧毁敌人的补给线，迫使北非30万德军投降。后改任第8航空队司令，实施轰炸德国生产基地的战略，为诺曼底登陆创造条件。战后回到石油公司，兼任总统航空委员会主席等职。

作者以栩栩如生的事实，勾勒出一位博士、飞行员、工程师、科学家和三星将军形象，失败与成功交织在一起，十分饱满。

《杜立特东京袭击者》，卡洛尔·V. 格林著，全书分为三部分，第一部分叙述一个新计划的诞生，以陆地为基地的轰炸机要在航空母舰上起飞，紧接着便是策划，准备，训练。第二部分分述16架飞机各自的轰炸行动，在中国坠毁后获救的情形。第三部分叙写轰炸的影响，太平洋战争的转机，中国人民付出的代价。书后添加附录，列出各架飞机的执行情况、80位飞行员的简历、在“大黄蜂”号上没有参加袭击的应征官兵名单、B-25飞机的历史和人名索引。

格林在1964年出书，直接利用有关袭击的著作四部以上，更有利的方面在于当时距袭击已20多年，军事档案的保密级别在降低，他查阅过许多战时密件。还有些资料不以文字记录，必须由当事人提供，他采访过大部分幸存者，其余的人通过书信联系。轰炸东京准备阶段的工作没有案卷可查，只有杜立特知晓，他的秘密策划首次在格林的书里与公众见面。另外，在航空母舰上试飞B-25轰炸机并不是参加袭击的人员，特遣队的一系列遭遇，这些内幕都是第一次披露。权威人士称，《杜立特东京袭击者》是资料最全的一本书。

《四人归国》，卡洛尔·V. 格林著，1966年出版，1981年、1995年再版。书中概述轰炸东京的策划、准备和执行的全过程，细述两个机组人员的被捕、关押、处死的情节，时间跨度从1942年延续到1995年。

作者采用倒叙手法，首先展现美国敢死队空降北京日军机场，迫使敌人释放盟国俘虏的镜头，然后铺开主要内容，给读者留下紧张的一幕，借此扣住人心。大量笔墨落在监狱里，八位被俘飞行员，从上海解往东京，又押回上海，改囚南京，胜利前夕转到北京，受尽非人的折磨。为了报复对东京的轰炸，日本出台特殊军法，不把他们当作战俘，而是定为战犯，进行残酷的迫害，梅德尔在饥饿和疾病中死去，霍尔马克、法罗、斯帕兹被处以极刑，其他人挣扎在死亡线上。巴尔在出狱时气息奄奄，回到美国仍摆脱不了狱中的恐怖，处在似疯非疯的状态，甚至产生自杀的念头，康复后原受刑处和饥饿的后遗症不断发作，早早夺去他的生命。作者还用对比手法，描述战后审判日本战犯的经过，国际法庭本着尊重法律的精神，从轻发落迫害美国飞行员的罪犯，与他们对待飞行员的残酷形成鲜明的反差。在处理这桩国际事件时，作者取材范围广泛，采访与美国飞行员共狱的苏联“战俘”，询问日本罪犯释放后对国际法庭判决的意见，足见作者花在本书的功力。

《目标东京》，副标题为“一本1942年4月18日杜立特袭击东京的历史图册”，共分八章，后加附录，图文并重，不同于一般的连环画，有时文字大量集中，铺开介绍，内容涵盖1940～1990年的历史。重要的部分用方框标出，单独说明，如杜立特的身世、B-25轰炸机的演变、特殊油箱的配置、“大黄蜂”号航空母舰的运行等，无不一一细述。全书配图223幅，内有8开的5幅，16开的11幅，具有一定的气势。有关训练基地和飞机坠落处的地图，指点给读者，省去许多推敲寻找的麻烦，事半功倍。作者斯坦·科亨为寻找图片和材料足迹遍布美国，搜集政府和私人的档案，包括参战的老飞行员，许多图片以前还没有与公众见过面。这本书可以看作《杜立特东京袭击者》的图解，是这类题材中图片最丰富的一本书。它在1983年初版，共出版六次，1992年版本的封面上印有圆徽，作为纪念杜立特轰炸东京50周年的礼物。

《彼得堡期间》，詹姆斯·夏普著，叙述8号机组在苏联的经历，为杜立特机队增添独特的内容。

几种影视剧

《东京上空三十秒》，由罗伯特·康西汀根据泰德·W.罗森的书改编，萨姆·济姆巴利特制作，默文·利罗伊导演，范·约翰逊饰演罗森，其他名演员有罗伯特·沃克、斯宾塞·特累西、罗伯特·米丘姆、利恩·阿米斯和菲利斯·萨克特。为尽可能接近真实，摄制组前往埃格林训练基地和厄拉梅德海军航空站，拍摄了许多场景。飞机在墨西哥峡谷和美国西海岸超低空飞行，加利福尼亚州西部的奥克兰港代表日本海岸，西南部城市圣巴巴拉代替中国海岸，洛杉矶城区充作日本东京，萨克拉门托附近广袤的稻田当作中国的情景。靠近萨克拉门托的马瑟机场上，第925号B-25跃进中队的轰炸机处于飞行序列，它们的机型接近B-25Cs和Ds。

"制片人萨姆·济姆巴利特在打印稿上读到罗森的事迹时，就迫切要买下制成影片。制片权被梅鹊高德维·梅尔获得后，他工作数月，准备拍摄故事情节，设法使每个细节都具有绝对权威。他掌握65位剧中人的传记，诸如他们眼睛的颜色、前几年生活过的地方、结婚过的女人、个性特点以及其他事项，都一一顾及。由于他的细致准备，65人中的每一位都授权同意上镜头。"[1]

---

[1]［美］斯坦·科亨:《目标东京》，第105页。

默文·利罗伊在佛罗里达州的陆军航空基地拍摄镜头，需要在吉普车上指挥16架B-25轰炸机，基地军官提供装有雷达的吉普车，让他指挥地面照相机、配备照相机的飞机和轰炸机。他在这里制作一个多月，军官处处配合，促成真实的故事和真实地表演。

罗森亲自担任技术指导，当他回到自己的工作岗位后，原7号机副驾驶员达文波特替代他的职务，出现在飞行场合。当时滞留在美国的冀贡泉扮演恩泽医院的陈省几医生。冀贡泉，山西汾阳人，获日本明治大学法学学士学位，曾与鲁迅共事，两人交谊很深，在《鲁迅日记》中被提到七次。他担任过山西省教育厅长，抗战爆发后，辗转到达美国，与前联合国副秘书长唐明创办美洲侨界的《华侨日报》。“一次途经洛杉矶，好莱坞的老板见其一身西装，没留胡子，短马褂是中国老人的‘专利’，即热情邀他在一部题材与中国有关、片名为《紫心》的电影里扮演一位老年汉奸。冀贡泉闻之大怒，拂袖而去。好莱坞老板好说歹说，磨破了嘴皮，也没办法说动冀贡泉。但他们实在不舍得放弃这位难得的‘特殊演员’，无奈之中，找来这部后来名噪一时的《东京上空三十秒》。导演让冀贡泉饰演该片中一位德高望重的中国老医生救治负伤的美国空军驾驶员（原型即罗森等人）。冀贡泉这才欣然从命。”[1] 后来陈慎言留学美国，美国朋友还为他专场放映过，让他审视他和他的父亲以及救治的情形。

影片没有一点儿虚构的成分，达到相当逼真的程度，是美国第一部取材于“二战”的最有权威性的作品。

这个剧本在1944年搬上银幕，很快传到中国，观众对发生在身边的事情备感亲切。“其中有一幕是在临海恩泽医院治疗的情形，有个着长袍马褂留长须戴眼镜的中国医生，一望就知道是恩泽医院的陈

[1] 宗道一:《关于影片〈东京上空三十秒〉的一则轶闻》,《浙江日报》1992年3月23日。

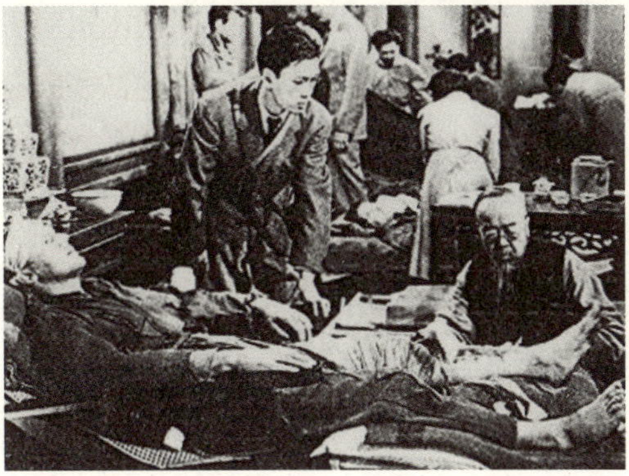

电影中恩泽医院救治
美国飞行员的剧照

院长，此外还有几个中国的女护士。”[1]

同年上映的还有《紫色的心》和《目标东京》两部。

《紫色的心》是部20世纪的时髦片，由戴里·F. 扎努克执导，戴纳·安得烈、理查德·康特、法里·格兰格、道纳德·巴雷和萨姆·莱维主演。影片的情节以美国飞行员被捕后受审和处决为基础，将一些可利用的细节编辑在一起，充满战时题材的戏剧性，富有爱国主义的感染力。

《目标东京》的内容纯属虚构，主要通过一艘潜水艇来反映。潜水艇深入东京海湾，把人员送上海岸，向“大黄蜂”号传递气象信息。事实上，美国潜艇在袭击时曾钻入日本水域，但不曾有人上岸。

到20世纪80年代，好莱坞开始注意轰炸东京的题材。安迪·格里菲斯主演的《打捞1号》电视系列剧，描述坠毁在中国的杜立特轰炸机的发现和打捞情况。剧情启发了一些热衷于这段历史的人们，布莱恩·穆恩在1994年曾组织探险队，到浙江寻找第15号机。

[1]《黄绍竑回忆录》，广西人民出版社1991年版，第374页。

第五章　中美情结

杜立特中国考察团

两位总统的启示

1984年，浙江省嘉兴市邮电局退休职员曾健培翻阅报刊，5月1日的《解放日报》引起了他的注意，《里根总统在复旦大学发表长篇讲演》一文写道：

> 法西斯军队席卷亚洲的时候，我们和你们并肩抗敌。在座的有些人会记得那时的情况，会记得美国的杜立德（特）将军率领轰炸机队，飞越半个地球助战的事迹。那些飞行员在中国上空机毁人伤，你们记得那些勇敢的小伙子吧。你们把他们藏起来，照料他们，给他们包扎伤口，你们救了他们很多人的命。

总统的演讲勾起曾健培对往事的回忆，42年了，与美国飞行员接触的情景依然历历在目，分别后时时惦念他们，抗战和内战的烽火把他们越拉越远，随后政策宣告有海外关系的人就是阶级斗争的对象，他哪敢寻找美国人，有通信这个念头，书信也会卡在海关，自找倒霉。万念俱息，他不敢想这些。时代在变，中国实行改革开放的政策，重新回到国际舞台，他又开始想念那些飞行员了。

1989 年 7 月 16 日的《参考消息》再次引起他的注意，他盯住《他们赢得了总统自由奖章》的标题读下去：

（美联社 7 月 7 日电）布什总统把美国的最高文职奖——总统自由奖章授给詹姆斯·杜立特将军。

……

杜立特今年 92 岁，他是航空方面的先驱，是一名退休的空军将军。在日本袭击珍珠港之后，他率领一批美国空军对日本进行了攻击，从而名垂史册。60 年代，他是私人空间工业的一名总经理。

杜立特还健在，他声望遍及美国，写信到美国，必定会转到他手中，通过他定会找到其他人。曾健培鼓足勇气，写成一封长长的信，寄往美国华盛顿邮政总局“转杜立特将军收”。一个月后，他收到杜立特的回信，随后又与凯佩勒、伯奇、格里宁夫人取得联系，意外地还与 1 号机领航员波特建立关系，不时书信往来，乐不可支。

凯佩勒在 1989 年 11 月 6 日回信给曾健培，回忆起跳伞后的情景，最后谈到近况：“1966 年，我从空军退役，当时是空军中校。退役后，我经营房地产业务，去年停业，现经营我的花园和菜园。”两人无所不谈，宛如亲密无间的老朋友。

11 号机驾驶员格里宁已经去世，他的夫人代他寄来一信：

亲爱的曾健培：

我叫菲斯波纳，是格里宁的遗孀。

我翻查了我所有的资料——格里宁对日本空战之后所写的日记，现抄送给您，也许对您有所帮助。凯佩勒曾经告诉我，有人要到中国来寻找飞机坠落地点，寻找中国恩人，您可能会对他们有所帮助。再次感谢您。

您的忠诚的

菲斯波纳（签名）

1990.3.9[1]

伯奇的来信特别提到战时难得的啤酒，充满感激之情：

曾健培：

老朋友，您好。

……请你原谅我答谢得太迟了。

你的信使我陷入了久久的回忆之中。我记得，格登纳和我被你们的农民护送到徽州（今安徽歙县）后，我们向一位中国将军谈了轰炸东京的情况，你任翻译。你还问我们需要些什么，我说最好能够有一杯啤酒。使我惊奇的是，没有多少时间，你果然派人搞到了一瓶“上海”牌啤酒。老朋友，48年以后，我还想到那瓶啤酒，那是我一生中喝到最可口的一杯啤酒。这种回忆使我经常地珍爱不已。

祝你和你的家人幸福健康！

友谊的

伯奇

1990.3.25

伯奇在信中告诉曾健培，驾驶员格里宁在1957年去世，副驾驶员雷迪、射击手加德纳在1942年的空战中牺牲。信中还夹有一张明信片，那是浙江地方银行浙西办事处经理张振华送给1号机组的，伯奇希望

[1] 万润龙：《营救同盟军》，《杭州日报》1992年2月29日。

曾健培帮助寻找他。在曾健培与美国朋友书信往来的同时，另一位老人陈慎言以自己的英语能力，与大洋彼岸互通信息，在生命的最后时段里叙述友情，增进两国人民的友谊。

安排考察团

曾健培、陈慎言两位老人给美国的信，在杜立特东京轰炸者协会里激起不小的波浪，老飞行员决定组成考察团到中国去，与当年的营救人员相聚，寻找飞机遗物，为纪念轰炸东京50周年做好准备。这一行动受到布莱恩·穆恩的全力支持。穆恩于1928年出生于英国，曾在英国皇家空军服役，又在航空公司工作，改为美国国籍已25年，先后担任夏威夷阿洛哈航空公司和西北航空公司副总裁，1987年退休。他酷爱绘画艺术、探险活动，多次前往世界各地考察。他是杜立特的老朋友，杜立特寄希望于他，他愉快地担当起组团工作，操持具体事务，负责与中国方面的联络事宜。受海雷出版公司的委托，他要描绘一幅16架飞机轰炸日本的飞行图，献给50周年庆典。

1990年4月初，一封英文书信发到临安县於潜工商银行，信封上标出的收信人及地址为“浙江地方银行於潜支行经理张振华先生”。浙江地方银行是民国时期的产物，1990年的於潜只有农村信用社、农业银行和工商银行三个金融单位，人们已不知道战时的“地方银行”，况且“浙江”两字用韦氏音标“Chi Kiang”书写，更增加翻译的难度。於潜工商银行没有张振华，收信人落实不了，信件长时间搁置起来。后来一位姓梅的人把它交给於潜中学的张遵文，张遵文递送到县政协，政协请知晓英语的人翻译出来：

亲爱的张振华先生：

你的名字是汉克·波特校官交给我的。第二次世界大战中美国首次轰炸东京，波特校官原是吉米·杜立特中校的领航员。1942年4月，美国轰炸机组人员降落在中国，我知道，中国人民救护和帮助这些人，使他们返回美国，你是救助人中的一员。

今年9月，我要率领一个六人组成的考察团从美国到中国，重访中国浙江境内的美国飞机坠落的地点，这一目的还必须获得浙江省政府的批准，波特极有可能加入我们的行列。

我想知道能否与你通信，当我们抵达中国时极想拜访你。你或许知道某些飞机坠毁的确切地点，我们将万分感激你的支持。

我的团队由美国和英国公民组成，我是个专业艺术家、退休的西北航空公司副总裁。我们打算乘坐西北航空公司的班机飞往上海，可能在衢州建立本部。我渴望听到你的佳音，谢谢你！

忠诚的

布莱恩·穆恩（签名）

1990.3.23

政协经过察访和向上级汇报后，7月3日寄发回信，告诉穆恩："张振华先生虽已逝世，但当年和他一起保护美国飞行员的徐祖荫、沈鸿、朱学三先生都还健在，中国政府有关方面也将为您提供一切方便，我们也会尽力帮助您完成这一具有历史意义的访问。"

4月4日，浙江省政府收到穆恩的来信，信中简要介绍首次轰炸东京的事件，说明至少有六架飞机坠毁在浙江境内，美国一些热心航空的人士要组成一个"杜立特中国考察团"，寻访飞机坠落处，极想带回点残骸，献给1992年轰炸东京50周年纪念日，还要对在世的中国老人表示敬意和感谢，这些老人曾经救护和帮助过美国飞行员，希望浙江省政府成全此行。他们打算在9月7日抵达上海。信里附有一份地图复印件，列出六架飞机的位置，用黑圈标出。1 号机在临安县横塘村，11 号机在安徽省屯溪的东北、三阳坑的东南，13 号机在屯溪南方，10 号机在 13 号机和 5 号机之间，5 号机在开化县，12 号机在龙游县的湖镇镇。这些位置出入很大，但具有指示性。

浙江省政府外事办公室积极征集资料，了解历史事实。1985 年临安县政协从报纸上获悉杜立特晋升为四星上将后，调查写成《1942 年我县军民营救美国飞行员纪实》一文，刊载在内部资料《临安文史》第一期上。浙江省政协在 1987 年出版的《第二次国共合作在浙江》专辑里，编入有关文章四篇。外事办找来这些现成资料，掌握基本情况，准备展开工作。先后与省内十多个市县及毗邻的安徽省歙县联系，进行多次了解，派员实地考察，邀请当地 70 岁以上的老人回忆、座谈，访问个别人物，基本弄清数架飞机的坠落点。1 号机在临安千洪乡，3 号机在遂昌县柘德乡，6 号机在象山县鹤浦镇海面，15 号机在象山县檀头山海面，11 号机组人员在安徽省歙县深度镇，× 机在遂安县武潜乡[1]。

临安县为 1 号机组的降落地，对准备工作特别重视。外事办主任许立新、统战部副部长王建华和政协办公室主任叶全民，前往飞机降落地安徽省宁国县仙霞乡毛坦村，采访 85 岁的程生德等老人，了解当年飞机坠毁情况和残骸的去向。外事办落实碧琮、东社和盛村的讲解人员，到时为美国考察团实地描述当时的情景。考察团总的日程排定后，进行细化，列出各个停留点的时间表。

遂昌县政府外事办公室到县档案馆查阅、摘录、复印档案，通过浙江省人民对外友好协会向美方提供，确定遂昌为访问的一站。“关于美机轰炸东京后在遂昌县弃机跳伞得到营救的经过情节和来龙去脉，在遂昌县档案馆馆藏档案中有具体详细的原始记载。该档案均是

[1] 考察团来时尚未确定这是几号机。

第三战区司令长官顾祝同、浙江省防空司令部司令宣铁吾与遂昌县县长郑惠卿之间上呈下达的文件，共两卷、48件。”[1]

美国飞行员降落江山境内一事，在《江山市志》的“大事记”中有所反映。“省外事办公室和省人民友协要求江山再查清此情况。7月下旬，衢州市外事办电告江山市人民政府办公室。江山市办公室副主任周根德，驱车前往玉坑乡大见坑、华丰乡贺陈、敖坪乡湖前三地调查访问。”[2]调查结果写成详情，向省外事办汇报，他们非常重视，美国方面很感兴趣。

穆恩在5月15日又发信给浙江省政府，补充说明时间安排，拟定9月6日启程，9日开始考察，21日回国。考察的地点与上封信表示的基本一致，集中在浙江省西部多山地带，没有涉及沿海地区。信中还希望留下几个团员多待一周，继续寻找第11、12、13号飞机。信的末尾企盼得到批准，飞抵中国。

6月13日，穆恩写信给位于纽约的“太平洋快乐之旅”，要詹姆森为他预定六人的团体票，往返时间没有改动，信末再次期待浙江省政府的批准。

7月12日，穆恩经介绍，以书信方式直接与中国芝加哥领事馆总领事王立接触，他强调“杜立特是国家英雄，对中国怀有极大兴趣，系情于1942年以后一直没有见到的他的飞机；在救护1942年首次轰炸东京的杜立特及其战友时，中国人民的作用很大。因此，与这一事件相关的文化的、历史的、感情的联系，会广泛地吸引美国公众。预计，紧接1990年7月27日我们的新闻发布会以后，这一考察团将会引起全国新闻界的关注”。他希望在7月27日以前获得浙江省的批准，届时总领事最好以私人身份光临新闻发布会。

[1] 唐家明:《“美国飞虎队员”与中国农民》,《浙江档案》1991年第9期，第40页。

[2] 冬舞:《来自美国“杜立特飞虎队”的问候》,《浙江方志》1991年第2期，第8页。

7月20日，穆恩回复临安政协7月3日的信函，心情焦急，“如果批准文件不能近期到达，我们不得不将9月6日的启程计划推迟，情形就会很困难，因为我团的成员是医生和在业商人”。信件打印成稿时，他听说中国已同意访问，立即在信末的空白处用钢笔补上这一消息，肯定地表示“我们将在1990年9月7日到达上海”。

中国外交部对考察团十分重视，指示浙江省外事办公室，“以一合适的民间组织名义出面招待，但事前要做好充分的准备”。省人民对外友好协会承担这一任务，与省外事办公室一起指导临安、遂昌、临海、三门县，落实当年参加救助的老人，到时接待考察团。遂昌县黄沙腰区和柘岱口乡的区乡长，在外宾考察前夕，连续奔走北洋村，做好干部和群众工作。三门县政府办公室人员，不辞辛劳，多次前往象山县南田岛，协调有关事宜，争取岛上四位渔民与考察团座谈。各地排出细致的时间表，环环扣紧。

浙江省人民对外友好协会及时打电话通知穆恩，又发出正式的邀请函，转告外交部的批文，同意在美国举行新闻发布会。赵相林领事出席发布会，为穆恩的中国之行鼓劲，美国新闻界开动宣传机器，把考察团的消息播扬开去，世人翘首以待。

考察团在中国

在临安

9月9日，在浙江省人民对外友好协会理事陈文林的陪同下，穆恩率团来到临安，团队男女六人，来自不同的国家，有着不同的年龄，从事不同的行业，怀有不同的爱好：

亨利·波特先生，1918年出生于美国南达科他州，就读扬克顿学院和俄勒冈州大学，1942年跳伞落在临安碧琮，后在北非及欧洲盟军服役，“二战”后在美国几个基地服役，1970 年退休。

乔斯·奥姗女士，美国海雷出版公司副总裁和出版发行人，1946 年在明尼苏达州出生，入迈彻波列敦大学，获人类学和商业学学士学位，又在摩尔海德州立大学等几所高校从事行政管理工作，担任顾问，1973 年创办先天弱智儿童早期开发基金会。

汤姆·威尔先生，一位准将，出生于明尼阿波利斯市，获得理学学士后又修得医学学士学位，成为麻醉学研究员，在空军预备役服役 30 年，当时在明尼阿波利斯市的海涅滨镇医疗中心工作。

阿瑟·杰布逊先生，英国人，1926 年出生，毕业于英国威勒斯敦艺术学院，改作皇家空军飞行员。退伍后从事摄影设计、广告业务，担任英国航空工业空中摄影顾问。他是皇家摄影协会会员、工业艺术家协会会员、皇家空军杂技团名誉团员、皇家空军中央训练学校名誉成员、欧洲 BNP 商会伦敦分会会员、一年一度的伦敦航空飞行展览会组织者之一。

海蒂·奥姗小姐，乔斯·奥姗的女儿，1962 年出生，学习通讯学专业，担任海蒂奥姗企业总裁，经营了一个健康培训中心，从事妇女健美活动。[1]

波特刚下车，朱学三一眼就认出阔别了 48 年的老飞行员，波特也把目光投向朱学三，两人兴奋地紧紧拥抱。波特取出一封泛黄的信，它写于 1946 年 3 月 26 日，信封上贴有邮票，由于两国关系和政治问题，一直没有寄发，保存 44 年后终于当面递交给收信人。信中他渴望知晓朱学三当时是否明确美国人是朋友，是否可受派来相见。还请转达对一位可敬士绅的谢意，那人当时诚心要帮波特，用毛笔蘸墨书写，想用文字交流，但双方无法沟通。

---

[1] 考察团成员资料参见临安外事办《考察团成员简介》。

波特与朱学三阔别 48 年后的拥抱

朱学三出示波特送给他的那枚腕章，波特审视着，说他家里还珍藏着相同的一块。

中美朋友相聚在一起，临安分管外事的领导致欢迎辞。波特发言表示感谢，他回顾在碧琮的遭遇，激动地说，如果没有当地人的帮助和营救，就不会有他和其他团员重新踏上中国国土的机会。他代表杜立特轰炸队协会，赠给朱学三一块纪念牌和一本书。纪念牌呈方形，20 厘米见方，半金属质地，中央为蓝色大五角星，正中书写中文“多谢”两字，方牌空白处印有 44 位幸存者的英文签名；书的名称为《目标东京》，16 开本，插图很多，带有画册性质，首页上也有 44 位幸存者的签名。午宴上，波特介绍 1 号机成员的情况，杜立特和科尔都健在，伦纳德战死非洲，布雷默在五年前去世。波特与朱学三交谈时，提到双方的爱好，都对书画极有兴趣，波特就从行李袋中取出两幅自己的猫狗油画，签上字送给对方。

下午，驱车来到碧琮，在陶凤尧、陶凤语家中攀谈，让考察团听取当地的救护情况。穆恩听后说：“这次有机会与你们见面非常高兴，令人难以忘怀，你们营救的事迹介绍，就是给我们这次考察的最好

赠送的方牌，上有44位幸存者的签名

礼物。”休息时忽见波特不知去向，陪同人员急忙出去寻找，发现波特冒雨沿小溪往下走，原来他要去找那座水碓房，水碓房早已化为乌有，但他还能指出大致的方位。他拿着指南针定向，想要看看曾经的吴家祠堂，朱学三告诉他祠堂已拆，改造为民宅。

村里的老百姓听说当年的飞行员来访，都来凑热闹，有人对着波特脱口喊出：“我还认识你！”快半个世纪了，人们还是这样念念不忘，历史的印记太深刻了。奥姗小姐被眼前的情景所感动，拿出纪念品分发，杰布逊和威尔赶快拍摄这一镜头，带回去品味。

天仍在下着雨，山路又窄又滑，波特降落的“大山”没有去成，他显得有点失意，提出要到由口村看看朱学三的老屋。朱学三后来写道：“我曾向波特解释，那幢走马楼大房子，前几年已被我的几个侄子拆掉改建成钢骨水泥的新式房子，不去也罢。但他说，那是我当年到中国后吃到第一顿早餐的地方，坚持非去看一下不可。陪去那里后，他独自一人东闯西突地转了一圈，似乎在追忆着什么，也许是因我父母早已去世，当年曾给过他款待的人已不复存在，致使他兴奋之余不免有点怅然。”[1]

从由口到东社只有一二公里路，考察团来到伦纳德藏身的地方，体味当时的经历。人们的眼前浮现锣鼓抄山的情景，为伦纳德最终脱险而庆幸，又为他不久后献身“二战”而痛惜。

傍晚到达西天目山，48 年前波特等在这里受到浙西行署的款待，留宿四夜，对此有着特殊的感情，考察团特意赶来住夜。那时潘庄的主人贺扬灵早已作别人间，人去楼在，门前那株枫树更加粗大挺拔，需两人才能合围。波特把感情倾注到树上，紧紧抱住，身子颤抖不止。[2]

第二天的目的地是豪天关，雨仍在下着，上路十分困难。千洪乡政府所在地到豪天关的 20 公里机耕路，被 9 月 2 日的暴雨冲毁多处；宁国县云梯乡到豪天关的路又陡又弯，也被暴雨冲开许多口子，同样充满危险。陪同人员提议取消豪天关这一站，他们坚决不同意，发誓爬也要爬过去。豪天关是杜立特牵肠挂肚的地方，考察团的首选目标，他们还抱有找到飞机残骸的念头，不去决不甘心。临安县政协调来两辆善爬山路的中美合制的吉普车，一路颠簸，花两个小时，勉强接近关址。

豪天关山体高陡，下半山庄稼满坡，山顶灌木丛生，杉树成林。一条盘旋的小径通向山巅，考察团冒雨向上攀援，波特年事已高，在政协陪同人员叶全民的搀扶下，坚持爬到目的地。顶着风雨，人们在杉林中、茶丛里钻来钻去，仔细寻找飞机残骸，哪怕一小块也心满意足。事与愿违，每个人都两手空空，无奈地聚集在杉树底下，借以抵挡强劲的风雨。带着一身泥水，大家回到吉普车旁，喝着雪碧，吃完简单的午餐。但考察团并不消沉，他们是 1942 年以后光临这里的首

[1] 朱学三：《五老人访美》，1992 年临安县政协文史委内部刊行，第 11 页。

[2] 2000 年 3 月采访当时的接待人梅爱国。

考察团在豪天关

考察团在潘庄

批西方人，内心充满自豪感。汽车转向西天目山南麓的盛村，杜立特降落的地方，他敲过门的那幢房子还在，只不过门窗变更过，降落的田里也盖起了房子。

当年见到降落伞的季金富带他们到房前，波特模仿杜立特做着敲门的动作，同行者赶紧拍摄录像，带回去观赏。

再回西天目山，走进潘庄，触景生情，波特又回到48年前的岁月。失散的五人在这里团聚，同享成功的喜悦，第一次品尝中国人的宴席，领受中国人的盛情。此地此情，人生难得的境遇，在他心目中留下深刻的印象，他沉思良久，沉浸在历史的时段里。朱佗岭当年开过盛大的欢迎会，考察团必定要一走，不过民族剧团和干训班的草房已不剩一点痕迹，波特眼前仍然浮现当时为他们表演戏剧的场景，怎能忘记，这是他第一次观赏中国戏剧，好奇心永不会消退。晚上，千洪乡政府来电话，说发现一块铁板，是形如吊扇的叶瓣，长70厘米，宽30厘米，重25公斤。政协陪同人员叶全民向上级请示，获准后告诉考察团，他们顿时欢呼雀跃，彻夜难眠。第二天一早再次折向千洪，千洪乡政府领导引他们到会议室，见桌子上放着一块铁板，可以肯定不是螺旋桨的一部分，而是驾驶员座椅后背的防护板。这一带没有其他飞机坠落过，铁板是B-25飞机上的部件已没有疑义，他们喜出望外。启程前波特并不乐观，他认为，根据中国的实际，可利用的遗物无疑会制成用品。发现这块防护板，考察团如获至宝，穆恩与“拥有人”商谈后，出资带走。[1]

第一站如愿以偿，满怀喜悦，考察团向第二站进发，中午时分抵达浙皖交界的昱岭关，临安的叶全民和朱学三到此止步。这里的情景朱学三留有文字：“因领队穆恩临时要为我录音，又拖延了一些时间。在催促声中，我们临安陪同团的成员就在这里与他们告别。我和波特

[1] 叶全民：《中美友谊的新篇章》，《临安文史资料》第3辑，第43页。

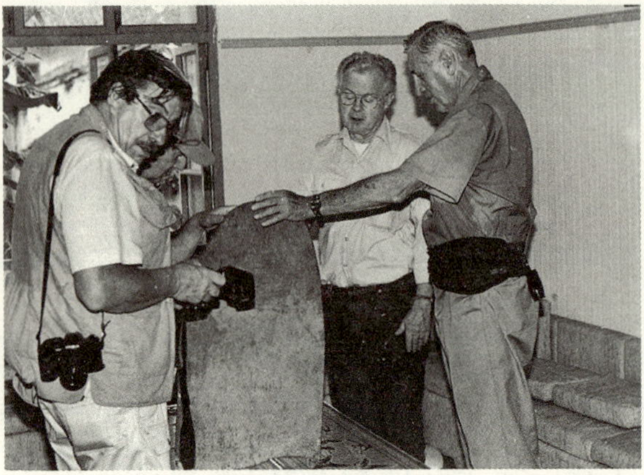

考察团观赏 1 号机座椅防护板

在风雨交加中紧紧拥抱，彼此期待着今生能再有见面的机会。限于英语水平的原因，此行我与波特未得畅叙，但从此有了通信联系。”[1]

在歙县和遂昌

歙县深度镇的五指山高 1500 多米，考察团来到山南的小洲村，走过格里宁和雷迪坐着审视的小桥，来到一座农舍前。房主张根善是张建华的儿子，当年他 18 岁，与父亲一起为飞行员张罗饭食，护送他们到歙县县城。美国人再次光临，他兴奋地把他们迎进屋里，泡上热茶请他们品尝。他一脸笑容，感到外宾登门是一种自豪。美国朋友深深体会到，山里人还是老样子，时间没有改变他们的热情、诚恳和大方。张根善讲完当时救护飞行员的经过，他们深受感动，拉着张根善等人合影，留作永远的纪念。

离开安徽的崇山峻岭，又转到浙江的另一个山区县份遂昌。遂昌九龙山自然保护区的县府招待所，高三层，由豪华的石头筑成，考察

[1] 朱学三:《五老人访美》，1992 年临安县政协文史委内部刊行，第 12 页。

团接下去的三天就以此为基地。从遂昌县城到北杨村的山路是16天行程中最艰辛的一段。路下300多米处延伸着谷地，山色优美，但紧靠车窗的人也无意欣赏。自从离开遂昌进入谷地后，警车在50米前开路，沿途的汽车靠在一旁，让考察团先走。汽车爬行将近两个小时，剩下的路要走一天。考察团除奥姗外，平均年龄62岁，登山前就在陪同人员面前显出疲态。主人建议他们乘坐滑竿轿，说这里的山民身体扎实，习惯于挑抬。这种服务确实具有吸引力，但他们决心凭借自己的力量完成。

离开美国前，3号机仅存的领航员奥祖克，告诉穆恩他降落的方位和飞机的前进方向。他简明的指点没错，飞机就在他设想的地方坠落，位于北杨村附近1600多米的高处。

北杨村，一个小小的村庄，特色鲜明，海拔1200多米，俯瞰着一片伸展的低地。栽种水稻的梯田层层分布，茶丛散满整个低坡，展现出美丽的360°回转画景。

村民黄富根和黄富海在翻译的帮助下，向美国朋友讲述守卫法克特尸体和发现两个飞行员的事情，考察人员听得入神。介绍完毕，村长领考察团进入一个房间，桌子上放着一些物件，它们来自3号机，内有两件属个人物品，一件是军官的帽徽，另一件是剃须刀，都保存得相当好。至于那个大碗和一个钻过孔的汤匙，考察团顿感疑惑，以为不是飞机的部分，翻译解释说，村民将飞机铝片改造为生活用品，他们才不再有疑虑。谈价的时间很短，穆恩爽快地支付村民提出的要价。

还有一块防护钢板，长1.35米，宽0.51米，重量在130公斤以上，大大超过杜立特飞机的那块。考察团无法确定它是飞机的哪部分，怎样处置这一笨重而坚硬的东西也成问题。村民表示，如果考察团想要，他们乐于出力运到山脚。穆恩等考虑到考察任务只完成一半，铁板放进拥挤的小车内会增加危险。他们不情愿地留下钢板，让将来的考察团取回。

3号机坠落点在另一座山上，必须攀援三公里多的路。考察团年纪大点的四人各得到一支拐杖，准备向一个山顶出发，他们被告知山民已在山顶安放好坐凳供休息，中国人民的体贴和热情又一次活生生地出现在他们面前，令他们感激不尽。[1]天气有点热，穆恩两天没有吃东西，加上到北杨的长途跋涉，开始感到身体不适，仍坚持下来。从山顶走10分钟，就可以看到遮蔽法克特尸体的那株树。一位向导拾到一块铝片，它一定来自3号机，后来穆恩把它制成徽章，送给法克特的兄弟，也是还个愿，他原来已允诺，只要能够找到3号机的任何一点遗物，必定赠送留念。

穆恩一行来到刘家村，拜访首先发现桥下两位飞行员的刘芳桥和刘冠雄。翻译讲述刘芳桥一家招待飞行员和帮助他们下山到三汀的经过，置身于当年的环境，面对有功的老人，美国朋友默默地点头致意。

告别友好的遂昌人，考察团驱车赶向海滨的三门县。

在三门和临海

6、7、15号机坠落在象山海面，考察团真想看看那里的环境，但中美关系那时处于低潮期，象山军事控制区不能进入。象山渔村的四位代表，受邀到三门县城与他们共叙。

74岁的王小富、78岁的许尚宝，一直生活在象山南田岛的大沙村，他们向美国朋友谈起1942年4月18日的情形，内容十分具体，考察团收获不小，他们没法访问象山的遗憾得到补偿。讲述完毕，老人没有什么客套话，直接递给穆恩两件物品，一件为小小的圆形金属碗，碗底有线孔，另一件为由飞机铝片制成的汤匙。穆恩意识到这

---

[1]［美］斯坦·科亨:《目标东京》，第124页。

是轰炸机上最后一点人工制品的剩留物，那架飞机经过罗森的专书描述，更加不朽，后来专书又改编为剧本，仍取名《东京上空三十秒》。

轮到第四位渔民赵小宝发言，她来自檀头山岛屿，同村林富寿随来坐在她身旁。在美国朋友心目中她显得很漂亮，看上去比 67 岁的实际年龄要小。译员表现得很出色，尽管他们的翻译不很完美，但他们即席译释，使故事变得更加自然。

考察团清楚，7 号机和 15 号机机组人员都送往临海县，临海为飞行员提供了很多帮助。他们的最后一站就是访问位于临海的台州医院，这家陈慎言曾经为罗森截肢的医院，设施已现代化，成为省级规模的医疗基地。共有职工 750 人，包括外科医师 50 人，设有床位 520 张。医院为众多门诊病人提供服务，每天接待病人 2000 名。美国朋友很感兴趣。

陈慎言医生，小小的个子，举止娴静，奉行人道主义，明知有遭遇日军报复杀害的危险，仍从容救治美国飞行员。他面对来访的美国朋友，用断断续续的英语宣读准备好的稿子，自在地摆好姿势让人录像和照相。波特送给他一方纪念牌，上有 44 位幸存轰炸人员的签名，作为对他奋勇救人医道的敬重和激赏。

穆恩团长向院方表示，回国后，准备募捐集资，买架 X 光机赠送给医院，还愿为台州医院牵线，与美国一家医院建立友好交流关系。

在杭州

考察从杭州出发，最终又回到杭州。

9 月 20 日的晚餐，是正式的告别宴会，由浙江省高级官员做东。美国朋友来中国后第一次穿上正规服装，男士系上领带，女士则穿裙子出席。

浙江省外事办公室主任赵嘉福招待，波特献上纪念方牌，互致问候后，美国朋友与两位从嘉兴和绍兴赶来的老人交谈。曾健培指着魏汉民说："是他，把格里宁上尉和雷迪、凯佩勒中尉接上邮车，送往歙县。"魏汉民在邮局检查员职位上退休，格里宁的日记称他为相当机智的青年。

最后的仪式开始，波特将纪念方牌赠给曾健培和魏汉民，还给他们别上美国国旗。考察使命到此结束。

这一天，浙江省外事办公室与上海海关取得联系，转告外交部的批文，同意考察团携带部分飞机残骸出境：

靠背钢一块

飞机起落架轴承一只

小铝片三件

油箱破铝盖三只

仪表壳一只

经改制的铝盒一只、铝勺和小畚斗各一只

飞行员帽徽一件，小纪念章一块

飞行员自用铜刮胡子刀一只

22日，考察团满怀成功的喜悦，带着这些B-25轰炸机残片离开上海回国，波特快活地庆贺自己的73岁生日，团员们哪肯让他独占这一时分，声明有福同享，参与进来热闹一番。

考察团走访飞机坠落地点，拜访救护过飞行员的老人，带回飞机残骸，达到了预期目的。穆恩告诉全体陪同人员："这次考察十分成功，我们该到的到了，该见的见了，该拿的拿了。我们要把这一切向美国新闻界报道，转达中国人民对美国人民的情谊，估计在美国幸存的飞行员或其家属将会再次访问，希望友协继续给予接待。"

浙江省外事办公室在总结报告中写道："考察团成员大多首次访问，对中国情况不甚了解。经过十多天的考察活动，使他们颇有感触。团长穆恩说，一踏上中国国土，就发现中国人民对他们十分友好和善，这是事先所意想不到的，使他们为之惊讶。他对赵嘉福主任说，这次考察访问取得了很大成功，浙江友协的工作很出色，对此表示十分感谢。每个考察团成员都有各自的感受，但共同的感受是中国人民对美国人民的友好情谊，他们将把中国的所见所闻转达给同事和美国人民。奥姗夫人认为中国是个美丽的国家，人民勤劳好客，她祝愿中国人民有个更加美好的前程。杰布逊深有感触地说：'在我一生中周游世界各国，坦诚地说中国是我所到过国家中最美丽最好客的国家，人民过着非常愉快、幸福的生活。'奥姗小姐认为这次考察访问是她最满意的，说她在同中国年轻人的相处中，发现他们是最有希望的青年，并表示要把中国所见的一切告诉美国这一代的同龄人。”

跨越半个世纪的约会

策划访问

有心人穆恩，在1990年率团找到中国营救人员时，闪出一个念头，邀请他们到美国，与美国飞行员相聚，以报答救命之恩。1991年他开始付诸行动，9月9日写信给中国驻芝加哥领事馆领事赵相林：

亲爱的赵领事：

你知道，1942年4月举世闻名的杜立特机队在“二战”中轰炸东京，下年1992年是50周年纪念的日子。我想邀请贵国一些勇敢的人士，他们曾在1942年救护杜立特轰炸队飞行员。他们将让美国电视和新闻界一睹风采，受到敬重，登上明尼苏达州亮丽的舞台，我当然会伴随出现。一项建议已送交哥伦比亚广播公司和电视网，当勇敢的中国人与前来明尼苏达州的杜立特轰炸队飞行员重聚时，要求到场报道。

由于这一事件的历史意义，这次50年后的重聚，全美数百万人民会看到读到。另外，我受委托代表“杜立特轰炸机探险队”（我的1990中国考察团），将在1992年3月20日星期五这天登上明尼苏达州雷德温市的“希尔顿剧院”，你的人民和轰炸队飞行员也将在这一场合亮相。假如总领事王立和你本人光临，我自然会感到万分荣幸。

你的人民从上海到明尼阿波利斯的来回机票，我已安排西北航空公司免费提供。轰炸队飞行员也要飞往明尼阿波利斯。如果国家电视台要求中美两国团体都到芝加哥、纽约或者华盛顿，机票会进一步提供。在明尼苏达州，你的人民就是我的宾客。除了领取美国入境通行证和护照外，他们不需要什么开支。其他事务也会妥善安置。

1990 年率领考察团访问中国时，我与你的人民相聚过，他们保护过杜立特轰炸队五个机组的飞行员。他们是这一群体的代表，我将要求他们来到美国。我真想全部邀请，但这是不现实的。因此，特将邀请名单列在下一页：

将与杜立特轰炸队 1 号机飞行员会面	
上海的朱学三先生	团员之一
将与杜立特轰炸队 3 号机飞行员会面	
三汀刘家的刘芳桥先生	团员之一
将与杜立特轰炸队 7 号机飞行员会面	
台州的陈慎言先生	团员之一
将与杜立特轰炸队 11 号机飞行员会面	
嘉兴的曾健培或绍兴的魏汉民	其中之一
将与杜立特轰炸队 15 号机飞行员会面	
檀头山岛大王宫村的赵小宝	团员之一
	总数五人

此外，我要求你派两名翻译领队，全团七人。他们访问的确切时间将在以后决定，但访问大致安排在 3 月 20 日左右，时间一周。为了便于辨识上列人物，我会寄给你每人的照片。如果你想在芝加哥有什么举措，主持从明尼阿波利斯到芝加哥的双方活

动，我会尽力帮你操办的。

非常抱歉，我无法出席你在芝加哥的9月30日的邀请，要在9月12日星期四这天到伦敦和布加勒斯特去。我想动身前把这份建议送给你，也许在启程前可以通过电话交谈此事。请接受我最美好的祝愿。

忠诚的

布莱恩·穆恩（签名）

总领事馆与浙江省政府联系，商讨有关事宜，省政府请示外交部美大司，获得批准，认为杜立特“轰炸机队成员早已退役散居民间，且已年迈，这些飞行员在美有一定影响，此次出访对做好美国民间对我国的了解有一定的作用”。决定由省人民对外友好协会组团，派友协理事黄恩博为领队，李文做翻译。

中国新闻界开始作大量的宣传报道，《杭州日报》以两个全版刊发万润龙的大特写《营救同盟军》，介绍1、7、11、15号机的营救情况，叙述48年后中美朋友取得的联系。《浙江日报》《人民日报》《中国海洋报》等都发表文章，渲染“民间大使”的美国之行。

五位老人从各地会集到西子湖畔，准备肩负起老年“使节”的重任，他们的平均年龄77岁：

刘芳桥，85岁。

陈慎言，83岁。

曾健培，80岁。

赵小宝，69岁。

朱学三，68岁。

1992年3月9日，从不相识的老人首次聚会，互致问候，追忆那段抹不掉的往事，心情格外激动。

朱学三高兴地与大家握手，风趣地说：“真想不到，我在你们面前还是小弟弟呢！”

赵小宝谈起帮助飞行员脱险的经历，至今还有点紧张：“救飞行员，当时还很危险呢！”

刘芳桥这位地道的农民老当益壮，真有点像外交家：“这次去美国，我是代表许多乡亲去的。”

曾健培拿着杜立特两年前给他的信，叙述他与美国飞行员的一段历史。

陈慎言取出罗森妻子艾伦的信，讲述他与罗森一家长达50年的交情。“1945年，陈慎言应美国国务院邀请，赴美学习，飞机抵达洛杉矶时，罗森自己开车到机场，把陈慎言接回家中居住，直到陈慎言进入加利福尼亚大学。到达华盛顿的第三天，杜鲁门总统亲自接见他，感谢他对美国飞行员的功德。1947年回国后，陈慎言仍与罗森一家保持着密切联系。记者看到罗森妻子最近在给陈慎言的信中写道：‘我们有三个孩子，他们都已成婚，并有10个孙子、孙女。’”[1]提到即将到来的访问，他兴奋不已，对记者说：“这次老友重逢，一定有很多好戏，待从美国回来再同你们细说。”

一片热情

3月13日，访问团一行七人乘坐美国西北航空公司的班机，从上海起飞，在东京换机，抵达西雅图，再飞明尼阿波利斯的圣保罗国际机场，在雷德温市落脚。14日在穆恩家做客，15日应邀到汤姆·威

[1] 陆熙：《抹不掉的记忆》，《浙江日报》1992年3月10日。

尔医生家，16日上午在雷德温市湖城中学活动，下午前往罗彻斯特市与退伍军人及商人相聚，17日参观科罗拉多州斯普林斯市空军学院，18日回驻地，晚上受邀到宋丹医生家，19日在明尼苏达州首府圣保罗市访问，20日救人者与被救者相会，21日在雷德温市联欢，22日在广东人经营的菜馆进餐，23日访问五角大楼、白宫和国会大厦，24日上午逛超市，下午出席当地教会的告别宴会，25日按原路回国。

他们每到一地，都受到热情的接待。

在“西雅图国际机场，肤色不同的乘客川流不息，一片繁忙景象。老人刚走下飞机，机场小姐迎了上来。小姐们见五位老人年岁已高，有的连走路都要人搀扶，便十分好奇地询问：此行目的是探亲还是访问？当被告知是50年前营救美国飞行员的中国人，这次应邀来美国参加纪念活动，小姐瞪大眼睛，马上热情地帮老人提行李，办手续，还不停地向别人介绍，引来众多热情的目光。办完入境手续，小姐扶着老人坐电梯来到楼上候机厅，而其他大部分乘客还在一步一步地登楼梯”[1]。

在圣保罗机场，朱学三发现少件行李，找回来时却不见访问团，访问团分乘几辆车，前面的车以为他在后一辆，后面的以为他在前一辆，他被“扔”下了。服务小姐见他满脸焦急的样子，用步话机搜寻各处，没有结果，就把他领进办公室，正在吃自带盒饭的工作人员，一面联系一面安慰他，说总会联系上的，如果当晚联系不上，他们会安排住处的，有的还要他分享他们的盒饭。穆恩的儿子长驱两个小时赶来把掉队的老人接走。朱学三感触很深：“首次踏上异国的土地，一开始就遇到这种尴尬事，心里很不是滋味，但同时也使我体会这里的服务态度和友好之情。”

访问团下榻雷德温市肖伯乐旅馆，每天早晨两位中年妇女为他们

[1] 陆熙、黄恩博：《相逢不是梦》，《浙江日报》1992年4月19日。

做饭。穆恩夫人向大家介绍："她俩一大早就开车到这里来为你们准备早餐，并且是义务服务。以后的早餐也全由她们操持，你们想吃点什么，尽管向她们提出好了。"中餐和晚餐不固定，总有个人和团体争相招待。有时为了吃一顿饭，汽车在高速公路上行驶一个多小时。团长问穆恩为什么这样安排，他解释说："现在邀请你们到家里做客的人很多，我是有选择地安排的，能邀请你们到家里的都感到非常荣幸。"

退休医生宋丹请客时，他的亲朋好友都闻讯赶来，与老人一起用餐，无拘无束地攀谈，合影。朱学三记下这一场景："主人的女儿是一名工艺美术师，当她得知中国将有五位老人要来这里和被营救的飞行员团聚时，她曾采用几枚银杏叶子作图案（银杏树又称公孙树，它象征长寿），专门为我们赶制了一套盆子，就在这天晚上的宴会上端出来分赠给我们，表达了她对中国人民的一片心意。宴会后，她还带我们到住宅后面的一间屋子里参观她的煤气窑，窑内分屋叠着待烧的另一种式样的坯盘。一个年轻妇女，独立制作并经营着一座窑厂，由此可见美国人独创精神的一斑了。"[1]

22日的午餐在广东人经营的中式菜馆享用，"桌上有两大盆葱烤鲫鱼。老板说，这是当地的一位渔民知道你们要来这儿就餐而特意为你们送来加餐的，并且分文不取。接着他又郑重其事地宣称：'我也是中国人，你们远道而来，受人尊敬，我不能每次都让你们破费，今天的午餐就让我做东免费请客，以表我的心意。'说着就进厨房亲自掌勺儿"[2]，让同胞吃一顿地道的中国佳肴。

罗彻斯特市一家豪华旅馆的晚餐，500人入席，场面宏大。雷德温市军人俱乐部设晚宴招待老人，300多人参加，当地驻军司令致

[1] 朱学三：《五老人访美》，1992年临安县政协文史委资料，第27页。

[2] 同上。

辞："今天能邀请到代表团，我们都感到非常荣幸。今天的活动对我的部下很有教育意义，因为它既重温了前辈的献身精神，也重温了美中两国人民在50年前结下的友谊。"丹佛空军学院副院长，一位二星少将，以晚宴款待。宴会后，身为三星级将军的院长接见老人，把印有中文"感谢"二字的镜框分别赠给老人，代表团回赠一幅丝织西湖风景长卷。在学院礼堂里，近千名学员与老人会面。台上放映1990年考察团中国之行的幻灯片，穆恩和韦尔结合当年的情景进行了讲解。

他们乘坐的汽车不断换型号，驾驶员也总是换人，对此大家很纳闷，穆恩解释道：他们都是来义务开车的，有人还因排不上号而不高兴呢。这些人中有在职农民、退休职工、退役军人，年纪五六十岁，特别热心。清晨驾车来到旅馆，把老人送到目的地，一路上，开门关门，上车下车，照顾十分周到。有次刘芳桥问驾驶员："今天怎么坐您的车？"他带着笑容说："我也是农民，养牛的。为你们开车，是我争取来的。我家离这里很远，不能请你们到我家做客。为你们开车，也是我的一点心意。我的老伴很想见见中国客人。"第二天，他果真把老伴带来与代表团见面。大家看到这位农民走路也有些不便，心里不知如何感谢他。

还有些自愿服务人员没有出场，在时刻等待着，他们是医生。穆恩在老人来到之前，与100多位医师约好，一旦需要，可立即提供医疗服务。

波特在湖城中学介绍被救经过后激动地对学生们说："50年前中国人救了我的命，他们保护我，还把我送到安全的地方。48年后，我到中国见到了非常朴实的中国人，他们对我还是那样热情好客。我希望你们，我的孩子们，也能热情地招待中国人。"波特讲话的前后，美国人都这样对待中国老人。在不同的地方，不同人的身上，散发着相同的热情。

“穆恩先生在接受当地报纸的采访时说：美国人把这几位中国的救命恩人请到美国来是50年来的第一次，而对双方的当事人来说他们的重逢也许是最后一次。他说组织这次活动的根本动因是他认为，美国从来没有对中国人民所做的事说过一声‘谢谢’。”[1]这次道谢够隆重了。

美国人心中的英雄

访问团在美期间，两次参加人数众多的记者招待会，七次与各界人士聚会，见面人数多达4000人，受到英雄般的待遇，成为电视明星。

人们常常在会见场合提到杜立特，播放他的讲话录音，对这位影响“二战”历史的英雄充满敬意。杜立特是英雄，他的轰炸机队的飞行员是英雄，营救他们的人当然也是英雄。6号机和15号机八位飞行员落入敌手，一人被折磨至死，三人惨遭杀害，得到救护的均平安回国。参加营救6号机飞行员的11位象山渔民，被日军捕获，全部遇难。日军为报复中国人民的营救，发动浙赣战役，成千上万的军民死于日军的枪炮之下。营救美国飞行员，中国人民付出了沉重的代价，赋予他们英雄称号当之无愧。

22日，“美国之音”女记者进行了电话采访，她问访问团团长：“这次到美国后的最大感受是什么？”团长说是美国人民的热烈欢迎和真诚的接待，他们把五位老人当成了英雄。团长的话还没有讲完，女记者抢过话题：“他们抢救了杜立特将军，本来就是英雄嘛，应该受到美国人民的尊敬。”

美国众多报纸几乎都以显著的版面报道这次活动。老人到美国前

[1] 魏国强：《我省五位老人在美国受到热烈欢迎》，《浙江日报》1992年3月20日。

一天的3月12日，《雷德温共和党鹰报》发表《轰炸队成员和他们的救命恩人团聚》一文，率先进行介绍。随后差不多每天都有文章见报，《迟发的信凝聚着对救命恩人的友情》《湖城林肯高中的学生受到历史与人道主义相结合的难得的生动教育》《救过美国飞行员的中国人民带着奖章和回忆回国》，这些只是其中一部分。《华盛顿邮报》刊登《50年以后，"二战"时期杜立特轰炸机队成员和救过他们的中国人重逢》，《丹佛邮报》在第一版登出《中国人因帮助过美国飞行员而受到尊敬和欢迎》，其他报纸也安排相当的篇幅做宣传。

老人刚抵达圣保罗机场，早在等候的穆恩夫妇、赵相林领事立即迎上去握手、拥抱，美联社和哥伦比亚广播公司记者急忙拍照采访，当晚当地电视台就播放了他们到达的消息。美国有线新闻广播电视网紧随其后，进行了接二连三的报道。有的电视台安排专题采访，制成教育片，作为中学生教材。罗彻斯特市500人的晚宴前，举行了记者招待会，19架摄像机对准老人，还有更多的照相机不断闪光，争拍镜头。

他们在新闻媒体上频频亮相，成为电视明星，化为美国人民的熟悉形象。访问团每到一地，不用介绍就有美国朋友主动上前与老人握手，表示感谢。他们乘飞机去丹佛的飞机上，突然听到一阵掌声，广播里传来声音："在我们的飞机上有一批中国客人，他们是当年营救美国飞行员的中国人……"全体乘客报以热烈的掌声，表示敬意和欢迎，原来空中小姐认出他们后，当即通过广播向乘客介绍。前往华盛顿的班机上，播音员也介绍中国老人访美的情况，乘客以热烈的掌声表示欢迎。

老人们常常被要求签名的人所包围。在丹佛空军学院，活动结束，学员们抓住机会，纷纷涌来要求签名，令老人们应接不暇。老人们乘车离开办公大楼，开车的中尉主动向他们介绍学院有一幢独特的建筑，将车子停下，请他们参观拍照。车门刚打开，只见一位年轻军官骑自行车飞驰过来，在他们跟前把自行车一扔，从衣袋里掏出一本书请五位老人签名。签名后，他十分激动，一再表示感谢，离开时满面春风。

穆恩准备好许多纪念这次活动的三折式卡片，上面印有中国五位老人和被他们营救的八位飞行员的照片；还有几幅他的油画，画面是太平洋上的B-25轰炸机，他请老人在空白处签名。他解释说："你们都是英雄，这里的人们愿出高价收藏它们，而义卖所得，将作为你们此行的一部分开支。"五位老人除刘芳桥不会写字外，每人至少签署了300份。"赵小宝没有上过学，从来没有签过字，接过笔真不知如何落下去，但她看到美国朋友那期待的目光，终于咬咬牙，在300多份纪念册上，工工整整地签下了中国百家姓中第一姓'赵'。"[1]以后几次人数众多的活动，会场门前出售介绍材料，中国老人签名的每份10元，没有签名的4元。那幅飞机油画成交1600美元，由一个军人买走。

投我以桃，报之以李，老人们的美国之行，赢得不少荣誉。16日的罗彻斯特市宴会上，市长授予老人们荣誉市民的证章和"人类杰出服务"的奖牌。19日访问明尼苏达州政府，州长德雷斯达得发表了热情洋溢的讲话，他说，美国空军轰炸日本本土是在美国最困难的时期进行的，那次行动的成功与中国人的帮助分不开。他感谢中国人救了美国飞行员，愿美中友谊不断发展，当场将他和州务卿签名的感谢信交给访问团。接着参观议会大厦，建筑物富丽堂皇，走廊两旁挂着出生在这里众多名人的画像和一些历史战争的油画。议会大厅呈穹隆形，会议正在进行，他们步入前排右侧就座，议员以热烈的掌声相迎。戴维·毕晓普议员介绍五位老人的情况，说应该是感谢中国人的时候了，访问团也以掌声回敬。会议继续进行，让老人们旁听。每通过一项方案，主席台后座的一位身着宽袍、手执木槌的人就敲击盘

[1] 陆熙、黄恩博:《相逢不是梦》,《浙江日报》1992年4月19日。

子，以声定局。最后的议题由戴维·毕晓普宣布，倡议众议院通过表彰中国老人和授予他们明尼苏达州荣誉公民的决议书，全体议员起立，长时间地鼓掌，一致赞同。据领事馆介绍，议员通过方案时长时间鼓掌并不多见。

访问华盛顿

访问团到达美国后数天，穆恩告诉大家，美国总统布什的感谢信已经寄出，不久可以收到；参观白宫的安排已定，副总统奎尔、国防部长切尼将接见访问团。第三天穆恩收到总统的信，但秘而不宣，直到在22日的公众会上才大声宣读：

> 我非常高兴，对“二战”老兵、所有聚集在明尼苏达州雷德温市的人们表示崇高的敬意，他们正在纪念杜立特轰炸队50周年的历史性事件。特别要对那次勇敢行动的幸存者、救护过我们跳伞飞行员的中国人表示问候。
>
> 1942年4月18日，杜立特中校和他的B-25轰炸机队完成特殊的战绩，有助于美国和盟国以后主导太平洋舞台，不断取得胜利。杜立特中校和他的战友显示，美国和盟国有能力将战争引向敌人。空袭的胜利，在几个月内，甚至几年内，未来的岁月里，一直激励和鼓舞着我们的武装部队。
>
> 在这样一个特殊的场合，我也要向那些心地善良的中国人致敬，他们在轰炸以后义无反顾地为受伤的飞行员提供保护。正由于这种人道主义的贡献，这些战斗员才能踏上重回安全的道路。
>
> 尽管为自由而实施的打击已经过去半个世纪，杜立特轰炸队成员仍然受到美国人民的敬仰和尊重。我们将不会忘记他们为自

由和正义事业做出的突出贡献，同样不会忘却他们的中国营救者。

巴巴拉和我一起对愉快的重聚表示最美好的祝愿[1]，愿上帝赐福你们！

乔治·布什（签名）

白宫，华盛顿

1992年3月17日

23日，访问团和八位老飞行员抵达华盛顿，政府官员到机场迎接，带领老人们游览林肯纪念塔等处。来自明尼苏达州的国会议员吉姆·兰姆斯特接待老人们，他说布什总统要接见他们，大家都很惊异。

先参观国防部五角大楼，走廊一眼望不到头，两边悬挂着著名军事领袖的画像和重要战役的巨幅油画，内有遭袭的珍珠港海军基地和杜立特轰炸东京的画面。各办公室的门开着，办公人员不多，见老人走过，都起身敬礼。

老人们在切尼办公室隔壁的接待室刚坐下[2]，见切尼推门进来他们都站起来，切尼连忙摆手示意，要大家坐下。陪同接见的吉姆·兰姆斯特先介绍："切尼是国防部长，美国政府的高级官员，他的接见意味美国政府对代表团的重视。"切尼显得很随和，看看每位老人。翻译将中国老人一一介绍给切尼，提到刘芳桥时，切尼插话进来，说："知道，从《华盛顿邮报》上我就认识你了。"切尼代表政府，对中国人民在"二战"中不顾个人安危营救美国杜立特轰炸队成员的行动表示感谢，祝贺八位幸存者与他们的中国救命恩人重逢。他兴致勃勃地领大家参观他的办公室，介绍五角大楼的来历，讲述第一任国防部长使用过的特大

[1] 巴巴拉为布什夫人。

[2] 切尼在2001年担任美国副总统。

美国国防部长切尼接见中国老人

办公桌的历史，还与大家在世界大地图前合影留念。

从五角大楼出来，乘车前往白宫，布什总统的特别助理、负责亚洲事务的高级官员帕尔接待了老人们。他抱歉地说，布什总统早五分钟还在等候，老人的行程有点延误，他有急事需要处理不得不离开，临走时要帕尔代他对老人们表示感谢和敬意。帕尔说："布什总统主张发展美中关系，但在国会里遭到一些议员的指责，压力很大。"他取出布什总统的签名照片和介绍布什总统在白宫的画册赠给老人。他又说，这次重逢活动对促进美中两国关系的发展将起到很好的作用，希望两国今后增加民间往来和商业交流活动。离开五角大楼，访问团转到国会大厦参观。工作人员指着四大墙面说，会议表决时，墙上会显示结果。"又指着台上的一把高背座椅说：'这是总统的宝座，每年总统作国情咨询报告时就坐在这把椅子上。你们谁要是想到这总统宝座上坐坐，可以请便。'大家都乐了，不过只有一位同来的飞行员果真到那椅上坐下来，引得大家一阵哄笑。"[1]

---

[1] 朱学三：《五老人访美》，第 29 页。

白宫前中国老人与老飞行员合影（前排左三起：陈慎言、赵小宝、朱学三、刘芳桥、曾健培）

吉姆·兰姆斯特在国会为中国访问团和八位美国飞行员举行记者招待会，参议院少数党领袖多尔特地前来参加，两人都在招待会上发言，对中国老人和美国飞行员的重逢表示祝贺。波特代表被营救的飞行员讲话，赵相林领事和黄恩博团长推朱学三出场。朱学三没有经历过这样的场合，仍壮胆走上讲台，即席发言，他说："在'二战'中，中美两国是同一条战壕里的战友。在美国飞行员遇到困难的时候，我们浙江人民，还有安徽和江西的人民营救了他们，那是战斗友谊的体现。……这次纪念轰炸东京本土的活动很有意义，目的是要我们记住历史的教训，不要再犯战争的错误。"[1] 朱学三的讲话赢得多尔的赞赏。

在华盛顿游览时，陪同人员指着华盛顿公墓说，埋葬在这里的都是政府的高级官员，但杜立特轰炸队成员死后也同享这块宝地。特殊的贡献，特殊的待遇，杜立特和他的战友死后犹荣。

[1] 魏国强：《美国防部长会见五位浙江老人》，《浙江日报》1992 年 3 月 25 日。

相见雷德温

“岁月流逝，当年参加那次轰炸行动的 80 名机组人员中，仍然健在的还有 42 人，杜立特已经 95 岁高龄。威廉斯说：‘我们这些人在相继匆匆告别人世。’这次同营救他们的中国人重逢大概是唯一的一次机会了，因而他们都从美国各地到雷德温参加这次纪念活动。”[1]

20 日，营救人与被营救人在雷德温市詹姆斯旅馆重逢。1 号机的波特、科尔，11 号机的凯佩勒，7 号机的达文波特、麦克鲁、撒切尔，15 号机的威廉姆斯、塞勒亲自赶来，3 号机的奥祖克身体欠佳，由他的女儿代为出席。他们已于前一天到达，有的还带上夫人，同住詹姆斯旅馆。为增加戏剧性，提前封锁消息，不让中国老人知晓。

见面活动以记者招待会形式举行。詹姆斯旅馆外和主席台上都悬挂着中美两国国旗，几十家报纸、电视台的记者早早赶来，抢占最佳角度，把摄影机、照相机的镜头对准主席台。明尼苏达州州长德雷斯达得夫妇和雷德温市市长希尔夫妇参加了聚会。

上午 11 时，招待会开始，主持人穆恩介绍轰炸队总况，1 架飞机被迫飞往苏联，15 架坠毁在中国境内，3 人丧生，8 人落入日军手中后 4 人牺牲，其他人在中国军民的营救下安全回国。

这时，穆恩引波特和科尔上场，他俩登上主席台，摄像机和照相机一齐对准这两位一高一矮的老飞行员。波特以沙哑洪亮的声音描述降落的情景，他与布雷默被当作轴心国伞兵时，远处传来“How do you do？”的问候语。声音落定，穆恩招呼朱学三出场。他从左侧走上主席台，波特、科尔立刻张开双臂，大步迎上去，与朱学三拥抱在

---

[1]《五十年后的重新聚会》，《参考消息》1992 年 4 月 7 日。威廉斯，即威廉姆斯。“42”当为“41”。

一起，台下掌声雷动。穆恩介绍，这位用英语消除误会的就是当年的小学教师朱学三，他使农民知道飞行员来自美国，并在明白底细后马上把他们接到自己家里，在他的帮助下，救出围困在山上的伦纳德，一起送到天目山浙西行署，与杜立特、科尔团聚。

乔治奥娜·奥祖克代表父亲与刘芳桥会面，站在台上一时说不出话来，她勉强控制激动的心，读完父亲致刘芳桥的信，带着颤抖的声音说："要不是中国人救了我爸爸，今天就不会有我站在这里讲话。我从心底里感激中国人，感谢救过我爸爸的恩人。"法克特的弟弟布德·法克特和夫人，带着1990年考察团寻到的剃须刀，也赶来参加见面仪式，他俩面对观众激动地不知说什么好，不自在地站在台上。这时，患白内障、行动不便的刘芳桥在翻译的搀扶下从另一房门进来，他们赶紧拥上去，紧紧握住老人的手。布德·法克特抱住刘芳桥，只是呜咽，不断地说："谢谢，谢谢！"刘芳桥瞪大眼睛，望望那个，看看这个，嘴唇动了又动。过一段时间才说："过去的事你们还记得？我记不起呵，我讲话你们不懂。我到了美国，你们待我很好，我谢谢你们。"全场一片掌声，不少人情不自禁地站起来，几乎所有的摄像机都对准他，他成为老人中最红的"电视明星"。

陈慎言有点遗憾，出访前几个月，罗森夫人还曾写信告诉他："罗森身体很好，整天坐在轮椅里。"不料却突然病故，失去珍贵的见面机会。陈老极其伤心，但又特别的幸运，与他相会的飞行员最多。达文波特、麦克鲁、撒切尔面对恩人，不禁热泪盈眶。"他们回忆起了自己在海上跳伞受伤后，陈慎言用轿子把他们抬到恩泽医院治疗的经过。达文波特讲到一半，在台上激动地挽起裤脚，指着小腿上两块疤痕：'我忘不了它，是中国医生治好了我的伤，他是最出色的医生，挽救了我的生命。'听了达文波特的话，陈慎言想说什么呢？他想说的仍然是50年前送飞行员到昆明分手时讲过的话：'我是个医生，挽

记者招待会现场

救病人不需要附加条件，这是我的责任。’”[1]

赵小宝营救过的飞行员还有三位健在。威廉姆斯、塞勒握住她的手，问她：“你还认识我们吗？”赵小宝瞪大眼睛，很久才点点头。50年了，当年的小伙子，今天的老人，怎能一眼认出。“你们当时不怕日本人的报复吗？”老飞行员又提问。“知道你们是打日本兵的，也就没有想到遭报复。”赵小宝利索地回答。穆恩夫人登上主席台，把一束鲜花献给这位勇敢朴素的妇女。

凯佩勒出场带有戏剧性，他推出一车易拉罐啤酒，从中取出一瓶，用双手捧给曾健培说：“这酒送给你作纪念。”曾健培一愣，马上想起50年前的啤酒，发出会意的笑声。凯佩勒进一步说明，车上共有50瓶，连本带息，以一年一瓶的数量归还，重报徽州的那瓶来之不易的战时啤酒之恩。场面顿时活跃起来，台下一片笑声和掌声。

记者招待会结束前，州长德雷斯达得宣布授予五位中国老人以明尼苏达州荣誉公民的称号，向他们颁发证书，以表示美国人民对中国

[1] 陆熙、黄恩博：《相逢不是梦》，《浙江日报》1992年4月19日。

人民的感激之情。

“在随后举行的午餐会上，雷德温市市长希尔发表了热情洋溢的讲话，对中国人民表示感谢。他说，这次活动十分有意义，它将有利于促进美中两国人民之间友谊的进一步发展。他还表示，雷德温市正在考虑要同中国的某一城市结成姐妹城市的友好关系。”[1]

下午，几十名美国记者分组采访五位中国老人以及被他们营救的美国飞行员。达文波特对记者说：“杜立特飞行队的人是英雄，中国人民也是英雄，我们一定要感谢他们做出的贡献。虽然已经过去50年，但是说声道谢的话是从来也不嫌晚的。”

友情在延续

重逢在欢快中进行，老朋友在活动中显得更亲近了，朱学三在《五老人访美》中兴致勃勃地记下20日晚间和次日的情形：

> 当晚，我们被邀请参加本市军人俱乐部举办的自助餐宴会，在那里我又与科尔及他的夫人见面，我好奇地问科尔：
>
> “你还认得我吗？”
>
> 他笑着回答：
>
> “怎么会不认得呢，你还是当年那个模样。”
>
> 我说：“你是出于礼貌才这样说的吧，说句老实话，我可认不出你了。当年你是那么的英俊，如今却变成了个光头，连一根头发也没有了。”他扮鬼脸指着旁边的夫人说：
>
> “我的一头好发，全是被我老婆揪光的。”

---

[1] 魏国强：《共叙当年惊险经历和两国人民友谊》，《浙江日报》1992年3月22日。

他的夫人也很风趣，接口说：

“可我现在是什么也揪不住你了！”

21日的活动安排和昨天的大致相同，不过今天的与会对象是本市的普通市民。为了把会见搞得有条不紊和更生动，主持人穆恩一早就把我们和飞行员们（包括他们的家属）集合起来，到本市的一家剧场进行彩排。

下午开始第一场会见，剧场内座无虚席。舞台屏幕上映出的仍然是1990年访华时摄制的幻灯片，不过多加了画外音旁白，且担任旁白的据称还是明州电台的一位著名的老播音员。首先介绍和大家见面的还是1号机的飞行员和他们的营救者。当我按示意上场后，主持者就问：

“当年你遇到波特后开始说的哪几句英语？”

我随即用英语复述一遍。接着波特就讲起他被营救的经过。但还没等他说完，主持人突然插科打诨地问我：

“那么，波特他现在老实吗？”

我立刻意识到波特六年前丧偶，现在有找对象再娶的意图，就随口接应：

“他么，既老实又不那么老实，但究竟怎样，你得问他自己。”

这样的问答，使立在一旁的波特面红耳赤，引起与会者的哄堂大笑。

朱学三置身于这样的环境，人变得年轻起来，情不自禁地录写下去：“同样形式，不同市民的会见，在当晚又举行了一场。当主持人将所有的营救者和被营救者全部介绍上场后，飞行员以及他们的家属代表，就把一枚枚有三色绶带的奖牌（奖牌正面刻着‘美国人民感谢你’，背面印着两面交叉的美国国旗）分别挂上了五位老人颈项。这时舞台灯光渐渐暗下来，穆恩夫人推上一个特制的蛋糕，上面有

'Doolittle Tokyo Raid 50周年纪念'的奶油裱花和点着50支红烛，台上的全体人员挥舞着能在暗处闪耀红光的荧光棒，在一片欢呼声中，帷幕渐渐落下。当灯光重新照亮时，只见台下群众仍在有节奏地拍手，久久不愿离去。”[1]

在穆恩家，朱学三送给主人一柄“龙泉宝剑”，穆恩开心地挥起来，用剑指向他的夫人，说：“这下可把你镇住了！”朱学三在一旁开脱，称中国宝剑扶正压邪，万不可把正气当作邪气。穆恩连连称是，逗得大家笑逐颜开。

穆恩是五位老人1990年结识的朋友，同时结交的还有威尔医生，老人们应邀到他家做客。朱学三对时差不适应，咳嗽不止，威尔为他诊断下药，要他注意休息。代表团把礼品赠给主人，朱学三献上一个大瓷盘，上面绘有徐悲鸿的马。威尔领他们到地下室观看幻灯片，它由1990年访华时拍摄的照片制成。当时中美关系处于低潮期，不允许考察团携带摄像机，片子不很理想，但经过精心制作，效果不错。飞机隆隆，在音乐的配合下，也不失真情实意。以后在人数众多的场合放映多次，对渲染气氛、辅助说明背景起到不小的作用。

法克特的弟弟布德·法克特和弟媳还带上女儿，参加聚会后陪同老人们整整活动五天。布德·法克特抱住刘芳桥时的情景，被一位美国记者抢拍下来，送给刘芳桥。刘芳桥以后总是拿出这张照片来让人欣赏，回味新建立的友情。

杜立特年事已高，家住加利福尼亚州的卡梅尔，行动不便，无法远道而来与救命恩人重逢。他在1月17日就写成一封饱含深情的信，托人在3月22日的集会上宣读：“我代表杜立特轰炸机队协会的全体成员，尤其是今晚在场的杜立特轰炸机队的成员及他们的家属向我们的中国朋友——那些不惜自己和他们全家承担巨大风险而搭救和照顾

[1] 朱学三：《五老人访美》，第26页。

我们的人——表示由衷的感谢。”“你们，你们的家庭，你们的村庄和你们的国家，可以为50年前所表现出的勇敢精神和英勇行为而感到骄傲。（我要）向你们所有的人说一声‘好样的’！”[1]

陈慎言在晚年更加追怀战时的岁月，那本《东京上空三十秒》有描述救治飞行员的情节，他多想时时摩挲，玩味。可是此书在1943年出版以后没有再版，市场上无书可买。一位飞行员的亲属闻讯后，献出家珍，陈慎言如获至宝，心满意足。

五位老人“离开美国前夕，凯佩勒拿出八岁外甥女的照片送给中国的‘救命恩人’，曾健培表示回国后马上寄一张小孙子的照片。两位老人还订下‘君子协议’：今后每隔一二月，相互通信一次”[2]。

美国之行已经到期，两国老人的活动在中美关系史上书写了新的篇章。分别的时刻，赵相林领事、穆恩夫妇、奥姗母女、威尔医生、老飞行员及其家属，都赶到圣保罗机场送行。“机场里，一直陪同赵小宝的穆恩夫人泪如泉涌，她紧紧地拥抱着赵小宝说：‘您要走了，我心里别提有多难受。’赵小宝这位普通的中国渔家妇女，此时泪水夺眶而出，她邀请美国朋友来中国，到她家做客。”[3]两国朋友握手，拥抱，依依道别。

28日，浙江省委副书记刘枫看望访问归来的五位老人，“代表省委、省政府热烈祝贺‘民间大使’访美取得的成功。他说，五位老人在美国受到各界人士包括政府官员的热烈欢迎和周到的安排，表达了美国人民对中国人民的友好感情和发展中美关系的良好愿望，浙江人民对此表示感谢。50年前，老人们不顾个人安危，冒着很大风险，营救美国飞行员，这种英雄行为体现了中国人民见义勇为、扶危济困的

[1]《浙江日报》1992年3月24日。

[2] 陆熙：《五位“民间大使”访美归来》，《浙江日报》1992年3月28日。

[3] 李晓康：《“世界公民”赵小宝》，《退休生活》1992年第10期。

传统美德和高尚的人道主义精神，应该得到褒扬。这次到美国访问，进一步发展了中美两国人民的友谊，为宣传、扩大浙江的影响，做了一件大好事，是一次成功的民间交流活动。当前，我们要抓住时机，进一步深化改革，扩大开放，就必须切实加强国际交流合作，以推动我省经济建设的发展。我们欢迎美国杜立特轰炸机队的飞行员到浙江访问”[1]。

五位老人访美，美国轰动，中国的情形相同，《浙江日报》进行系列报道，《杭州日报》《人民日报》《参考消息》文章不断，共同为这次盛会大唱赞歌。

[1] 陆熙:《刘枫、孙家贤看望五位“民间大使”》,《浙江日报》1992年3月29日。

穆恩探险队

象山探险寻机

布莱恩·穆恩在 1990 年中国考察前后，酝酿了一个方案，寻找海底飞机，亲眼看看一架完整的 B-25 轰炸机。四年后的 1994 年他向中国提出要求，获得浙江省政府、南京军区、外交部的批准，不仅补上 1990 年无法到达象山的遗憾，而且深入海底，可以尽兴。

据 15 号机领航员威廉姆斯回忆："飞机在撞击水面时，支撑杆被弄弯，辅助翼失去了，普雷克斯玻璃制成的机头被撞碎，飞机在海面上漂浮了八分钟，机组人员从机上出来爬进救生筏，B-25 战斗机渐渐沉没了。"16 架飞机中能保存下来的，15 号机可算是最完整的一架。穆恩对它很感兴趣，对于找到它抱有一定的信心。他有过九次探险成功的经验，以此作底，也想到象山试试。

穆恩组织的探险队成员共 19 人，有潜水员、摄影师、杜立特轰炸队老飞行员、对此事感兴趣的企业家及其他人士。探险小组主要由以下人员构成：

布莱恩·穆恩，66 岁，明尼苏达州公民，美国西北航空公司前副总裁，探险总指挥，代表团团长。

里克·瓦德勒，57 岁，得克萨斯州公民，"潜水世界"潜水公司总裁，水下摄影负责人。

汤姆·威尔，62岁，明尼苏达州公民，医生，退役前为准将，1990年杜立特中国考察团成员。

杰里·凯利，46岁，得克萨斯州公民，医生，增援潜水员。

克里斯托弗·穆恩，42岁，明尼苏达州公民，泰西诺市场公司设计师，增援潜水员，布莱恩·穆恩的长子。

约翰·里平格，49岁，伊利诺伊州公民，保险推销员，增援潜水员。

汤姆·克伦，46岁，明尼苏达州公民，职业机械师，负责打捞起的部件的保管。

麦克·多梅尔勒，44岁，明尼苏达州公民，商人，负责打捞起的部件的保管。

探险队定于4月26日抵达上海，5月11日回国。他们的主要目的在于将50年前的这一段历史，通过实物向美国人民宣传介绍，对增进两国人民的了解和友谊有着积极意义。美国新闻界极表关注，随团采访的电视记者和报社记者，要把代表团在浙江的活动拍摄记录下来，通过新闻媒介向美国人民介绍。

浙江省外事办公室十分重视探险队活动，联络省军区、东海舰队司令部和宁波、象山、台州、临安外事办公室，成立接待协调小组，细致安排各项工作。通知有关部门“水下寻找拍摄时，用大小船各一只。潜水器材放在大船上过夜，请象山县外办负责落实，请县公安部门协助安全保卫工作”。

4月28日，探险队来到象山石浦港，租用一条航标船，每天在船上工作10小时。

中国记者赶到船上，问穆恩先生“为什么对探寻飞机残骸有这么强烈的愿望。穆恩沉思了一会儿说，这是第二次世界大战时期最为珍贵的航空制品——著名的杜立特机队B-25轰炸机，其余都毁掉了，坠落在你们石浦港外的可能是唯一一架可以打捞的B-25轰炸机。他说，这次来探险，美国人家喻户晓”。

有关具体的探险工作，陈方平和蒋皓在《美国探险队在象山》一文中加以报道：

> 根据当年机组人员格里菲斯·威廉姆斯绘制的飞机下坠图，探险队初定约0.25平方英里搜索海域，成阶梯形循序进行系列声波测验。但实际探险，超过了预计范围。
>
> 4月29日，美国探险队第二次在石浦港外4平方公里海域寻找，两次声呐都有“情况反映”：一次分析可能是机翼，一次分析可能是飞机头。探险船上，顿时活跃起来，一片“OK”声。负责水下作业的总指挥杰里·普罗佛斯早已开动制氧机灌好氧气。这时，他穿上潜水衣，沉入水中。
>
> 石浦港水深流急，杰里下潜点水深40米，能见度低。但他是位有经验的职业潜水员，约半个小时后，他浮出了水面，用美国式幽默说：原来是“质量非常好的岩石”。
>
> 海上探险，这是美国朋友最大（的）愿望。每天早上7点从丹城出发赶到石浦港，晚上6点从石浦港回到驻地，一天工作10小时以上。5月1日，海上有大雾，上午在石浦港出海时，能见度只有50米。被探险队租用的象山航标船的船长说，按规定，这样的天气要抛锚停港。晚上返航时，能见度只有30米。穆恩先生对象山人民和各级部门的支持非常感谢。
>
> 5月2日，本来安排部分美国朋友走访象山一些企业、单位，可是，忽然听说1日这天有很大的发现，全体探险队员兴高采烈，19名队员全部出海，一有信号反映，海区潜水员即下水探究，但终因风浪大未成功。[1]

---

[1]《浙江日报》1994年5月23日。

“5月3日下午，海上刮起了八级北风，2点50分，扫描图像显示似乎出现了飞机引擎。船立即抛锚定位，人们开始沸腾起来。所有的人都聚集到了船尾甲板。几个队员忙着充起了一只只事先带来的彩色气球，准备庆贺，狂欢。队员们各就各位，为潜水员做好潜水准备，潜水员杰里·普罗佛斯肩负重任，神态严肃。他克制住激动的心情，穿上潜水衣，戴好头盔。4点整，杰里顶着湍急的水流，潜入海底，试着接近目标。在海里寻找近40分钟后，终于浮出了水面。他汇报情况后，大家才弄清楚目标物并非飞机部件。”[1]

探测没有达到预期目的，原定5月7日结束，方案只好中止，3日就提前收兵。不到黄河心不死，穆恩尝试一番，已经尽力而为，飞机还在，等到科学更发达的未来去发现吧。

美国朋友工作卖力，不计较生活条件，水上作业时，随身带上面包、鸡块、矿泉水，充作午餐。象山人为他们在船上炒一锅蛋炒饭，送上几瓶啤酒，他们连声叫“OK”。每天收工时，总是把所有的仪器和工具收拾好，连一根绳子也不会丢在外面。普罗佛斯把那台制氧机天天按原来的样子包好，盖上雨布，再压铁块，以免被大风刮走。有位细心的小业主，跟在航标船的后面，发现船上一只鼓鼓囊囊的塑料袋，心想一定是美国朋友粗心遗忘掉的，打开一看原来是糖纸。他们护爱大海，连纸头也不忍丢弃。

在象山，美国朋友得到当地人的关照。一位丹城的三轮车工人把逛夜市的美国人送到宾馆，回来的路上发现车上有一只皮包，急忙叫来三位同行，一起送到宾馆。探险没有成功，却有另外的收获，中美两国人民建立起更加深厚的友谊。

---

[1] 冯菲菲：《半个世纪前的国际营救》，《浙江日报》1994年5月28日。

参观、聚会

4月30日，一部分美国朋友到爵溪镇参观访问，进入中外合资宁波甬南针织有限公司。他们对针织文化衫十分喜爱，麦克·多梅尔勒花600元钱买下几十件。他说在美国要几十美金一件，便宜货多买点。从爵溪返回的当晚，他就穿在身上了。

5月4日，探险工作中止的次日，全体探险队成员来到象山丹城东谷湖宾馆，与当地人相聚，到场近200人。来自石浦、岳浦和爵溪的10位老人，曾经救护过飞行员。爵溪老镇长林德宝讲述6号机的遭遇，其他老人回忆7号机和15号机的情形。七十多岁的吴姣娣老人，双目失明，在他人的帮助下赶来。“她颤抖着从衣袋里掏出一个小布包，包里珍藏着当年在北门沙头安葬遇难飞行员时，从他身上留下的降落伞保险锁扣。整整50多年，老人历尽沧桑，却一直珍藏着这件特殊的‘遗物’。杜立特轰炸队1号机的亨利·波特先生，拉住老人的手说不出话来！”[1]

波特代表至今还在世的轰炸队全体飞行员及去世飞行员的家属，向所有营救过美国飞行员的恩人表示感谢。探险队员给10位老人和老人代表挂上纪念奖牌，佩戴中美国旗纪念胸章。两名探险队员宣读7号机和15号机飞行员写给象山人民的感谢信。

聚会结束后，探险队员与主持人共同表演文艺节目，无拘无束，尽情跳唱，两国的文化会合在一起，感情的浪花碰撞在一起，其乐融融。

5日下午，探险队来到临海。晚上，台州地区领导朱福初会见美国客人，对美国朋友的来访表示热烈欢迎。他说，52年前，在极其艰苦的条件下，台州军民尽力营救受伤的美国飞行员，帮助脱险，已成为中美两国

[1] 陈汉忠：《一位中国女性与一群美国飞行员》，《银海》第44期，第7页。

人民友谊的象征。台州人民一直非常珍惜这一段历史，希望美国朋友通过这次访问进一步了解台州，增进两国人民的友谊，加强台州与美国在经贸、文化、科技等领域的交流与合作。穆恩代表全团感谢台州人民的热情款待和友好诚意，表示如有可能，还将组织一些工商界人士访问台州。

在欢迎仪式上，当介绍陈慎言老人时，美国朋友纷纷站起来，向他表示崇高的敬意和衷心的感谢。

宴会上，朱福初代表台州人民对外友好协会，向访问团赠送象征美国形象的木制工艺品雄鹰，穆恩将一幅油画回赠，这幅画由他自己创作，题为“早上好”，描绘的是他家乡的美好风光。

陈慎言老人与波特共叙往事，心情格外激动。克里斯托弗·穆恩激情满怀地用中国普通话朗诵了一首诗：

> 在那个我们不曾去过的地方，
> 那里鲜花开放，
> 那里孩子们在欢笑，
> 她的名字——中国。

6日上午，美国朋友访问台州医院。它的前身为恩泽医院，建在山坡上，原由英国人丹文顿创办，后来归属教会，最终由陈省几买下。他的儿子陈慎言继承父业，就读于上海东南医学院，毕业后在杭州广济医院、江西29军、黄岩军医处从医。美国朋友与陈慎言、翁一仁相聚。翁一仁当年是回浦中学的老师，曾经参加过慰问美国飞行员的活动。穆恩向陈慎言转交杜立特轰炸队队员的感谢信，还带来罗森夫人的信函，诚挚感谢临海人民。波特为陈慎言和翁一仁佩上用杜立特轰炸队飞机残骸精心制作的奖章，又挂上访问团团徽。陈慎言兴奋地表示：“我非常高兴地能见到美国朋友，中美人民要长期友好下去。”客人下楼后，陈慎言站在二楼阳台上，凭栏而立，频频向客人招手致意，祝他们旅途愉快，下次再来。

下午，探险队访问台州卫生学校，原恩泽医院就设在这里，那座二层楼房保存完好，“恩泽医院”的字样在墙上赫然出现，访问团欣喜万分，仿佛看到当年中国医生抢救美国飞行员的情景，纷纷拍照留念。卫生学校赠给美国客人每人一枚校徽，聘请他们担任名誉教师。客人们非常高兴，风趣地问：“我们什么时候开始上课？”卫校领导的回答十分干脆：“马上开始！”双方笑得前仰后合。

告别卫生学校，他们来到中美合资的私营企业临海海达时装有限公司。橱窗内一幅标语“中美两国人民友谊万岁”用中英文写成，十分醒目，他们深受感动，纷纷与厂里工人合影留念。公司生产的服装绝大部分销往美国，美国朋友很感兴趣，厂部拿出一些服装供他们挑选，正中他们下怀。大家纷纷购买，要不是领队的催促，他们实在不愿意按时离开这里。时间表排得很紧，下午还要参观浙江亚东医药敷料有限公司和国华珠算博物馆。

按照排定的日程，访问团7日上午离开台州返回宁波，当他们获悉椒江海里有一架被击落的日本飞机时，留下两个成员到实地查看了解。在临海和椒江有关部门的帮助下，他们会同当时坠机的目击者和当地村民，进行详细的调查，到坠落点勘察。美国朋友说，只要有可能，下次还要来试试。

9日上午，穆恩一行14人来到临安。在临安县政府招待所里，外事办公室主任许立新介绍天目山群众救护美国飞行员的经过，从上海赶来的朱学三与波特三度团聚，畅叙友情，十分亲热。“布莱恩·穆恩还给朱学三等两位老人赠送荣誉奖章。他还在会上宣读了一封由杜立特的女儿写给临安人民的信，信中饱含着对临安人民营救其父亲等人的感激之情。”[1]访问团告诉大家，杜立特于1993年9月告别人世，

---

[1] 凌渭忠：《中美老人再次在临安聚会》，《临安报》1994年5月14日。

波特模仿杜立特敲门

大家为失去这位伟大的朋友而惋惜。聚会结束，前往杜立特的降落点盛村，中午在乡政府所在地白鹤用膳，重演52年前飞行员的情节。美国朋友不会用筷子，只好改使瓢助餐，着实领受一番中国风情。

盛村的村民早已在迎候外宾，气氛热烈。访问团来到季永兴家，追怀杜立特那段曲折的经历。波特站在杜立特敲门的地方，顽童般的再次敲起门来，录像机、摄影机都对准这一镜头。他的伙伴不忍错过难得的机会，纷纷上前与他合影。

相见时难别亦难，嘉兴的曾健培已经去世，无缘这次重逢，老人的世界里不会有太多的再会，救命恩人、老飞行员扬起重重的手。事实上，这是最后一次团聚，此后不久朱学三、刘芳桥、陈慎言离开人世，互访画上一个句号。穆恩一片热心，抓住最后的机会，促成中美朋友的三度聚会，将“二战”中缔结的两国友情延续半个多世纪，再次引起世界的注意，新闻界、史学界以更饱满的笔墨影响后世。

中美姐妹城市

雷德温握手衢州

雷德温人友好，雷德温人有心，他们提到要与中国的某一城市结对，就落实到行动中去。还是穆恩一马当先，奔赴当年杜立特机队的集中地衢州，为两城穿针引线。

穆恩的1990年中国之行，日程安排太紧，来不及到衢州访问，留下深深的遗憾。1993年，雷德温市决定派他为代表，专程访问考察衢州，3月12日，他踏上衢州的境地，终于弥补了心灵上的一道缺口。

他“走访了衢化公司、浙江电工器材厂、‘山兴’、‘伊米特’等企业，面对神奇的东方魔镜、中国莹白瓷和多彩的皮革面料，穆恩先生惊叹不已。3月12日下午，穆恩先生来到衢师附小天真活泼的小朋友中，并向校方表达了要资助一位美国教师来该校任教的美好愿望。随后，他前往衢州书画院与书画师们切磋技艺。建设中的民航站、黄坛口水电站、‘乌引’工程渠道枢纽和‘江山须江公园’等地留下了他的足迹”[1]。

13日晚，他代表雷德温市市长，将一幅雷德温市全景图镜框赠送

---

[1]《衢州日报》1993年3月14日。

给衢州市。14日早晨，临行前，他说衢州经济繁荣，风景宜人，印象深刻，回国后要向雷德温市议会汇报这一切。

雷德温市得到衢州市的轮廓后，邀请衢州市组团回访。

10月，衢州市副市长叶继革率领代表团访问雷德温市。市区主要街道上悬挂两国国旗，市政府和市姐妹城市委员会分别设宴欢迎。经过充分的协商后，双方签订建立友好交流关系的协议，两市市长在签字仪式上致辞。雷德温市市长希尔兴奋地说："今天我们将带给两个城市和人民的主题是友谊。这颗友谊的种子在许多年以前就已经种下，直到不久以前，在布莱恩·穆恩先生的努力下，得以栽培成长起来。此后的栽培应该感谢姐妹城市委员会的努力和我们官方同中国的接触联系。所有这些努力把我们带到了这个非常的事件中来。这个事件是一个让我们两市走向世界的范例。"

东道主以家宴、鸡尾酒会招待客人，安排参观考察企业、商店、医院、学校、农庄、核电站和印第安人居住地，与各界人士广泛接触，增进相互的了解。

代表团赴圣保罗访问明尼苏达州政府，副市长出来迎接客人，表示州政府非常希望与衢州市建立联系，在经济、贸易、科技等方面进行合作。双方互赠纪念品。州长十分重视衢州代表团的来访，特意签署文件，授予衢州代表团五位成员"美国荣誉公民"称号。

在州政府的牵引下，代表团与州国际贸易局交谈。"局长谈到，明尼苏达州的综合实力在美国50个州里属第17位，科技非常发达，全州高科技公司有180余家，但对中国大陆的贸易额在美国只占4%。他们非常希望加强与中国大陆的联系。他说，今天的接触，应该成为我们今后加强联系交往的开始。"[1]

---

[1] 衢州外事办：《衢州市政府代表团访问美国雷德温市》，《浙江外事》1993年第11期，第23页。

双方的互访，拉近了东西方的距离，建立友好城市的基础渐渐夯实。

1994年10月5日，杰姆·格兰特曼先生率领雷德温市代表团访问衢州。他受雷德温市市长和该市姐妹城市委员会的委托，交换友好城市协议书，正式建立两市友好关系，促进双方经济、科技、教育、文化、卫生、体育等方面的交流，达到共同繁荣。

在衢州的四天里，代表团马不停蹄，参观机关、学校、医院、图书馆、景区、街道、商店、居住区、企业，观看市民晨练，东方人的一切都镌刻在他们心中。格兰特曼先生表示："他们将把这些美好的印象和衢州人民的浓情厚意带回雷德温，并继续为两市友好关系做出新的努力。他也很乐意为郭学焕书记转达衢州人民对希尔市长和友好使者穆恩先生的深切问候。"[1]

衢州与雷德温友好城市协议书的签订，翻开两市发展的新篇章。此后两市互访不断，合作在加强。

1998年10月14日，雷德温市市长希尔率领姐妹城市委员会友好代表团，访问衢州。他在欢迎会上致辞："现在，雷德温市的许多市民都知道衢州，他们看到了一个伟大的国家，一个美丽的城市及其友好的市民。我们之间的相似，远远超过了我们之间的差异。"[2]衢州为橘子之乡，客人获悉年产30万吨橘子时，惊喜不已，赞叹："了不起！"

同年12月，衢州市委书记茅临生率团访问雷德温市。雷德温市主要领导人全程陪同，亲自讲解介绍情况，安排参观了一般不对外的企业车间。两市经洽商，签订友好交流意向书，探讨衢州选派医务人

[1]《衢州日报》1994年10月10日新闻。郭学焕为衢州市委书记。

[2] 许永南：《美国雷德温市长希尔率团访问衢州》，《浙江外事》1998年第11期，第13页。

员赴美短期培训的可能性。格端集团公司让客人考察加利福尼亚州的现代农业，“所参观的农场、果园，从耕耘、播种、灌溉、施肥、收获到运输、贮存、加工等环节，包括果树整枝、采摘，都实行了机械化，使代表团成员大开眼界。代表团还与农场方面就合作事宜进行探讨，对方表示愿意派出有经验的果园专家到衢州进行技术指导”[1]。

两城互派教师

两市的合作在继续，教师的交流发挥出互补的作用，双方无不津津乐道，伸长臂膊欢迎对方的到来。

穆恩于1993年3月的许诺变成现实。1995年8月雷德温市派教师到衢州第二中学，二中也派出自己的教师前往雷德温，互相交流，各自介绍本国的文化，加深两国的了解，增进友谊。截至2001年年底，双方共派出五期，每期一人。

衢州第二中学占地20多公顷，配有游泳池、体育馆、塑胶田径场，其他设施也堪称一流，雷德温的教师就住在校内。戴茜·霍夫、当娜·麦考莉、莉莎·迪尔、拉里·戴维森、苏珊·克朗慈曾在这里生活过。衢州市电视台为第一任教师拍摄《美籍教师在衢州》的电视专题片，“在中央四台、黄河台、旧金山38台、纽约中文台等电视台播出，收到了极好的宣传效果”[2]。雷德温市没有电视台，送去录像拷贝，供他们观赏。二中的教师和学生经常邀请美籍教师到自己家里做客，陪伴他们出去观赏风景，领略中国的山水，还到周围县市的学校去走走看看，了解中国的教育情况，培植双方的感情。

[1] 许永南：《衢州市友好代表团访问美国》，《浙江外事》1999年第2期，第20页。

[2] 胡为农：《衢州市积极唱好友城外宣主题曲》，《浙江外事》1998年第3期，第8页。

戴维森在辅导中国学生

美籍教师讲授美国的文化，讲解习惯用语，传授教学方法，给人们一种全新的感觉。他们纯正的口语，为师生创造一种学习的氛围，大家在潜移默化中感知。整体水平前后相比有很大的差别，师生无不感激美籍教师带来的变化，美籍教师也为自己的付出结成果实而欣喜。

第一任美籍教师戴茜回国，应邀介绍在中国的感受，听众耳目一新，要求续讲 31 场。她现身说法，配以图片、实物，向各界介绍中国的历史文化、社会环境和建设成就，让人易于接受。雷德温市只有 15000 人，到场聆听的达数千人，当地掀起一股中国热。第二任的麦考莉也是这样。戴茜在给二中的一封信中说："四年前在第二中学的教学，有许多令人愉快的经历，一直激荡在心底。热情、勤奋的学生，平易、乐助的教师，令人难以忘怀。衢州与雷德温的教师互派，有助于丰富中美两国的文化生活。"莉莎写信给二中，称"在衢州第二中学任教和服务的六个月，是我在中国最值得回忆、最富有成果的时段"。她感激学校领导和师生的一片诚意。戴茜对中国人民怀有特别的感情，再次来到中国，在衢州民政局领养了一个孩子。

莉莎离开中国前，衢州人请她留点文字，她慨然写成《再见了，衢州！》一文[1]，回顾在中国的经历，字里行间充满对这段生活的怀念，估计告别时定会热泪盈眶。

中国派出的教师在美国同样受到欢迎。

英语教师刘小萍，在出国前精心策划，多方准备，尽可能上好课，让美国人感兴趣。她制好幻灯片，把农村、城市、街道和学校的镜头展现在美国人面前，让他们了解中国的风貌。她带去蚕茧和真丝围巾，在农业课上讲授蚕茧的生产和中国丝绸业悠久的历史。

本着多才多艺的能力，她动口又动手，除讲中国风俗、民情和风景等内容外，还教学生水彩画，写毛笔字，折纸船、纸鸟、纸雨伞、纸风车，跳扇子舞，练气功。针对不同的对象，上不同的课，在幼儿园，她讲十二生肖故事，用中国的传统文化去感染幼小的心灵。80多岁的老人也闻讯赶来，围住她，问中国老年人的生活、休闲的方式。听到眼保健操，又问长问短，缠住她演示一番。

中国教师成为“抢手货”，学生争着拉到家里住。刘小萍手脚勤快，不以国宾自居，要做美国人的伙伴，做他们的帮手。她收拾好自己的东西，替主人整理家务，到处受到欢迎。她发挥做菜的特长，让美国人尝尝中国的美味佳肴，红烧、白蘸、油焖、水煮，百般武艺一一施展；汤团、水饺、馄饨、栗子炒鸡，一样样献上。美国朋友真正体会到“中国菜”深厚的底蕴，对中国几千年文化的积累更加钦佩，情不自禁地来跟着做菜，想把这一招学到手。这一家兴趣正浓时，另一家又来请去，都想接触一下中国人，感受一下中国风情。她上下班都由房东接送，不厌其烦。

教师总感到无论怎样准备都无法讲完中国的一切，前一任把没有尽意的事托付给后一任，尽量满足美国朋友。刘小萍告诉她的继任人

---

[1] 全文见附录。

带上旗袍、体操挂图，配乐也不能少，还有剪纸术、木兰拳，都有中国特色，这些美国人都很感兴趣，让他们从更多的角度了解中国。

雷德温与衢州的交流，双方都感到成功。雷德温市姐妹城市委员会主席克雷顿·霍夫达写信给衢州二中，评价道："我们两个城市互派教师的举措，促进两国良好关系的发展，也加深两市的特殊情谊。"

六十周年的再会

再现历史

2002 年是美国总统尼克松访华、《中美上海公报》签署 30 周年的日子。10 月，中国国家主席江泽民访问美国，巩固发展两国关系，为配合这一重大的国事活动，国务院新闻办公室赴美举办题为“历史的记忆”大型图片实物展览，展览从 10 月 17 日开始，11 月 5 日结束。

10 月 17 日，当地时间 18 点，展览在华盛顿威尔逊国际学者中心拉开帷幕，中国国务院新闻办公室主任赵启正、副主任李冰，中国驻美大使杨洁篪，美国参议员史蒂文斯，陈纳德夫人陈香梅，在开幕式上讲话。李冰说：“我们不能忘记历史，因为法西斯的侵略战争，曾经给人类带来灾难和痛苦；我们不能失去友谊，因为友谊是人类社会文明进步和通向理想的阶梯。”“今天，当我们回忆这些感人的故事时，透过历史，我们从他们身上看到人类精神之中最可宝贵的东西：是崇高，是勇敢，是壮烈，是友谊，他们用行动在永远倾诉着生命。”

展览的内容分为三部分：“驼峰航线”“陈纳德飞虎队”和“营救杜立特轰炸队”。“营救杜立特轰炸队”这一部分展出由浙江省搜集整理的图片档案组成，内有 80 多幅照片和杜立特 1992 年发给访美五位老人的感谢信，时间跨度超过 50 年，起于 1942 年，止于 1992 年，再现当年的患难之交与由此结成的深厚友谊。

美国人民没有忽略这段历史，他们重视这次展览。

18 日 23 点过后，两位美国姑娘来到浙江代表团下榻的宾馆，求见吴中培女士。她们受企业家吉姆的委托，前来索取资料。吉姆在一月前到杭州一些高校进行学术交流，接触到中国人民救助美国飞行员的事迹，结识省政府新闻办公室的吴中培后，进一步了解这一事件，听说将在华盛顿举办展览，希望到时能提供资料。

深夜来访的两位姑娘，其中一位就是吉姆的侄女，名叫莉诺拉·费舍尔，在华盛顿攻读国际关系学，吉姆住在远离华盛顿的伊利诺伊州，便让侄女代劳。

受吉姆的影响，两名美国姑娘对展览产生兴趣，各自索取一套展览资料，莉诺拉还打听展览的确切地址，表示要去参观。第二天上午，莉诺拉真的出现在展览现场，看完图片和实物，她发表评论："这个展览相当棒，它告诉我们中美之间曾经有这样深厚的友谊，我们年青一代应该多了解历史。"

后来，莉诺拉的母亲托人转告吴中培说："莉诺拉看了这个展览，胜过她读一年的书。"

展览期间，赵启正对老朋友穆恩给赵小宝赠酒一事加以发挥，引用英国哲人弗朗西斯·培根的话"老树最好烧，老酒最好喝，老友最可信，老书最好读"。他说："你们的国际主义精神，你们的勇气和正直，无疑酿就了最醇的美酒，也写成了最好的书，在中国人民的心中，你们是伟大的朋友，由你们点燃的中美友谊之炬必将照耀我们两国关系的前程，尽管未来的道路也许坎坷崎岖，但终将通向光明。"他的讲话赢得全场热烈的掌声。

大型展览和相关的活动，"开启了中美两国人民在 60 年前酿就的醇厚的美酒，展览的现场处处洋溢着友谊的醇香”[1]。

又一次相聚

10月18日17点，举行老飞行员与营救人员的聚会，地点在威尔逊国际学者中心大楼会议室里，杜立特机队7号机的撒切尔、9号机的格里芬和14号机的西姆士与赵小宝会面，老朋友穆恩先生偕夫人也赶来相见。

西姆士坐着轮椅进场，看到赵小宝，不断挥手致意，向她问好，格里芬、撒切尔带着自己的亲属和子女，与赵小宝一起共叙往事。他们表示，要让下一代了解那段难忘的历史，让两国人民的友谊永远延续下去。赵小宝了解到，她营救过的五名飞行员已有四人去世，仅存的一人身体状况不佳，言辞很少的她止不住喃喃地说：“心里好难过，心里好难过。”

浙江代表团问老飞行员还有几只杯子，他们关注丹佛空军学院展柜里的杯子状况，用特殊的语言打听飞行员的健在情况。老飞行员告诉他们还有21只杯子口朝上，这些杯子所代表的飞行员大多由于健康原因，不能来展览现场与中国朋友相会。

曾经救助过2号机组人员的刘同声，在女儿和女婿的照料下，从洛杉矶远道而来。他也坐在轮椅上，激动地告诉大家：“今天的重聚活动给了我们一个很好的机会，向60年前曾经参加过无私援助我们的中国人表示感谢。”

穆恩一见到赵小宝就与她紧紧握手拥抱，连声说他们又一次见面了。10年前他组织五位老人访美，如今只剩下赵小宝一人，更有一

[1] 张学勤、顾中：《走进“历史的记忆”》，《浙江日报》2002年10月25日。

“轰炸东京六十周年”飞行员与中国营救人员见面会（前排左边三位是美国飞行员，右一是赵小宝，右二是刘同声；后排最右站立者为吴中培）

种说不出的亲切感。记者感谢他对中美友谊做出的贡献，“他谦虚地说：‘我并不是今天的英雄，我只不过起了桥梁的作用，把美国的英雄和中国的英雄拉到一起，团聚在一起。’这时穆恩夫人西塞莉手捧一束鲜花恭恭敬敬地献给赵小宝老人，紧紧地拥抱着老人不放。顿时，闪光灯不停地闪烁，所有的摄像机镜头都对准了赵小宝老人。穆恩还拿出了早已准备好的一瓶香槟酒，交到了赵小宝手中，他说：‘这是一瓶香槟酒，当你到中国打开香槟酒时，就会想起美国朋友。’赵小宝，这位在渔村长大的中国老人，面对美国人民的深情厚谊激动不已，连连说：‘谢谢，谢谢！愿我们的友谊永远友好下去！’她还对穆恩夫妇和其他三位美国飞行员说，‘请你们到我家里来看看’”[1]。

格里芬代表杜立特东京轰炸者协会致辞，他说：“今天的重聚活

[1] 浙江电视台记者李方存的广播稿，题为《鲜花献给中国救命恩人》。

动给了我们一个很好的机会，向60年前曾经无私援助过我们的中国人表示感谢。”

79岁的赵小宝走上讲台，千言万语缩成一句话：“我盼望我们两国人民继续友好下去。”

老飞行员、穆恩先生与营救者都格外珍视这次聚会，他们互赠礼物，赵小宝把浙江特产真丝头巾送到四对美国夫妇手中，祝愿战火中建立起来的友谊不断延伸。

穆恩在接受记者采访时说：“今年刚好是杜立特行动60周年，这次展览在今年这个时候举办，时机相当好，它进一步促进了两国人民之间的友谊。虽然国家与国家之间有各种各样的差异，但是友谊是可以超越一切的。”

他正在构思一部电影，描述7号机和15号机机组人员，得到中国百姓冒死相救而脱险的故事。他强调：“中国百姓不光给美国飞行员提供援助，还帮助他们穿越日军封锁线，把他们送到安全的地方。拍电影的目的就是要还原这段历史，把历史真相告诉大家，使中美两国人民的友谊永远延续下去。”他充满自信地说：“这是个很棒的故事，情节相当曲折，还有美中两国医生在台州恩泽医局会面，共同医治美国飞行员的场景，相信一定很吸引人。”

七十周年的盛会

纪念活动红红火火

美军首次轰炸东京七十周年在即，杜立特东京轰炸者协会寻求中国驻美大使馆的支持，帮助寻找当年救助美国飞行员的中国人后人，邀请他们参加纪念活动。浙江省人民对外友好协会承担这一任务，物色落实人选，最终选定贺绍英与廖明发，一个是民国时期官员的后代，另一个来自世代农民家庭。[1]

贺绍英的父亲贺扬灵曾在担任浙西行署主任期间，接待杜立特机组，联系搜寻沿海杜立特机队人员，报告重庆，美国由此获得轰炸东京的结果。当年在欢迎杜立特机组的大会上，6 岁的贺绍英与几位小孩一起向英雄献花，表达敬意。后来贺绍英受过高等教育，拥有高级职称，1995 年在华盛顿参观国家航空与航天博物馆时，发现贺扬灵与杜立特在天目山的合影，开始关注此事，结识波特与刘同声，获得《目标东京》的英文书，赠给浙江图书馆。她又在南京图书馆找到贺扬灵《杜立特降落天目记》，将复印件传播社会，让世人了解杜立特机组迫降后的情形。

[1] 2014 年 9 月采访陈爱珍。

廖明发，77岁，浙江江山人，他所在的村庄降下3号机。领航员奥祖克脚部受伤，两位村民将他背回村。廖明发的父亲是保长，负责接待，并为他清洗伤口，还雇人将他送到25公里外的镇公所。

2012年4月16日，浙江省人民对外友好协会副会长陈爱珍率团出发，目的地为俄亥俄州代顿，美国国家空军博物馆所在地。王维率浙江电视台摄制组紧随其后，留下历史的镜头。

4月18日9点30分，纪念首次轰炸东京70周年的主场活动开始，它由民间组织杜立特东京轰炸者协会主办，普通市民主持。首先播放电影《东京上空三十秒》，影院外进行义卖，出售纪念品，另一部分人签名售书，16号机投弹手德谢泽的女儿迪颂也在其中，为她的新作《轰炸归来》签上自己的名字。1号机领航员科尔的女儿辛迪·科尔·查尔，介绍义卖所得将汇入杜立特奖学金。这是一笔数目不小、来自普通人的捐献，有个小孩捐了五美元。

捐献的同时展出B-25轰炸机、飞行员服装、照片，再现那段历史。

12点30分，20架B-25飞机表演，通场两次。参加表演的都是志愿者，有些人提供经济支持，另有人贡献时间和力量来参与活动，使英雄的故事不断传承下去。佛罗里达州历史飞行基金会的B-25 H机每小时费用近3000美元，发动机油耗每小时70加仑。这些飞机早已退役，被民间团体和个人收藏。杜立特逝世时，所有能飞的B-25飞机全部上天，表示悼念。这次表演的B-25米切尔战机在B-25系列中年份最久，与轰炸东京的机型最为接近。B-25 H机是世上唯一能飞的此类战机，用来攻击舰艇等目标，与杜立特的轰炸机不同。

空中表演表达对杜立特机队的敬意，老飞行员正乘坐电动车进场，全场激奋，报以热烈的掌声。杜立特机队共有五人在世，四人出席：1号机副驾驶员科尔，96岁，曾在驼峰航线上服役；9号机领航员格里芬，95岁，参加过中途岛战役，又转战其他战场，在另一次行动中跳伞，被德军俘虏，战争结束后释放；15号机机械师塞勒，92

岁；7 号机机械师兼射击手撒切尔，90 岁；16 号机副驾驶员海特，92 岁，因健康原因没有到场。

隆隆的机声弥散在空中，又响起美国国歌，一位女子在引吭高歌，仪仗队踏着节拍为活动塑造庄严的气氛。

航空学院的学生向位于博物馆前草坪上的杜立特东京轰炸者纪念碑献花。博物馆负责人致辞，重申中国百姓救助美国飞行员的贡献与被日军报复付出的代价，高度评价轰炸东京是“二战”历史的转折点，随后有杜立特行动历史研究专家卡洛林·V.格林和科尔发言。

人们从馆外草坪重回大厅，购买资料、书籍和模型，交换纪念品。有个儿童带着自制纪念品走向王维，他母亲说儿子已参与活动多次，通过交换纪念品增加对事件的认识。

活动中心移向停机大厅二楼，举行两场新闻发布会：一场介绍老兵，身后展示有相关信息，以及“大黄蜂”号航母上的舰员回顾出海经历；另一场为老兵与中国代表团设计，老兵坐在前排，与代表团互动。

19 日，在希望宾馆里杜立特东京轰炸者协会进行了学术交流，代表团参观代顿市，进入怀特兄弟从自行车到飞机制造的展厅。

下午，签名售书，老飞行员在书上写下自己的名字。

18 点，晚宴开始，700 多人参加，未受邀请的自己买单，出资 100 多美元。宴会采用分餐制，菜肴丰盛，席间自由发言。科尔发表演讲，对离世的战友深表怀念。

晚宴持续了三个小时，结束前三位学生登台讲话，博物馆工作人员为他们颁发奖状与奖学金，不知情的人以为这些孩子是杜立特机队的后代，后来才知道每年都举行关于杜立特行动的论文比赛，当地的学生自己去研究那段历史，有见解的孩子被授予奖学金。这年获得第一名的是位 13 岁的孩子，奖金 1 万美元。会上还宣布杜立特东京袭击者协会近来获得的社会团体的资助情况，体现美国民间传承优秀历

贺绍英在杜立特墓前

史的热情和执着。[1]

杜立特东京轰炸者协会每年都举办活动，特殊年份更隆重，有人评论70周年活动最盛大。[2]大批当地市民涌来博物馆参加活动，竟造成五年一遇的堵车。代顿平时几乎不会堵车，盛典日当天很多人排队前往博物馆，不少家庭开车到机场外的路上，等待B-25飞机的飞行表演，造成交通阻塞。在当地，纪念活动是每一年的节日。[3]

4月20日，代表团抵达华盛顿，参观“二战”“越战”公园和华盛顿纪念堂。贺绍英还随浙江电视台摄制组前往美国国家航空与航天博物馆“二战”展厅，再次仰视了贺扬灵与杜立特在天目山的合影。

杜立特安葬在阿灵顿国家公墓，许多学生前往墓地凭吊、缅怀。杜立特的墓碑并不显眼，远不如左右的石碑巨大，他与其他有功于国

[1] 贺绍英:《大爱无疆》文稿。

[2] 王维采访16号机德谢泽女儿迪颂。

[3] 王曦煜:《永远记住老兵为今天做出的贡献》,《钱江晚报》2012年4月22日。

家的普通战士一样平常。贺绍英跪下献花，打开贺扬灵《杜立特降落天目记》，请他阅读，告慰亡灵。

恩情在代际流淌

在4月18日下午的新闻发布会上，贺绍英将他父亲撰写的《杜立特降落天目记》英文译本赠送给四位老飞行员，又将该书的中英文本20册赠给在场的朋友。她与科尔多次拥抱，用英语交流，沉浸在往事的回忆中。科尔记起贺扬灵招待飞行员的房子，杜立特在那里打过很多次电话，确认每架飞机和每位飞行员的下落。70年后第一次见到曾经给予帮助的中国人，有机会近距离交谈，当面感谢中国人民因救助付出的生命代价，这是要见面的最大理由。当年被日军追捕，没有太多的时间与中国老百姓交谈，甚至没说再见，这是一次很好的机会，可以表达迟到的谢意。

谈到B-25飞机的表演，科尔说机声很响，带上助听器能辨出机型。上一年11月他还驾驶过B-25飞机，如果有人邀请，他还将驾机翱翔天空。

贺绍英还将王国林《轰炸东京》一书第一版介绍给科尔，赠送该书的英文目录。另将手头仅有的一本书和另五份该书的英文目录，送给杜立特轰炸者协会经理托马斯·凯西，并请他将其中的四份转交四位老飞行员。[1]

美国朋友得知贺绍英与廖明发的父亲曾经救助过美国飞行员，争相与他们合影，交谈，拥抱。

15号机机械师塞勒得知廖明发父亲的贡献后，紧紧握住他的手，

[1] 贺绍英:《大爱无疆》文稿。

连声道谢。杜立特东京轰炸者协会网站站长托德·乔伊斯，获悉廖明发保存着奥祖克赠送他父亲的一美分硬币后，送给他70周年活动纪念章；10号机驾驶员的儿子送给贺绍英一枚69周年活动的纪念章，希望两国人民的友谊世代相传。[1]

4月19日的晚宴上，美方特意在主席台醒目的位置安放中国国旗，以此表达对当年中国军民无私帮助美军飞行员的敬重。中国驻美国大使馆政务参赞查立友走上主席台，转述驻美大使的信函。他说，中美两国的友谊有着如此生动的历史，相信将会永远传承这份珍贵的友情。

主持人介绍中国代表团嘉宾，他们的上辈曾在当年救助过轰炸东京的美军飞行员，现场700多人几乎同时起立长时间鼓掌，掌声持续一分钟左右，代表团起身鞠躬致谢。主持人又引荐浙江电视台摄制组，再次响起掌声。

中国代表团被安排在靠近主席台的位置，很多美国朋友前来道谢和拥抱。一位15号机飞行员的儿子挤上前，跪在老人面前，双手合十，用中文说声谢谢，通过翻译与贺绍英攀谈。贺绍英立刻说不能承受，起身拉他，都没有成功。她立刻平移右肩，与他的右肩相触并排，再三用力将他拉起。他的谈吐很动情，说虽然自己的父亲不在两位老人上辈的救助范围内，但降落在海岸边，得到当地渔民的全力营救，不然无法逃离日军的虎口，所以用行动来感恩。贺绍英觉得他这样厚重的礼拜，只应是对待当年在“二战”中为反法西斯做出贡献的中美人民，跪谢是向着天上的英灵，还有广大的在为人类正义做贡献的人们。[2]

耶格女士坐在贺绍英身旁，谈到她父亲5号机驾驶员琼斯在中国

---

[1] 王曦煜:《美国老兵：是中国人给了我生命》,《钱江晚报》, 2014年4月20日。

[2] 贺绍英:《大爱无疆》文稿。

杜立特轰炸队飞行员和中国代表团嘉宾（前排左起：格里芬、塞勒、撒切尔、科尔，后排左起：郑伟勇、梁永红、陈爱珍、廖明发、贺绍英）

的经历，有幸得到的热情帮助，禁不住热泪盈眶。在晚会将近结束时，贺绍英拉着她一同去向科尔道别，告诉他自己很快就要回国，祝愿他健康长寿。

不同的人同样的声音

这个历史性的时刻，吸引了社会各界人士。机遇难得，王维率浙江电视台同仁奔前奔后，抓拍镜头，B-25 飞机表演一结束，立即“逮住”飞行员采访，史蒂夫·麦克戴维说：“我是佛罗里达州历史飞行基金会的 B-25 战机飞行员，平时驾驶商业飞机，今天请假而来，自发地将战机开到一个已经关闭的空军基地，得到空军的许可，本身就是一个壮举。参加此次活动意义非凡，轰炸东京的飞行员健在的仅剩五人，年龄都超过90岁，70周年活动很可能是他们最后一次聚会，也可能是成群的B-25战机最后一次出现在纪念活动上。我们非常荣幸，表演勾起这些老飞行员或者说所有‘二战’老兵的回忆，这也是我们来代顿的原因。我们也要感谢你们来这里，70年前中国老百姓救助我们的飞行员。”

克里斯汀·拉各斯的谈话充满自豪感：“我是B-25战机的机械师兼工程师，平时负责修理飞机。杜立特行动对于我和我的家庭都有重要意义，它提振了美国的士气，改变了战争的进程，反过来改变了我们整个国家。这次行动可能是‘二战’期间最重要的事项，也是美国历史上最为重要的事件之一。”

空军学院的学生在纪念碑前献花，这一群体的声音进入录像机的储存卡：

> 我叫卡尔·斯托克汉姆，参加活动前做了点功课，阅读卡洛林·V. 格林的《杜立特东京袭击者》，在网上也读了些资料，还看了《东京上空三十秒》电影。原先只知杜立特轰炸东京，此后发生的事不很清楚。我对中国老百姓的帮助与牺牲之大表示惊讶，他们抢在日军之前发现飞行员，照顾他们，领来医生，提供交通、衣食、住宿。所有16架飞机都有不同的故事，老百姓运送他们，保护他们，有时做出牺牲，使他们能够回国。
>
> 有个机组的成员看到一个中国老汉，嗓门很大，他用手枪吓走老汉，因为害怕发出大声会招来日军。他继续上路，在一个镇上受到接待，接待人竟是那位被他吓走的老汉，是镇上的领导。老汉提供护理与交通，让他与其他机组成员团聚。我很喜欢这个故事，还有很多这样的故事，有些飞行员被游击队员发现，由于语言不通，发生冲突，但这些游击队员在了解底细后充分照顾、救护他们。

记者和受访的飞机表演空军学院学生（左起：斯福坎普、斯托克汉姆、王维、巴克勒、向荣、赵缨）

空军中校大卫·巴克勒，科罗拉多州空军学院副教授，以高视角谈看法：

中国人营救美国飞行员诞生了一些感人的故事，有个机组在中国的海岸线上迫降，中国老百姓赶到，飞行员不知道该信任谁，中国人却马上给予帮助，躲过穷追的日军的搜捕。飞行员身受重伤，在轿子上被中国人抬着行走64公里，很难想象中国人的力量、耐力、奉献精神和他们所面临的极大危险，他们本可以把这些飞行员扔在路边只顾逃生，但是，却选择与飞行员并肩前行，尽管这是来自另一个国家的陌生人。因为面临共同的敌人，为了共同的事业，他们团结起来。

我很高兴邀请中国人来参加今年的纪念活动，希望过去的70年都像今年一样，也想向这些飞行员表示我发自内心的尊敬，他们知道执行这次任务可能有去无回，不能完全依赖在大洋彼岸的帮助，因为在当时的情况下很难将这些都计划好，蒋介石当时就知道此次行动风险很大，因为如果公开地准备协助飞行员降落中国，就会遭到日军的报复。而当时的苏联与日本签订中立公约，不想与此事有任何关系，所以从这方面我们可以看到当时的政治是如何延伸到战争上的，因此做出这些艰难的决定是难上加难。幸亏，我们在不同的层面都有勇敢的人们，做出正确的决定，采取人性的行动。这也是我认为中美两国人民在各个层面参与的重要性，包括他们流露出的人性、决断力和为了同胞的利益而做出的牺牲等。

杜立特东京轰炸者协会经理托马斯·凯西从轰炸的影响谈到中国的救助：

杜立特（的）行动极大地刺激（了）日军。日本宣称本土不会见到美国战机，为挽回面子比计划提前七个月发动中途岛战役，走上败局。轰炸东京的飞行员被中国百姓所救，70年前建立起来的联系仍然存在，此次活动同样体现这种联系。邀请中国人来参加，以此向那些救助过飞行员的中国人表示敬意与感激。

4月19日，王维得到杜立特东京轰炸者协会的帮助，采访了一系列人物。

杜立特协会历史学家卡洛林·V. 格林受杜立特邀请撰写杜立特传记，共出版三本有关著作，对杜立特行动的相关性非常了解：

飞行员很感恩，中国百姓以不同方式帮助他们，日军实施报复。据蒋介石发往华盛顿的数据显示，25万中国百姓被杀，直到战争结束，飞行员才了解这一代价。过去美国人对中国知之甚少，飞行员讲述他们得到帮助，很多人才开始有所认识。每当我讲述这段历史的时候，一定会使大家明白中国人付出的沉重代价。

玛丽·珍·雷德尼以代言人的身份出现："我丈夫是2号机机械师兼射击手，中国百姓对他很好，帮助藏身，送给食物。他们知道一旦被日军逮捕就是死刑，仍然冒死相救，我丈夫非常感恩，悼念那些因施救而丧生的人，他非常愧疚，因为他们献出了生命。"

王维继续采访7号机机械师兼射击手撒切尔的三个女儿，展现第二代人的认知，二女儿贝琪·撒切尔·麦丁格说："小时候父亲不太谈论这件事，我45岁时第一次听到他的回忆。（当年）老百姓抬着他们，还试图逗乐，在这样艰苦的条件下，使一路变得稍微轻松些。我第一次参加纪念活动，心情很激动，如果没有中国人的帮助，我不可能存在，非常感怀。"大女儿桑德拉·撒切尔·米勒的认知十分相似："我们不太了解父亲的故事，16岁那年父亲应邀到我所在的高中教历史，我第一次得知这个故事，感觉很奇妙，不可置信，开始查阅相关资料，直到今天仍然感觉他们能够生还是个奇迹。如果没有海风，他们很难在航母上起飞。降落后得到中国百姓的帮助，离开日军仅一个半小时的路程，很戏剧，很惊险。"

作家兼编辑苏姗姗·查尔是位有心人："我叔叔米勒在2号机上当投弹手，我出生时他早已牺牲在北非。他在一次执行'水漂式轰炸'任务中，击中敌舰上的火药，引起爆炸，连累到战机。我做了很久的功课，翻阅2号机组三人的日记，把不同的片断拼成完整的故事。他们的日记中经常提到中国百姓的友好善良，引起我的兴趣。20世纪80年代我第一次到中国去，提到叔叔，他们给我敬酒，真心欢迎我。去年在一位中国人的帮助下，我查访飞行员的行走路线，又一次抵达中国，一共待了六周，重走他们的路，寻找知情人。在这个过程中，听到很多故事，结识了很多中国朋友。”

科尔是王维采访的重要人物，他年事已高，为人谨慎，不苟言笑。王维通过网络多次联系，又在义卖场合与他女儿沟通，谈论科尔在行动中的作用，话语投缘，最后约定在他的家乡见面。

4月22日，王维一行抵达得克萨斯州的弗雷德里克斯堡，这是一个一万人口的城镇，很多德国后裔在这里定居，包括科尔本人。太平洋舰队司令尼米兹的父亲曾在这里经营旅馆，后来改为太平洋战争纪念馆。会面安排在纪念馆二楼，科尔在女儿查尔的陪同下接受采访，他说：

“跳伞后我被送到一个军事站点，上面有国旗，我明白处于未被日军占领的中国。语言不通，军人带我到一座房子，桌上有个素描，五人从飞机上跳伞。我要见图片上的人，又进入另一座房子，杜立特在那里整理衣服。”

他女儿插话：“那画由杜立特绘出，用这种方式解释他的身份，以便沟通。”

他继续说：“在贺扬灵那里第一餐是炒蛋，很好吃，离开航母后没吃过东西。不会用筷子，用手和木勺。1号机最先起飞，不像后面的飞机有时间到商店买三明治和糖果，但跳伞的压力大，糖果穿过包装纸脱落，只剩一点纸。有个人携带手纸，跳伞时把它弄丢，最后什么也没有。

“我担心在一个地方待太久，日军会找到我们。

“离开天目山，沿途百姓给我们献花，撑伞，供米糕和茶水，晚膳有鸡蛋和鸡肉。有一程乘船，经历一天一夜。船夫与妻子及宝宝都在船上，他将我们五人藏在帘子后，通过缝隙看到日军巡逻船的灯光，巡逻船停下，盘问船夫，他想办法不让日军上船。

“乘机到达重庆，再飞加尔各答，换上新衣，又折回昆明，在驼峰航线上服务14个月后回到美国。

“2005年，中国邀请老飞行员参加抗战胜利60周年纪念活动，我与格里芬到达上海，由于台风影响，无法前往浙江降落地。”

他女儿查尔接过话题：“父亲不在家里谈论他的事，我只知父母参加飞行员聚会，有人问我父亲的经历及‘二战’的岗位，我无从回答，繁忙的工作无暇顾及。我对历史很感兴趣，15年前开始做点研究，2002年我参加庆典，阅读更多的资料，开始了解这些故事，向父亲请教，但他仍然不会主动谈论。

“我曾经与飞行员交谈，每个人都对中国人心存感激，那时中国人很拮据，进入坠毁的飞机取东西，飞行员知底，并不吃惊，没想到中国发展这么快。”

访谈持续两小时，比约定超出一小时，结束时已是13点，王维约请共进午餐，科尔的女儿坚持做东道主，王维欣赏这里做的酸菜，她立即再要一份，将交谈的融洽带进午膳之中。

附　录

美国公布轰炸内情

陆军部宣布去岁轰炸东京经过[1]

合众社20日华盛顿电：陆军部宣布，所谓“上格拉”者乃航空母舰“黄蜂”号[2]，美机除苏联之一架外均已坠毁。“黄蜂”号将陆军飞行人员送至距离东京800哩（英里）以内之地，参加空袭者80人，其中有64人到达中国自由区，5人在苏境被俘，8人或已为日人所俘，另有两人失踪，一人阵亡。出袭之飞机为北美厂之双引擎轰炸机，其目标为东京、横滨、名古屋、神户、大阪等地之军火厂、造船厂、铁路工厂、炼油厂等。

陆军部称，美机轰炸此等目标极为准确，完全成功。此次空袭后，可能用于其他地域从事攻势战之日本飞机及其他兵力，均不得不冻结于本土。美机于轰炸日本本土之后，本拟寻觅在中国之指定降落场，然以联络方面发生意外，各地均未能到达，指定之机场有若干在日本占领区，除苏联境降落之一架余者均已坠毁。

此次空袭在珍珠港事件发生一月之后即在计划中，杜立特及随同

[1] 浙西行署主办《民族日报》1943年4月21日。

[2] “上格拉”一般译作香格里拉，英文为“Shangri-La”。“黄蜂”号即“大黄蜂”号。

出袭人员均系自愿参加者，事前曾作共同之准备，参加人员在佛罗里达之艾尔金机场完成训练。大批中型轰炸机自航空母舰起飞，尚以此次为第一次，故需特别经验。飞行员依照机场上之白线，训练经最短之距离内集中起飞，每一飞行人员均迅辨地图，并研究暗影之图形，俾能立时认识出击航线之特点。机上原有“挪丹”式投弹瞄准器，均改为格林宁上校（此时尚为上尉）新发明之“二角”器，以免飞机在日境被迫降落时，泄露秘密。每一飞机奉命轰炸指定之目标，最初决定各机应低飞，至日以避免高射炮火并便于准确之轰炸。各机于本国训练时，即一再低飞于美海岸，一若其将在日境所为者。

最后该批飞机与飞行员于某处秘密登“黄蜂”号（此秘密地带为美国港口抑其他地点，官方并未宣布）。该航空母舰等由海尔赛海军中将率领[1]，各飞行员于“黄蜂”号上仍继续训练，其中有关于日本及航海射击与气象学方面之演讲，发射人员并利用纸鸢为目标，俾其技术能精益求精。

各机预定于距离东京400英里之海面起飞，准于4月18日晨各机即行起飞出击，距预定时间早10小时。全体飞行员虽遭遇种种意外，然此时毫无迟怀不前之感。彼等商妥各机不能飞抵中国海岸，则设法在水面降落，飞行人员则乘橡皮艇漂流，以生死付诸命运。是时气候恶劣，大浪袭母舰舰首，美机自拟于黄昏之前实行夜袭，然后于次晨飞抵中国机场。讵航空母舰于驶至距东京800英里之处，发生意外，该舰最初曾躲避敌方某巡逻舰之注意，旋又躲避敌舰一艘，但忽与第三艘遭遇，此第三艘被击沉，然美方恐其利用无线电向东京报告，因于倾斜之舱起飞颇感困难。英勇之杜立特将军，于8时20分首先升空，13小时后杜氏在华境浙西坠落。美机之低空飞行，完全为

[1] 一般译作“哈尔西”。

对方意料所未及。□各机直至飞抵目标上空时[1]，始经发现。日方毫无准备，美机飞行于东京者凡三次，并飞袭横滨、神户、横须贺造船厂及名古屋、大关与神户之军事设备。

轰炸东京的回顾[2]

——“四一八”东京被炸目击记

（编者按）关于1942年4月18日美机轰炸东京的情形，除航空员的报告外，在东京所□轰炸□后情形的报告还未发表过，今年□月，美国卜斯杂志发表美国广播记者约翰摩门斯一文，详述作者在东京所见所闻实况，极为生动，特□该文如后：

日本对于防空，在战前已经开始准备，每年照例□两象□□习，以便使参加演习的人□表□他们□效能，但是事实上并没有人把它当作一回事。

当时各地有坊邻协会负责组织当地防空警察□□个总的□关发布一般的指示。但组织与工作方法各□不同，因一切都依照坊邻协会主席的想法所决定。一直到我离开前的时候还没有成立一个□部时间工作的民间防务组织。

每一个户主都奉命在门前设一只水桶、三个沙包，以便用以扑灭火□，但实际上它们是并无多大用处的。按规定每家须置备一架梯子，可是执行与否是随意的，因此每□街至多也不过几架梯子。每一家的妇女都奉命制备□种日本式宽大的裤子，一听见警报就立刻穿

[1] 此句一字不明，以“□”代。

[2]《民族日报》1944年6月18日。文中模糊字以“□”代替。

上。警报时一户中有一个人，以家为最适当。□站立自己家屋门前，以便听候新的指示。

也许人们知道东京大都房屋都是□造的，以为它的防空一定比较有效率，但是据我所知，由于城市大部分都容易火烧，人力无法挽救。因此，也没有作怎样大的努力，当局自无限清楚目前的防空措施只有心理上的价值，只足以安定人心，使人民减少对将来的大举轰炸发生警恐。

据我所知，东京皇宫与德国大使馆以外就没有□处防空壕，地下铁道是有的，但车站部分都离地面很近，不足以抵御较大的炸弹，而且车站狭小，也都只能容纳几千人，当局要改善这种情□的任何企图都是□难实施的，同时东京又不像伦敦，伦敦有许多巩固的房屋；它们除直接中弹外，可以供作相□□护。因此要使东京的人民都有适当的防空，就需要容纳全市六七百万人口的防空壕，这在事实上是办不到的。

一直到最□为止，日本□都以为日本的敌人要在靠近日本处设立足以轰炸东京和其他城市的空军根据地是不可能的，或者以为万一有连续的轰炸，规模一定很小，日本的战斗机足以对付，日本报纸曾经常刊登日本军事当局所称东京空防不可破的言论。因此以后杜立特真的炸了东京，日本陆军遭到□多的责难。

轰炸东京的时候，我刚巧在银□（东京最大的一条马路），那一天（1942 年 4 月 18 日，星期六），警报发□的时间是 12 点零 5 分，最初□也没有对警报十分□□，我们许多人都以为它是每天中午放的信号，虽然这种信号开战以□已经停止，可是谁也没有想到它会不是中午信号。不久以后美国轰炸机能飞进市空了，飞机极低，连机翼上的□饰也能清楚地望见，美机似乎没有遭受抵抗。郊外远处的高射炮是□得见□后□高□□火渐趋猛烈，特别是横滨这□边，发炮连续数小时，一直到下午 4 时半□了解除警报才停止，当时受□□现象不一而足。警察把交通阻断了，但是谁也没有设法躲避□□般的感觉似乎有点迷茫，□□都在思考以后会发生什么事故，行人们都站立成群，当知道发生了什么的时候，才清醒过来，这些人可以听到有人在批评军事当局骗了他们。

那天晚间，东京施行完全灯火管制，我们奉命终夜开放收音机，以便收听临时□发的指示，其后有一个命令宣称，今后如遇警报，将收音机开放，一直到警报解除为止。

当天晚报登载的消息非常简单，只说有空袭发生，不过以后在新闻广播中才报告了详情，据说日方一无损失，美机有七八架被击落。最初当局虽然并□说□袭中□什么死伤，但一周后政府在报上刊登启事，允许充□抚恤空袭时人民所受死伤的损失。

我们把许多传说凑合起来，终于渐渐地□□了东京被炸的真相，某一工厂似有数百工人被炸受伤，东京民营航空公司在羽田机场的汽油堆栈被炸起大火，曾连续焚烧了好几天，东京附近有一处军用机场曾受巨大□□，早稻田大学附近有几条街都被炸成瓦砾。上述这些情形都由朋友们亲自告诉我，他们曾□实看到，自然，□坏的总计结果还大得多。

空袭以后的第二天早晨4点钟时候，东京又发了□次警报，但什么也没有发生，一小时以后才解除，当天上午11点钟的时候，又发生一次警报，有一大批日本战斗机升空，还听□远□的□声，但是什么也没有发生，到下午□点才解除警报，两点钟□候，无线广播宣称，曾有大群敌机企图□袭首都，但在到达□围□，即被击退。我当时相信这次空袭东京不会庚续发生，所以要这样做，完全是日本当局为了挽回人民的信心故意摆弄的。当时这做□的确□起到相当效果，因为我曾看□我那一条□上曾有许多较老的人，当他们□说“敌机屡图进犯不逞”的报告后，似乎又振作起来了。

我知道在这次空袭以前，东京对低飞攻击是毫无防备的，但□后不久，在城中心许多建筑上就看到了机关枪的□岗，同时市空也第一次出现□□塞气球，不过，可从没见过一次挂过六个以上。有一个飞□在日比谷公园上空，公园四周都围上了两层铁丝网，并有哨兵□□上刺刀的步枪在旁看守，禁止任何行人接近。

中国的评论

以轰炸还轰炸[1]

同盟国空军于昨日12时30分飞临日本本土，在东京、横滨等地投弹，作首次之轰炸。日本对外作战近五年，到今天才尝到炸弹的滋味，虽说便宜了它，却是罪有应得。

日本对外侵略，其一贯作风，就是以空军滥施轰炸，残杀平民。自“七七事变”以来，我们中国的无辜人民，死于日本炸弹之下的不知若干！尤其对我战时首都的大规模屠杀，往往历时四五个月，飞机动辄逾百，投弹恒以吨计，以一个不设防的城市，而遭到如此凶暴的摧残，这在国际战争史上，尚不多见。我们中国以准备不周，仓促应战，对于日本这种惨无人道的举动，未能立予报复，给它一个教训，然而我们每一个中国人的心头，莫不燃起愤怒的火苗，不但永矢弗忘这个仇恨，而且立志要有报复的一天。其次，自四个多月前日本掀起太平洋战事以后，它以诡诈的手段，暂时夺得制空权，于是膏药机就毫无顾忌，到处肆虐，而尤其使人悲愤的，就是去年底马尼拉一役。马尼拉原已经美菲当局正式宣布为不设防城市，而且所有军政机关俱

---

[1]《大公报》(桂林版)社论，1942年4月19日。

经撤退；但日本事后竟无理由地予以不承认，并大肆滥炸，致死伤甚众。当时全美民情愤慨，舆论激昂，对日报复之声，犹如鼎沸。国务卿赫尔曾称：“日本现在菲岛施行残忍野蛮之手段，一如过去在中国之行径。日本完全保持其野蛮手段之纪录，特别是侵犯中国以来所采取之残暴行径，其残忍暴戾，在违人道之手段，与希特勒过去之所为者，全无二致。”国会议员，尤力主报复，参议员诺立斯曾谓：“日本不顾战争上各种法规，将来亦不能享受此种法规下之权利。日本之城市，易于被袭，当吾人准备就绪之时，亦将使之付诸一炬。”《纽约时报》亦曾称：“日本对于国际道义及长期战略认识陷于错误，将来肯定后悔不应滥炸马尼拉。”这件事发生还不到四个月，日本就尝到它罪恶的苦果，任何有正义感的人士听了，也必然以为这是日本应得的惩罚。

同盟国空军这一举动，虽系初次，规模也不算太大，但其意义则不可忽视：第一，同盟国空军远袭日本本土，足以显示日本在太平洋上的暂时制空权，已日渐没落，而同盟国的空中优势，正逐步形成，方兴未艾。第二，日本自对外作战以来，本土尚未受到轰炸，人民生活虽因一再扩大之长期战争而愈感困苦，但究未能认识现代战争之真面目。经过这次轰炸，使日本民众知道现代战争的残酷性，尤其他们军阀所施行于其他国家无辜平民身上的残暴手段，今天他们也亲自感受到了。日本军阀一向欺骗其国内民众，谓日本的军力如何庞大，本土的防御如何周密，绝不会受到外来的攻击，企图使民众安心工作，做他们的牛马。但经过这次轰炸，军阀的纸老虎被戳穿了，日本民众知道，他们的家乡已在战争线上，战争愈延长，他们的牺牲也将愈大。第三，日本本土的防空力量，甚为薄弱，日本的建筑物，更经不起飞机的轰炸；尤其现在战场扩大，战线延长，日本以有限的飞机，要控制整个太平洋的天空，绝不易办到，它顾了前方，后方就暴露了弱点。经过这次轰炸，使它知道本土不但不安全，而且一旦遭到更大的轰炸，结果将愈不堪设想。

日本这个军阀国家，过去作恶多端，今天已到了恶贯满盈的日子。我们早就呼吁过，对付这种目无法纪不顾人道的军阀国家，其唯一办法，就是以牙还牙，以眼还眼。它轰炸我们，我们也轰炸它，以轰炸还轰炸，使它尝尝炸弹的滋味，知道战争不是如弄火那样容易的事！我们除对美国空军人员的英勇表示敬佩外，更希望同盟国的空军，要以再接再厉的精神，继续扩大轰炸，非将三岛夷为平地，不足以泄过去的仇敌，奠速胜的基础。

闻东京被炸[1]

据东京广播：昨日正午，东京、横滨、神户、名古屋及川崎等处同时首次被炸。数处中弹起火，汤泽内相两次进宫觐见倭皇，敌酋东条亲出巡视东京西郊，详细情形，虽然还无从知道，但观乎敌伪当局的仓皇忙迫，足证敌国朝野已因此大受震动了。

日本本部被炸，这还是第一次，而被炸的几个地方，如东京是首都所在，横滨是交通要港，神户和川崎不但是工业中心，并且是造船集中地，名古屋就交通说是日本本州的中枢；就商业说，亦是日本第三个大都市。过去五年，日寇虽然不断制造战争，从事战争，但樱花三岛，却迟至今日才真正领受战争所赐。我们对此实觉万感交集，兴奋不已。

抗战五年来，全国无论城市乡村，前方后方，无一处没有遭受敌机残酷的轰炸。多少生命因此伤亡，多少财产因此毁灭。这颗苦果，

[1]《前线日报》1942年4月19日。该报是第三战区的核心报纸，由长官司令部主办，宦乡担任主编。

现在敌寇业将身受亲尝。回想支体离散、断垣缺壁的惨状，我们能不悲愤俱发，万感咸集；但同时想到太平洋战争爆发以来，我们今天呼吁的攻击精神，美国盟邦业已具体发挥，而且空军出动之始，成绩就如此斐然可观，实又不禁兴奋无已了。

我们想到凶恶的侵略者，将要以自己的血来偿付血债，这自然是可以大快人心的事，但是轰炸东京的意义，却绝不仅人心大快而已。

第一，自从日寇占领西南太平洋各岛以后，国防外卫，已扩大近3000海里，其交通固将因此感受困难，兵力固将感到分配为难，但进攻日本腹心的困难，却也因此大大增加。现在，事实却具体证明，在日寇当前的战略优势下，进攻日本本部已无可能这个判断，却已经为事实所否定。这是反攻的开始，也是新战略实验的成功，今后日寇再不能踌躇满志，而同盟国必可击溃日寇的保证，也就更加强而有力。

第二，过去若干人根据数字，判断美国至少要到明年底才有反攻的力量。因而大家忧虑也许将要完全失去反攻的机会。现在事实却证明几月来美国努力生产的结果，至少已够向敌进攻，而且更证明，只要有旺盛的攻击精神，就是数量略差，同样也可以获得良好的战果。我们对于美国空军飞千哩（英里）冒险的坚苦精神[1]，实觉无上敬佩。

第三，五年来日寇虽然占有了许多土地，但是真正能够支持其作战的主要工业，却仍然是集中在日本本部，五年来日本的工业并未疏散。依现有的人为防空设备，要保护集中的工业区，势难绝对有效，如果我们不断以空军毁灭其生产或阻碍其生产，对日寇的作战，一定会发生重大的影响。这种巨大的破坏，会使日本无由补偿。

第四，日本都市房屋的建筑，简单冠全世界，纸窗木柱，星火可灭，1923年大地震时，东京房屋被毁者几达半数。遭受空袭之后，其损失的巨大，必然超过世界任何都市，太平洋战争爆发之初，日本防

[1]“坚”字原文如此。

空司令就为此不断警告其国人。这种巨大的毁坏，实足以影响及于前方士气与后方生产。去年 12 月间，驻防苏州的敌军，误闻东京被炸，曾惶然向乡人到处询问，这就是一个事实的例证（见本报敌后通讯）。

是后，我们相信国人得此喜讯，必会和我们一样的万感交集兴奋不已。但是，我们却希望大家切勿因此自骄自怠。轰炸不能致敌死命，只能削弱敌人的力量；反攻只是开始，而还不是最后的搏斗。最后的胜利仍然还需要我们紧张努力，以全部的力量去争取的！

炸东京[1]

美国空军轰炸东京、横滨等地之举，是同盟国家作战以来最堪兴奋的消息。

第一，目前南洋战局，既被日寇占领上风，在大反攻未开始前，轰炸东京是挽回南洋战局的最直截手段。

第二，自中日战起以迄太平洋大战爆发以来，只有中国同胞及南洋各地居民，才深尝了日寇的残酷祸害，坐井观天的日本人民，被军阀们骗小孩子似的，哪里知道人间尚有血肉模糊的惨处。今番给他们尝点炸片滋味，叫他们不再被骗，也叫他们知道军阀们所造成的滔天大祸是如何罪大恶极了。

第三，很久以前，同盟国人士，就力主用长距离轰炸机，把东京等大都市轰为废墟（如美之泼贝朗），而所以迟迟未及实行者，实在不忍日本人民受苦，希望他们自觉；现在时间不容再等了……

日本本土被轰炸，所发的这一巨响，乃是日本帝国主义毁灭的信号。

---

[1]《民国日报》（江西版），1942 年 4 月 20 日第 3 版短评。

日本的评论

日使馆情报部长对美机袭日谈话[1]

[本埠讯]日本大使馆情报部长好富，顷就美机空袭日本国土事，发表谈话称：此次美国空袭日本之企图，已告完全失败，日本在各处获至伟大战果，已使美国陷于手足不得动弹之困境。美国国内对政府大起责难，以政府果何所为，正拟主张深究政府责任之际，美国一线希望所击之巴打半岛[2]又入日军掌握。美国国民对本国政府之不满，当然达于顶点。即英国与渝方[3]，亦对美国表示不信任，美至此地步，必须设法挽回信用。此次企图空袭日本国土，一方面对内之一种手段，同时亦为对英渝之一种政策也。日本空袭夏威夷时，将美舰队歼灭殆尽，其后日舰远征美国海岸，从事破坏通商，并出动大队日机，轰炸重庆，前后历数十次。又友邦德国，轰炸伦敦，不下数百十次，美国对轴心方面所获大胜利，及至开战后已历

[1] 汪伪陈公博主办《国民新闻》1942年4月22日。

[2] 巴打，一般译作“巴丹”，英文名“Bataan”，在菲律宾，由美国驻守，1942年4月9日沦陷。

[3] 渝，重庆的简称，抗战时国民政府的所在地，称为陪都。

五月，方始企图空袭日本，未免失之太迟乎？而空袭之企图，又告失败，实为美国深感惋惜。日本为完成解放亚细亚民族之征战，当然应支持克服一切困难障碍之决意，而此种决意，因美国之空袭日本，而愈益坚决。征诸日本过去历史，日本国民今后对美国企图，可不感困难而加以排除也。

致罗森信件

第一函[1]

尊敬的来自美国的罗森上尉和飞行员：[2]

当你进行长距离飞行，跨过太平洋时，特别是在目前的情况下，我有机会写信给你，这是一种幸运。

我以我们人民的名义，热烈欢迎你，确信你的果敢和坚毅与我们休戚相关，因为你不顾一切危险，为世界的正义和自由，挑战法西斯和疯狂的侵略。

上周，你经过我们的城镇，我们的民众深感愉悦。但又十分抱歉，受战争的影响，交通不便，食物和药品供应不上。

现在，我代表全区大约16万人，给予最美好的祝愿，祝你早日康复，帮助我们赢得最后的胜利。

请不要忘记我们的城镇，一个你曾驻留过的地方。

法官凯三敬上

[1]［美］泰德·W.罗森：《东京上空三十秒》，第217页。

[2]“上尉”实际上是中尉。

中国浙江地方法院

1942年4月22日

第二函[1]

先生：

我满怀喜悦，获悉你轰炸东京、神户和名古屋等日本大城市，你的工作多么艰巨，你多么勇敢，赢得的胜利多么辉煌！我无限羡慕敬重你，世界上所有的眼睛都集中到你身上，凝视你轰炸日本这一重要使命的成果。

我深信，轰炸日本城市的结果，让爱好和平的人们产生夺取全胜的希望，日本人民识破军阀用虚妄的胜利设置的骗局。它也显示，盟国开始在全世界的前线展开主动的攻势。

我们是不好战的民族，无意于侵略，从不贪恋别国的一寸土地。但是我们不得不轰炸日本，要战胜这些最残忍、最可怕的战争狂人，捍卫民主。

轰炸日本！轰炸日本！我们摧毁他们的运输工业、军事后备，粉碎日本军阀大东亚帝国的迷梦。在不远的将来，我们盟国降服法西斯，人类才能相安无事。

你是众多胜利中的英豪，我渴望你恢复健康，再次轰炸日本。

你忠诚的石脑

中国某地一个普通学校

1942年4月30日

[1]［美］泰德·W. 罗森：《东京上空三十秒》，第216页。

美国教师的离别文

再见了，衢州！[1]

六个月前，我从美国明尼苏达州登上飞机的时候，我哭了，因为我将离开我的家乡，前往一个陌生的国度教授英文。那时我只会说三句简单的中文：“你好”“谢谢”和“行李”。而当我到达衢州时，我惊喜地感受到这里的人们热情而又亲切。他们邀请我到家里去做客，把我当作自家人看待。他们用那些对我来说陌生而又鲜美的菜肴款待我。我很喜欢中国菜，遗憾的是我至今没能学会烹饪中国菜肴。

许多老师邀请我去吃饭，带我去购物。他们给了我很多的帮助，帮我装裱房间，修理CD机，让我在孤独的时候能够听听家乡的音乐。每当我外出办事，他们都随时提供帮助，陪伴我。我的这些好朋友当中，不但有英语老师，还有其他教职员工。我永远不会忘记这些朋友以及他们带给我的一片真情。

初到衢州二中的几个星期，我感到有些孤独和想家。不久，学生来了，我开始上课，又接触了更多的人。很快，我就爱上了这个国家和这里的人们。现在，我真想留在中国，甚至让我的家人也到这里来！

---

[1]《浙江外事》1997年第10期，第26页。作者莉莎·迪尔。

我曾有幸参加市里组织的一些活动。我应邀参加了“三八”节的妇女排球赛，结识了很多杰出的女性。我还参加了职工运动会，那是我最愉快的一段时光。这两次活动中，衢州人民喊了无数次“你好”“加油”鼓励我。在学校里我常常和老师一道打篮球、打乒乓球。我乒乓球打得不好，但进步很快。

衢州的学生很刻苦。每当我走进教室时，看到学生们微笑的脸，心情就会很激动。我永远不会忘记他们！学生们经常来我这里聊天，借书，人们经常谈论的话题有足球、音乐、美国的学生和NBA篮球赛。学生们向我介绍最多的是中国的历史和文学。有位学生还送给我一本英文的中国名著《红楼梦》。还有位学生替我画了一张肖像，这是我所见到的中学生中画得最好的画。

我在衢州学会了很多东西，参观了很多地方和景点，也深层次地了解了中国的历史。我学会了打乒乓球、太极拳，知道了中国的节日。我参加过两次婚礼，接触了衢州的各种传统习俗。

我是在一段非常有历史意义的时刻来到中国的。它不仅对中国而且对全世界都有重要意义。我目睹了人们怀着喜悦的心情为迎接香港的回归所做的各项准备工作。我看着回归倒计时的天数一天天减少，伴随着回归之日的临近，我的两种心情交织在一起，我既为中国感到高兴，也为自己即将离开中国而难受。1997年7月1日那天，我会再一次含着眼泪登上飞机，因为我将要离开我深爱的这个国家和亲爱的朋友们了！我永远不会忘记我的中国之行，不会忘记衢州和我的朋友们。谢谢你们。

后　记

本书继2002年初版之后，恰逢今年抗战胜利七十周年之际，承蒙三联书店看中抗战中的中美友谊特殊题材，得以再版，真是幸事。

与初版相比，此次补充了一些照片和图片，尤其增加了“七十周年的盛会”一节，补充了最新的资料，使得对这一事件的描述更加完整了。

感谢政协为我写作本书做后盾，以及各方赐予的帮助。本书内容原拟组入《东南抗战前哨》，政协秘书长王建华和许立新、文史负责人伍军看后，主张独立成书。我正苦于材料单薄时，贺绍英带来她父亲的单行本著作《杜立特降落天目记》，还有美国的复印资料。大洋彼岸有“货”，勾起我强烈的创作欲望，继而求请各路能人索取相关资料。

徐根清利用美国学者访华的机会，拜托他们捎来《杜立特东京袭击者》一书；章胜涛回国探亲，也携来此书，另带来《纽约时报》相关报道复印件；郑惠卿拜托美国的朋友琳达·苏·泰勒，从网上购得《东京上空三十秒》《德谢泽》《令人惊叹的杜立特先生》和《四人归国》；王宏理诚请日本的朋友，寄来《朝日新闻》相关报道复印件。多个朋友多条路，零星的水滴汇成浩瀚的大海也不在话下。

浙江省档案馆、宁波市档案馆、江山市档案馆、遂昌县档案馆、江西省南昌县档案馆，献出“养在深闺”的珍品资料，供我参考。浙江省衢州市档案馆、衢县档案馆、淳安县档案馆，安徽省黄山市档案馆、歙县档案馆，江西省上饶市档案馆、信州区档案馆、波阳县档案馆、宜黄县档案馆、广丰县档案馆、玉山县档案馆，也为我的写作提供了热情的支持和帮助。

浙江省宁波市政协、鄞县政协、衢州市政协、淳安县政协，江西省波阳县政协、宜黄县政协、上饶县政协、广丰县政协、玉山县政协，福建省建瓯县政协，赠予我文史资料专辑，为我的书添加进了当地的一些历史资料。

浙江省图书馆、衢州市图书馆、江西省图书馆、南京图书馆、金陵图书馆，提供了各种书籍报刊。

江西省婺源县地方志办公室，给予了远程支持。

浙江省外事办公室、衢州市外事办公室，献出所藏“家珍”，丰富我书中关于中美友好往来的内容。

王文彬、林渭忠和张遵文献出新闻照片，丰富了内容，活跃了版面。

王正成译出《朝日新闻》，完善了内容，弥补了我不通日文的缺憾。

出书如歌唱，没有音乐的伴奏，清唱毕竟难成气候。没有以上大家的帮助和努力，本书难以顺利出版。

感谢生活·读书·新知三联书店曹明明编辑的细心校正，经过我们多次协商修改，本书更加丰满，更具生命力。由于作者能力有限，书中错漏、缺陷在所难免，敬请各界同仁和广大读者批评指正，不吝赐教。

王国林

2015年2月25日